心理学与社交策略 2

打动人心的交际技巧

郑一◎编著

中国纺织出版社

内 容 提 要

人际交往是心与心的交流，心理沟通、心理引导、心理博弈在每天与人打交道的过程中都会上演。掌握实用的心理学知识，能够帮你获得最佳的沟通效果，取得理想的结果。

本书从社交心理博弈策略、社交情景实战策略、人际交往策略应用等三个方面，教会读者如何洞察对方的心理，如何分析对方的心理弱点，如何影响他人的心理倾向，如何拉近双方的心理距离，如何隐藏自己的真实想法，如何化解他人的敌意，如何赢得别人的信任，如何让他人积极效力等，帮你看清人际交往背后的心理玄机，在人际交往中主动出击、施与影响，成为社交的赢家。

图书在版编目（CIP）数据

心理学与社交策略. 2，打动人心的交际技巧/郑一编著. —北京：中国纺织出版社，2015. 9（2023.5重印）
ISBN 978-7-5180-1879-6

Ⅰ. ①心… Ⅱ. ①郑… Ⅲ. ①心理交往—社会心理学
Ⅳ. ①C912. 1

中国版本图书馆 CIP 数据核字（2015）第 183072 号

责任编辑：闫 星　　责任印制：储志伟

中国纺织出版社出版发行
地址：北京市朝阳区百子湾东里 A407 号楼　邮政编码：100124
销售电话：010—67004422　传真：010—87155801
http://www. c-textilep. com
E-mail:faxing@c-textilep. com
中国纺织出版社天猫旗舰店
官方微博 http://weibo. com/2119887771
永清县晔盛亚胶印有限公司印刷　各地新华书店经销
2015年9月第1版　2023年5月第3次印刷
开本：710×1000　1/16　印张：20. 75
字数：219千字　定价：88.00元

序言

人类是群居动物，任何人生存在这个社会中都需要和不同的人接触、交往，长此以往，也就形成了如今纷繁复杂的社会。在这个充满竞争、利益诱惑的社会，人与人的相处并非盘古开天地时那样简单，每个人都在为了自己的目标努力着。在达到目标之前，每个人或多或少都会运用一些心理策略，以期在最短的时间内，花费最少的力气去达到目的。

世界上社交心理方面的定律、法则、效应非常多，这些神奇的理论可以解释人生中的诸多现象，使人们能够洞悉世事：为什么算命先生有时说得那么准？难道他们真的有未卜先知的能力吗？为什么人越多，工作效率越低？人为什么总是认死理？为什么我们会购买自己并不需要的东西？人生的诸多疑问，你将会在本书所讲的社交心理学知识中找到答案。

如若你能够熟练掌握这些理论，它将能够指导你如何去更好地展开社交，如何去改变自己的命运；如何迎合他人，让周围的人更喜欢自己；如何与他人拉近关系；如何在社交场上占尽先机；如何让他人主动帮助自己；如何化解他人的敌意，如何让别人喜欢自己等。无论是在生活工作中，还是在人际交往中，这些法则和定律都在起着重要的作用。无论我们是谁，无论我们从事什么职业，我们都需要知道这些法则和定律。

在社交场上，如果别人都懂得一些心理策略和心理知识，并且在实际生活中能够较好地运用，而你却不能，那么你必然是吃亏的那一个。社交心理方面的知识，是每一个身处社会、为自己梦想打拼的人都应该掌握的。掌握了它们，你的社交生活将会如鱼得水，你的人际关系将会大胜从前，你的梦想也可以更快地实现。

本书从人际交往中的心理博弈技巧和实战中的心理策略两个方面，对社交中的心理知识进行了全面的分析、解释，以求通过种种技巧，帮助你了解社交对象更多的真实心理，从而走进对方的内心世界，并自如地与他们交往，从而营造和谐的人际关系。读完本书，你可以领略到处世的方与圆，如何识别对方的谎言，如何掌握交往的分寸，如何避免心理弱点和心理陷阱，如何表现自己、维护人际关系，如何施展自己的魅力和如何去影响别人，进而成为社交场上的赢家！

编著者

2015年5月

目 录

上篇:社交心理博弈策略

中篇：社交情景实战策略

上篇

社交心理博弈策略

第1章

洞察对方的心理现象

——从细节处把握他人的策略

俗话说："知己知彼，方能百战百胜。"在如今竞争如此激烈的社会中生存，人与人之间的接触多了一分小心、一分自我保护，怎样才能快速看穿对方的心理，揣摩出对方的真实想法，已成为社交场上制胜的关键因素。从这一章你就可以学习到一些从细节洞悉对方心理的方法……

别让对方的谎言欺骗你

心理学研究表明，从面部表情可以比较正确地推测出人的情绪类别，而从动作中可以判断这种情绪的强弱。

现今，了解并学习如何识破谎言，已成为眼下许多人最紧要的社交功课。

有个成语叫做“察言观色”，从面部表情去推测一个人的心理状态往往是很容易的，但是有些人还讲究“喜怒不形于色”，这就大大增加了人们从表情去解读其心理的难度。人们可以掩饰自己的表情，可以极力把自己变得非常有城府，但是，百密终有一疏。我们还可以从对方细微的动作来分析他们的心理。

在一项测试中，调查员让一名女士假想自己看着一束鲜花，并对美丽的鲜花进行赞美。尽管她说话时面带笑容，但还是有几名受测者发现了她的声音中带有一种奇特的迟疑，表情呆板，手势僵硬。一名工作人员断定这名女士在说谎。其实这名女士看的并不是真正的鲜花，而是测试人员播放的幻灯片。

心理学研究表明，从面部表情可以比较正确地推测出人的情绪类别，而从动作中可以判断这种情绪的强弱。如果你想真正了解一个人的真实情绪，就要关注对方的动作，而不是他的表情。一个经验老到的人可以做出虚假的表情来迷惑面前的人。但是，控制情绪容易，控制自己的行为却是很难的。那么，我们该如何理解他人的非语言行为呢？

曾经风靡全球的剧集《千谎百计》讲述了一个神奇的故事：测谎专家卡尔·莱特曼是善于辨别谎言的高手，任何人眉间的一皱或是嘴唇的一撇，在他眼中都是对方内心活动的流露，任何人、任何事在他面前都无法隐瞒……《千谎百计》里，莱特曼的杀手锏是使用镇静剂，让谎言在测谎仪眼皮底下通过。测谎仪的确越来越被发现是靠不住的。最近，得克萨斯州基督教大学的查尔斯·邦德和加州大学的贝拉·德保罗完成了一项对253个测谎仪案例的元分析，结果这数百个样本的平均准确率仅有53%——和胡乱猜测的概率差不多。

因此，人们将目光投向了表情分析技术。所以下面就教大家几招迅速识破对方谎言的方法。

第一招：当人们说谎时，瞳孔通常会放大，预示着紧张和高度集中的注意。此外，说谎者会因为紧张而提高说话的声调，并紧闭双唇。不过出乎大多数人的意料，说谎者不会表现出惴惴不安的样子，也没有眨眼或坐立不安的姿态。

第二招：反复问一个人同一个问题。第一次和第二次连着问，他的回答会保持不变；第三次与第二次间隔一段时间，这段时间里对方会以为这个问题已经过去，因此放松身心，所以当他没有注意的时候再次提问，他通常会恼怒或者直接坦白交代了。

第三招：说谎时人的眼睛通常会向右上方看。有些人经常会有这样的举动，让对方看着自己的眼睛说话，实际上这也的确是一个看穿对方谎言的好方法。俗话说"眼睛是心灵的窗户"，任何人的一举一动，甚至心理的反映都可以通过眼睛表达出来。

另外一个专家的研究结果表明，当大部分人在撒谎时，他们眼球的运动方向是向右上方。如果人们在试图记起确实发生的事情，他们会向左上方看。这种"眼动"是一种反射动作，除非受过严格的训练，否则是假装不来的。因此看着眼睛说话很容易读出对方真实的想法。

第四招：对细节的记忆过于清晰。对于一般人来说，记住一件事并不难，但是要记住一件事中所有的细节就是一件很困难的事了，更不要说能把所有的细节清楚地按照顺序说出来了。因而可以断定，准确无误地表述出事件的每处细节，是对方在头脑中事先想好了假定情景而编造出来的。

第五招：音量和音调突然改变。这一点很多人都深有体会，说谎的人突然变得沉静、兴奋、走神等都可能是为了掩饰自己的心虚。

第六招：不真实的表情。真实的表情应该是自然、不做作的，而假笑和"伪装"会给人一种"永远看不穿"的感觉。当然能够迅速捕捉对方脸上的真实表情也是看穿对方谎言的好方法。

第七招：不停触摸身体的某个部位。人在撒谎的时候，多余的血液会流到上身，使人整个面部变红，而且会使人的鼻子变大几毫米，虽然这是肉眼所观

察不到的，因为鼻子的变化而引起的不适感，会使说谎者不经意地去触摸它。

再者，说谎者通常需要更多的时间来回答问题；不过当计划的时间充裕时，他们的回答也会迅速很多。此外，说谎者的言谈中包含了更多的负面信息，例如紧张和抱怨，态度也更加缺乏合作的诚意。谈话的内容也会出卖说谎者。德保罗和莫里斯认为，说谎者会尽量减少细节的描述，除了愧疚之外，也是想编造一个更完美的故事。不过他们的故事往往结构散乱，难以自圆其说。他们也不像其他人一样使用手势来帮助表达，并喜欢使用重复的言语。

想要一眼看穿对方的谎言并不是一件容易的事，最重要的方法就是仔细观察，熟记上面这些识破他人谎言的妙招，可以帮助你在社交领域中纵横驰骋，至少不会成为被谎言欺骗的人。

与其握手了解他的性格

通过握手可以了解不同人的不同性格，这对于社交场上的人来说是知己知彼的一个好方法。

在交际场上，“握手”是一种最基本的礼仪，在与他人相识的最初几分钟里，握手是第一次亲密接触，也是最容易给对方留下深刻印象的身体碰触，这对于双方将来关系的发展具有举足轻重的作用。一项新的研究也表明，一次有力的握手不论对男人还是女人来说都有利于给别人留下深刻的印象。而良好的初次印象确实与握手时的各种特点，如力量、激情、持续时间、目光交汇和紧握程度等有实质性的联系。

因此可以得知，通过握手可以了解不同人的不同性格，这对于社交场上的人来说是知己知彼的一个好方法。然而握手人人都会，每个人握手的方式却不尽相同，想要在握手礼上赢得人心，就要先了解不同的握手方式所透露的不同人的性格。

第一种，握手时间长的人通常比对方有耐力。你握着另一个人的手，握了很长一段时间，看看谁先把手抽回来。这是一种测验支配力的方法。假使对方比你先抽手，那你便可以知道自己比对方更有耐力，与对方交涉时可以有较大的胜算。

第二种，短促而有力的握手者实际而多疑。虽然把对方的手握得很紧，但只握一下便把手放开。在社交场合上，这样的人虽然表现得轻松自在，但内心却是实际而多疑的，不吃任何人的亏，假使他突然变得很友善，会和对方周旋一会儿，但这一会儿的时间，不过是用来发现对方真正的企图和动机的。

这种利用无声的动作说服对方的方法是男人们在工作中最喜爱使用的方法之一，从中体现出来的是使用者对于权力的渴望，以及他对于控制双方关系，乃至对方的信心。使用这种方法的人通常会首先果敢有力地伸出手，而手掌的位置较一般握手位置偏低，然后再有力地握住对方，精神饱满地抖动两三次。有时候，对方的手甚至会因为被握得过紧而导致血液流通不畅。不过，有些纸老虎也会采用这种方式来为自己造势，其实，他是怕落入对方的控制之中。

第三种，握手无力的人软弱、犹豫不决。无力的握手让人很难判断握手者比较不在乎谁，是自己？还是对方？对这样的人而言，生活像一台蒸汽轧路机，仿佛要榨干身心两方面的活力。人们经常在和这样的人结识 3 秒钟后，就立刻忘掉了。

第四种，用两只手与人握手的人热情而不拘礼数。当别人把这种人介绍给某人时，他实在很高兴认识对方。他用双手握着对方的手，是因为他不遵守传统习俗或社交礼仪，无论对方是男性或女性，他都会随兴亲吻和拥抱对方。有些人不太习惯他的开放作风，可能会抱怨他太过热情。但最后，这些人都会大吃一惊，因为他们发现自己居然也用同样热情的态度响应这类人。

第五种，握手时掌心微湿的人。表面上，这种人冷漠、平静、泰然自若，但内心却是个十分紧张的人，不过，他被教育成要隐藏任何会暴露自己缺点，或心中恐惧的姿态、言语、举动。当危机发生时，人们经常向他求救，或请他出来主持大局，其实他们并不了解，这种人可能比他们还要怕上几百倍。

除此之外，我们还必须了解，全世界每 20 个人当中便有一个人会受到手汗症的困扰。这是一种由于遗传基因的缘故而导致汗腺分泌异常旺盛的病症。我想提醒这些人的是，最明智的做法就是随身携带面巾纸或是手绢，从

而能在每次握手前将手心里的汗擦干，从而避免因为握手的原因而给对方留下不好的印象。

第六种，不握手的人。这种人避免和别人有身体上的接触，好像别人染上了瘟疫或患了疱疹。假使他避免与一位同志握手，那表示他害怕对方有潜在的同性恋倾向。同样，他们也不和异性握手。总而言之，他们偏好自己生活，自己睡一张床。

美国一位对112名男性和女性大学生的握手方式进行了评估的博士说："一个人的握手方式是相对不变且与他的人格有关的，那些握手有力的人比握手时轻描淡写、畏畏缩缩的人要自如、开放，更少见神经质、敏感和害羞。"而这项研究还对性别差异进行了分析，一般来说，男人比女人握手更有力，那些自由、智商高、性格外向的妇女多半也握手有力，比轻轻一握的女人更容易给人留下深刻的印象。但对男人而言，也有相反的情况，很多开放型的男人不太用力地握手，则比那些不太外向的男人给人留下更弱的印象。

所以，我们最好能够花一些时间，在朋友或同事的帮助下学习握手的技巧，那样你就能够在每一次见面中利用握手营造融洽的气氛，为自己加分。记住，把握好握手的技巧永远是最受欢迎的。

藏在口头禅里的秘密

给自己量身定做一个口头禅是现代人为人处世应该做的新功课，它是形象包装的重要部分，也是自我心理训练的开始。

最近公司来了两个新人，经过一段时间的接触，同事们发现小李经常把"凭什么呀"当做口头语挂在嘴边，一次，大家都在闷头工作，她忽然冒出来一句"凭什么呀？"大家以为出什么事，赶紧围到她身边，不料，原来是她的计算机死机了。大家无奈，也齐声地回了她一句"凭什么呀？"

另一个是小秋，别人问他点意见，他总回答："不靠谱！"说习惯了，在公司的例会上他也经常会脱口而出："我看这事不靠谱！"本来大家群情激昂，心潮澎湃，瞬间就被他的话破坏了气氛。

虽然说口头禅只是一个人的说话习惯，有时不经意就说出来了，可能不是心里真正要表达的意思。然而从这些口头禅里我们还是能够看出一些人的个性和为人处世态度的。比如小李，可能是因为心理失衡或基于愤世嫉俗，就是看不惯那些与意愿相悖的事，并以重复出现的这句口头禅来鸣不平，缓解郁闷，一句“凭什么呀”，其实是在诉苦，抑或是在控诉，这是种典型的“愤青”情结。而小秋老是把“不靠谱”挂在嘴上，事事担心，觉着人人不靠谱，实际上是主观在怀疑一切。因为不确信结果，所以就怀疑一切，这不是防微杜渐，而是为不自信和不敢承担责任找托词。

现代人的口头禅多种多样，然而大多数是消极否定的，比如：“真郁闷”“不会吧”“神经病”“晕”“你脑子进水了”“歇菜吧您”……可见目前人们活得有些自我、不开心、甚至焦灼。比较肯定、健康的口头禅有：“好的”“我能”“天才”“正点”……

北京人常喜欢说“你知道吧”，这种说话的习惯，也透露出皇城根人不自觉的优越感与好为人师的自大心理；广东人喜欢说“有没有搞错”，多少带点儿温柔的怀疑精神；而台湾人经常说的“不好意思”“拜托”则折射出内在的某种“不安”与“优雅”交错的矛盾心境……

老说“我不行”的人，给人的感觉是个牢骚满腹又不思进取的人。有些人很谦虚，偶尔这么说也没关系，但时间长了就会成为习惯性的说法，结果让人觉得和这种人共事没什么意思。

喜欢说“随便”的人，这类人大多性情随和，生活习惯甚至有点马虎。“随便”说多了会令正在进行的谈话无法继续下去，只会让人觉得你没主见或没诚意。

喜欢说“绝对”的人，心理学研究表明，经常把这个词挂嘴上的人往往比较主观，常常以自我为中心，这些人的很多想法不切合实际，所以这种人难成大事。另外，这种人大多有一种自爱的倾向，而且“绝对”还可以被这些人用来作为自我防卫的借口和被证明有错误时的挡箭牌，比如“绝对不会再犯”“绝对不会再这样干了”等，初次听到这样的保证会给人一定的信任感，时间长了就会让人觉得这是个言行不一的人。

喜欢说“我”的人具有儿童或女性的性格，自我显示欲也很强，有人不常说“我”但却爱有“我们”“我辈”等，他们的性格和说“我”的人是相同的，与

这样的人交往，一般来说是比较安全的。

喜欢说“不”的人，大多是女性，往往比较温柔，女人味儿十足，也比较能干，有主见，可以独立完成某些工作，但是如果经常说“不”，她们又会遇到一些麻烦。

喜欢说“我只告诉你”的人很可笑，这也是不成熟的表现，这种人不适合保守秘密。

喜欢说“我知道”的人，给人一种爱拒绝人的感觉。在和别人说话时，听到对方多次说“我知道”就意味着对方不愿意再听下去了，这时你最好结束谈话或者转换话题。

喜欢说“所以说”的人，最大的特点是喜欢以聪明者自居，自以为是，其实要和这种类型的人相处并不困难。另外，喜欢把“所以说”挂在嘴边的人容易惹人讨厌而他自己却完全不知道。

喜欢说“对啊”的人，自我意识和个性表现上都不强烈，人际关系也不错，但是所说的“对啊”并不是他们的心里话，只是他们用来应付别人的一种方式，暗地里却为了自己的利益精打细算。

口头禅不仅能反映一个人的性格，还有一定的心理暗示作用。消极的口头禅会在不经意间磨灭人的意志，而肯定的口头禅，如“没问题”“我可以”等则可以赢得良好的人脉与机会，更重要的是在潜移默化地影响自我的成长。所以心理学家认为，换一个适合自己的发型很重要，其实给自己量身定做一个口头禅也是现代人应该做的功课，它是形象包装的一个重要部分，也是自我心理训练的开始，而且终生受用。

从脚下的动作分析对方

走路姿势是一个人从小到大逐渐养成的，它能反映出一个人的性格和修养。从一个人的走路的姿态可以洞悉他快乐或是悲痛，野心勃勃或是懒惰，以及是否受人欢迎。

你可能经常听到有人这样说：“我一听到那高跟鞋‘哒哒哒’踩到地上的

声音就知道是班主任来了。”确实，一个人的内心不仅可以通过言语和表情表露出来，通过腿和脚也可以，而且它们反映出来的信息往往更加可信。英国的心理学家莫里斯经过研究也证实：人体中越是远离大脑的部位，其可信度越高。因而腿、脚比脸、手诚实得多，它构成了人们独特的心理泄露——脚语与走姿。

在我国有许多描述“脚语”的形容词：轻、重、缓、急、稳、沉、乱等，并且这些词无疑也透露了一个人当时的内心状态：或稳定或失衡、或恬静或急躁、或安详或失措……人的心情不同，走路的姿势也就不同。人的秉性各异，走起路来也有不同的风采，因此从脚和腿上的细节也可以看穿对方的内心。

走路的姿势是一个人从小到大逐渐养成的，它能反映出一个人的性格和修养。从一个人的步姿可以洞悉他是快乐或悲痛，野心勃勃或懒惰，以及是否受人欢迎。

走路大步、步子有弹性及摆动手臂显示一个人自信，快乐，友善及雄心；走路时拖着步子，步伐小或速度时快时慢则刚好相反。性格好支配人的人，走路时倾向于脚向后踢高。性格冲动的人，则像鸭子一样低头急走。而拖着脚走路的人，通常是不快乐或内心苦闷的。女性走路时手臂摆得越高，便显示她越精力充沛和快乐。精神沮丧，苦闷，愤怒及思绪混乱时女性走路时很少摆动手臂。

走路速度比较快，五指通常伸得笔直的人，个性认真而严肃。这种人属于言出必行的类型，只要是想办成的事情，就一定会努力达到目标。在工作或学习上，这种人也是遵规守纪，对自身的要求也颇高。如果用这样的态度来对待爱情则显得太正经了一点，这种过于严谨的态度很难给恋人轻松愉快的感觉。

走路速度一般，手掌常自然地握成拳状的人，是富于行动力的人，这种人最讨厌拖泥带水或纸上谈兵，而且这种人有着一腔正义，敢于仗义执言，帮助弱小，会是很受人欢迎的一类人。

常将一只手插进口袋，或两手同时插进口袋走路的人 ，看似洒脱不羁，其实心思细腻，这种人有点多愁善感，是很重感情又很懂感情的人。

走路的时候速度比较慢，五指自然微微弯曲的人，是自律甚严的人，这种人对朋友、同事或亲人都十分宽容。有的时候，这种人的性格会显得有点怯弱，实际上，他心里却绝对有主见、有思想，是个能成大业的人。在爱情方

面，这种人更注重的是精神层面，往往喜欢稳定而持久的爱情。

步伐急促、矫健的人比较注重现实，很实际，精明强干，往往是事业有成的代表；凡事三思而后行，不莽撞、唐突，不好高骛远，无论是事业还是生活，都能够脚踏实地，一步一个脚印地前进。这种人重信义，守诺言，有“君子一言，驷马难追”的魄力，不轻信人言，有自己的主见和辨别能力，是值得放心的一类人。敢于面对现实生活中的各种挑战，适应能力特别强，尤其是凡事讲求效率，从不拖泥带水等。

走路昂首挺胸的人大多比较自信，其自尊心也比较强，有时过于自负，好妄自尊大，还可能有清高，孤傲的成分；他们凡事只相信自己，处处主观臆断，对于人际交往较为淡漠，经常是孤军奋战；但他们的思维敏捷，做事有条不紊，富有组织能力，能够成就财富事业和完成既定目标，自始至终都能保持完美的形象。

步伐平缓的人走路时总是一副慢腾腾的样子，别人无论说得如何着急他都不在乎似的，这是典型的现实主义派。他们凡事讲求稳重，“三思而后行”，决不好高骛远。遇事容易知难而退，不喜欢张扬和出风头，遇事总是思考再三，决不冒险迈出第一步，结果往往会错失良机。

配饰会透露他的个性和喜好

女人的饰品常常会暴露她最近的心情和状态，通过饰品的品牌和价值甚至还可以推断出这个女人的能力和身份。

女人最喜欢用各种各样的饰品来装扮自己，而不同的人佩戴不同的饰品也会显露出不同的性格和喜好，甚至不知不觉中它们就透露出了你的某些意愿。一位心理学家曾经这样说：酷爱佩戴过多装饰品的女人，对恋爱也格外积极。女人的饰品常常会暴露她最近的心情和状态，通过饰品的品牌和价值甚至还可以推断出这个女人的能力和身份。

第一，从种类上看。

喜欢佩戴钻石、珠宝：会喜欢佩戴珠宝的人，代表年纪越来越大，其原因在于年纪越大的人越没有安全感,希望借由“真”的东西,譬如钻石、珍珠等保值的东西来肯定自己。

喜欢戴手表的人:一种是喜欢“戴”好的手表的人,他们是为了能让自己更有自信,更体面,性格中隐藏了爱面子的特性;而另一种喜欢“收集”表的人,性格特质则是在感情上比较稳定,会努力追求一段长远而且踏实的恋情。

喜欢戴戒指的人:喜欢戒指的人属于自恋型的人,总觉得自己浑身散发迷人的特质,只要随便动动手指便能耀眼无比,尤其是喜欢戴尾戒的人更是有些自恋。

喜欢戴项链的人:喜欢戴项链的人则是渴望在感情上、生活上能够被照顾、被呵护,如同被某个人圈住般,可以永远依赖对方。

喜欢系腰带、皮带的人:这类人希望自己的生活能有多一点变化和新鲜感,渴望多变的人生际遇,认为自己对任何挫折都可以克服,任何事情都办得到,是充满活力、认真生活的人。

喜欢戴太阳眼镜或眼镜的人:则属于自我意识强烈、喜欢和他人高谈阔论、爱表现自己的人,对于小细节也是很严谨的人。

第二,从形状上看。

生物饰品:喜欢佩戴这种饰品的女性往往感情丰富,她们渴望被众多男性包围和爱护,多情而感情细腻,而所交往的男性中也会有情有独钟类型的,因此,可能会令一往情深的男性欲哭无泪。

心形饰品:喜欢这类饰品的女性往往表面平静,内心却热情如火。她们自尊心极强,感情强烈而脆弱,怕受伤害,一般不会主动示爱,如果男性无法主动引导,则难以发展为恋爱关系。对似有意若无情地诱导自己的男性往往更感兴趣,她们表面坚强,其实内心心理防线很易被攻破,敏感易受伤。

胸口打大蝴蝶结:这种女性常处于一种期待、不安、缺乏自信的状态,她们内心担心自己也许交不到男朋友,故会常处于焦虑地等待某个特定人出现的状态,非常渴望被注意和追求。

木制饰品:这类女性常处于自我防御状态,很少主动对男性表现出兴趣,有可能是早期经验或所受创伤所致。她们对男性的警戒心强,非常厌恶被不熟悉的男士搭讪或碰触。男性的外形往往对她们缺乏足够的吸引力。

粗大的金色手环：喜欢这种饰品的女性对金钱或物质具有强烈的欲望。即使处在恋爱中，也往往重视经济条件胜于爱情。

链状手环：这类女性常对成熟、细心、体贴的男士感兴趣，她们通常崇拜父亲或兄长类型的男性。她们偏好能听任自己撒娇的男性，喜欢被男性保护和呵护的感觉，对幼稚、没风度的男生往往不感兴趣。

手表型手环：这种女性有可能遭遇感情挫折，或渴望某种感情契机的出现，属于欲求没能得到满足的类型。也许正在为与男友分手或心中有所不满而感到烦恼。另外，喜欢追求冒险的女人也会戴这种类型的手环。

耳环、耳钉和耳坠：此类饰品确实是最女性化的首饰，男性很少会青睐。耳环的客观作用在于衬托脸部轮廓，并通过闪耀和摆动等视觉效果来增加别人对自己脸部的关注，而脸恰恰是一个人情绪表达最丰富的部位。

喜欢佩戴耳环的女性，在人际交流中更喜欢通过眼神、表情传达信息，或强化语言、动作的表达效果。她们的交流更有层次性，直来直去的情况相对少些，这种层次性的表达在事业上很可能体现为掩饰性，比如用面无表情来掩饰内心的活动。

从习惯性小动作了解他人

洞察交往对象的内心世界是一种不可或缺的本领，掌握了它，就能掌握社交的主动权。

每个人因为成长环境不同、心境不同，对待事物的看法以及态度的不同，形成了各种各样的习惯。而一个你不经意的习惯在别人眼里，可能就是一个看穿你的途径。

在与人交往时，我们经常听到这样的说法“君子之交淡如水，小人之交甘若饴”。古人也告诫我们要“亲贤臣远小人”，那么怎样分辨一个人是小人还是君子呢？这就要求我们了解这个人的本质，看透他的内心世界，因而这也是对我们观察能力的一种考验。

细致的观察不仅在交友上面能够给我们帮助，在识人用人方面也能显示出它独特的力量。

在清朝咸丰年间，曾国藩为了充实军队，到处招兵买马，广纳人才，但不管是别人介绍的，还是自荐的，都要亲自过目，才为所用。一次，曾国藩招了三人，约定在一处相见。可是，曾国藩就是不出现，让他们在房子里等待。大约过了几个小时，三个人在房子里各有自己的举动。其中一个人坐在房子里，就是不做声；一个人在房子里一边走动，一边沉思，好像已胸有成竹；剩下一个人在房子里等了一会儿后就十分显得不耐烦了。后来，曾国藩就告知要他们过段时间来就行了。后来，有人问曾国藩，为什么这三个人谈都没谈，就要他们了呢？曾国藩说："第一个人，做事比较稳重，但过于死气沉沉，年老必多病；第二个人，是不可多得的人才，办事稳重，有理有节，有条不紊；第三个人办事非常勇敢，但性格急躁，以后可能功成名就，战死疆场。"过了几年，果然像曾国藩所说的那样。第一个人是王某，因年老病发，不久死在战场；第二个人就是彭玉麟，立战功建水师，官至兵部尚书；第三个人就是江忠源，立战功，官至安徽巡抚，但后来在庐州战死。

曾国藩成为中国封建社会末期著名的军事家，也一个善于洞察人心的有心人。他通过仔细的观察，从三个人简单的动作中判断出这个人的个性以及未来的作用，从而利用他们的所长为己所用。如何洞察交往对象的内心世界是一种不可或缺的本领，掌握了它，就能掌握社交的主动权。

每个人的身上都可能拥有一些小动作，那么了解了这些小动作的含义，就能帮助你更容易看穿人心，辨识好友。

摇头晃脑：日常生活中常见有人用摇头或点头以示自己对某事、某物的看法，这种人特别自信，以至于唯我独尊。他们在社交场合很会表现自己，对事业一往无前的精神常受人赞叹。

边说边笑：你与这种人交谈时你会觉得非常轻松愉快。他们大都性格开朗，对生活要求从不苛刻，很注意"知足常乐"，富有人情味。感情专一，对友情、亲情特别珍惜。人缘较好，喜爱平淡的生活。

掰手指节：这种人习惯把自己的手指掰得咯嗒咯嗒地响。他们通常精力旺盛，非常健谈，有时喜欢钻"牛角尖"。对事业、工作环境比较挑剔，如果是他喜欢干的事，他会不计任何代价而踏实努力地去干。

腿脚抖动：这类人总是喜欢用脚或脚尖使整个腿部抖动。最明显的表现是自私，很少考虑别人，凡事从利己出发，对别人很吝啬，对自己却很大

方。但是他们很善于思考，能经常提出一些意想不到的问题。

拍打头部：这个动作多数时候的意义是表示懊悔和自我谴责。这种人不太注重感情，而且对人苛刻，但对事业有一种开拓进取的精神。他们一般心直口快，为人真诚，富有同情心，愿意帮助他人，但守不住秘密。

摆弄饰物：有这种习惯的人多数是女性，而且一般都比较内向，不轻易使感情外露。他们的另一个特点是做事认真踏实，大凡有座谈会、晚会或舞会，人们都散了，但最后收拾打扫会场的总是他们。

耸肩摊手：习惯于这种动作的人，通常是摊开双手，耸耸肩膀，表示自己无所谓的样子。他们大都为人热情，而且诚恳，富有想象力。会创造生活，也会享受生活，他们追求的最大幸福是生活在和睦、舒畅的环境中。

抹嘴捏鼻：习惯于抹嘴捏鼻的人，大都喜欢捉弄别人，却又不敢"敢作敢当"，爱好哗众取宠。这种人最终是被人支配的人，别人要他做什么，他就可能做什么，购物时常会拿不定主意。

从眼睛快速了解交际对象

"视线的交流是沟通的前奏"，眼睛反映着人的心灵世界，所以要了解一个人的情感，从眼睛入手最好不过了。

俗话说：眼睛是心灵的窗户。春秋战国时期，孟子对眼睛做过精辟的阐述："存乎人者，莫良于眸子。眸子不能掩其恶：胸中正，则眸子瞭焉；胸中不正，则眸子眊焉。"说明眼睛是判断人心善恶的基准，这就是眼神的作用。一个人的话的真假，可以从他的眼神辨别，一个人的善良与否，也可以从他的眼神辨别。

当今社会，人际关系的好坏直接关系到一个人的生存状况，而如何看清一个人，如何交到真正的朋友，如何借助别人的力量达成自己的愿望就成了我们不容忽视的一个课题。有人说，"视线的交流是沟通的前奏"，眼睛反映着人的心灵世界。所以要了解一个人的情感，从眼睛入手最好不过。

曾经有个叫詹姆士的建筑家，他发明了一种可以防止偷盗行为的方法，那就是画一幅皱着眉头的眼睛的抽象画，镶于一大块透明板上，然后悬挂在几家商店前。果不其然，那段时间，店铺的偷盗案件迅速减少，当有人问他原因时，他说："我画的虽然并不是真正的眼睛，但对那些做贼心虚的人来说，却构成了威胁，极力想避开该视线，以免有被盯梢的感觉，因此，便不敢进商店内，即使走进商店里，也不敢行窃了。"

这就是眼神的力量，那些小偷看见的虽然是假的眼神，可是有种心虚的感觉，心理作用让他不敢再偷盗了。

生活中，我们也可以选择观察别人的眼神来洞悉他的内心世界，比如说：开心的眼神透露的是水亮有神，笑容灿烂；尊敬的眼神表明他有点害怕，笑容勉强；爱慕的眼神是略带迷蒙，笑得腼腆；困扰的眼神是深邃无神，若有所思，眉头紧锁。

在社交场合，我们可以观察对方瞳孔变化的规律，以此来判定对方对某种事物的兴趣、爱好、动机及其心理变化过程。因此，如果你看到对方口头上不断对你的方案表示赞许，而瞳孔却在不断缩小时，你要加倍小心了，因为，他的瞳孔收缩情况所表达的肢体语言和口头语言存在着极大的差异，从这一差异上可以断定此人对你已经很不耐烦了。

具体说来，我们可以从以下不同的方面来看：

第一，从眼神看交际对象的心态：如果在交际时，他一直盯着你看的话，他心中可能有隐情；在言谈中，假如他一直注视你，表示他想引起你对所谈内容的注意；初次见面时，他的眼光若主动离开你的视线，说明他处于相对优势的地位；假如你注视他，他立刻离开你的视线，一般是因为他有自卑感或缺陷所致；假如他是异性，当你们互看一眼后，他随即故意移开视线，表示他对你有着强烈的兴趣；假如他斜眼看你，表示他对你非常有兴趣，但又不想让你识破；若是他俯视你，他是想显示对你的一种威严；倘若他视线不集中于你，他应该为性格内向者。

第二，透过眼睛移动的情况看心态：在交往活动中，眼睛位置移动情况的不同，其心态也大不相同。譬如，在工作中，假如你是领导的话，当下级与你在一起讨论工作情况时，你的视线肯定会由高处发出，而且会很自然地直接投射下来。反之，作为下级，虽然并未做任何错事，但视线却常常由下而上，而且往往显得软弱无力。这是由于你的职位高，总是希望对下级保持其威严的心理作用，当然，这不是绝对。也有例外，这与职位高低无关，而是性

格原因。一般来说,在交往时,性格内向的人容易移开视线。由此可知,性格内向的人,大都无法一直注视对方。所以,我们可以利用这一点在交际中判断对方社会地位的高低以及他的性格。

第三,通过视线来观察,一个人的视线可以从不同角度和不同的观点来了解:其一,对方是否在看着自己;其二,对方的视线是如何活动的,对方是一直盯着自己,或视线一接触马上转移,其心理状态是迥然不同的;其三,视线的方向如何,也就是观察对方是以正眼瞧着自己,还是以斜眼瞪着自己;其四,视线的位置如何,这是观察对方究竟是由上往下看,还是由下往上看等;其五,视线的集中程度,这是指观察对方是专心一致在看着自己,还是视线缥缈,不知究竟是在看什么地方等。

这只是一些简单情况的概括,我们在遇到不同的交际对象时,应该运用具体的观察方法,从他的眼神中读出他的思想、性格、人品以及能力等,这样,你就可以有的放矢,对不同的人,你可以运用不同的交际策略,这样你才能游刃有余地与人交往和应酬。

第2章

容易表露的心理弱点

——利用心理效应的影响策略

每个人都会有自身的心理弱点，而这些弱点往往是受到了某些心理效应潜移默化的影响，你知道这些心理效应都是什么吗？该怎样消除这些心理效应的负面影响？怎样消除自己的心理弱点，让自己成为社交场上的强者？这些问题的答案从下面的文章中你都可以找到，了解自我，战胜自我，让自己成为一个可以把握自我的人。

人会被思维左右——思维定式效应

能够把人限制住的，只有人自己。人的思维空间是无限的，像曲别针一样，至少有亿万种可能的变化。

所谓思维定式效应，是指人们因为局限于既有的信息或认识的现象。美国科普作家阿西莫夫曾经讲过一个关于自己的故事。

阿西莫夫从小就聪明，年轻时多次参加“智商测试”，得分总在160左右，属于“天赋极高者”之列，他一直为此而洋洋得意。有一次，他遇到一位汽车修理工，是他的老熟人。修理工对阿西莫夫说：“嗨，博士！我来考考你的智力，我出一道思考题，看你能不能回答正确。”

阿西莫夫点头同意。修理工便开始说思考题：“有一位既聋又哑的人，想买几颗钉子，他来到五金商店，对售货员做了这样一个手势：左手两个指头立在柜台上，右手握拳做出敲击的样子。售货员见状，先给他拿来一把锤子；聋哑人摇摇头，指了指立着的那两根指头。于是售货员就明白了，聋哑人想买的是钉子。聋哑人买好钉子，刚走出商店，接着进来一位盲人。这位盲人想买一把剪刀，请问：盲人将会怎样做？”

阿西莫夫顺口答道：“盲人肯定会这样。”说着，伸出食指和中指，比划出剪刀的样子。

汽车修理工一听笑了：“哈哈，你答错了！盲人想买剪刀，只需要开口说‘我买剪刀’就行了，他干吗要做手势呀？”

智商高达160的阿西莫夫，这时不得不承认自己确实是个“笨蛋”。而那位汽车修理工人却得理不饶人，用教训的口吻说：“在考你之前，我就料定你肯定要答错，因为，你所受的教育太多了，不可能很聪明。”

实际上，修理工所说的受教育多与不可能聪明之间关系，并不是因为学的知识多了人反而变笨了，而是因为人的知识和经验越多，会在头脑中形成越多的思维定式。这些思维定式会束缚人的思维，使思维按照固有的路径展开。

有这样一个著名的试验:把六只蜜蜂和同样多的苍蝇装进一个玻璃瓶中,然后将瓶子平放,让瓶底朝着窗户。结果发生了什么情况呢?

蜜蜂不停地想在瓶底上找到出口,一直到它们力竭而死或饿死;而苍蝇则会在不到两分钟之内,穿过另一端的瓶颈逃逸一空。

由于蜜蜂基于出口就在光亮处的思维定式,想当然地设定了出口的方位,并且不停地重复着这种合乎逻辑的行动。可以说,正是由于这种定式思维,它们才没能逃出囚室。而那些苍蝇则对所谓的逻辑毫不留意,全然没有对亮光的定式,而是四处乱飞,最终逃出了囚室,头脑简单的人在智者消亡的地方顺利得救,在偶然当中有很深的必然性。

人们在一定的环境中工作和生活,久而久之就会形成一种固定的思维模式,使人们习惯于从固定的角度来观察、思考事物,以固定的方式来接受事物。

有这样一个问题:一位公安局长在路边同一位老人谈话,这时跑过来一位小孩,急促地对公安局长说:“你爸爸和我爸爸吵起来了!”老人问:“这孩子是你什么人?”公安局长说:“是我儿子。”请你回答:这两个吵架的人和公安局长是什么关系?

这一问题,在100名被试中只有两人答对!后来对一个三口之家问这个问题,父母没答对,孩子却很快答了出来:“局长是个女的,吵架的一个是局长的丈夫,即孩子的爸爸;另一个是局长的爸爸,即孩子的外公。”

为什么那么多成年人对如此简单的问题的解答反而不如孩子呢?这就是定式效应:按照成人的经验,公安局长应该是男的,从男局长这个心理定式去推想,自然找不到答案;而小孩没有这方面的经验,也就没有心理定式的限制,因而一下子就找到了正确答案。

能够把人限制住的,只有人自己。人的思维空间是无限的,像曲别针一样,至少有亿万种可能的变化。也许我们正被困在一个看似走投无路的境地,也许我们正困于一种两难的选择之间,这时一定要明白,这种境遇只是因为我们固执的定式思维所致,只要勇于打破惯有模式,就一定能够找到不止一条逃出困境的路。

看谁轻信表面的理由——过度理由效应

要使一个人持续不断地努力，应该激发其内在的动力，而不能只靠外在奖励。

你是否有过这样的想法：当走在街上，偶然受到了陌生人的照顾时，我们会喜出望外、感激连连，觉得这个人真是好，真是乐于助人；而当我们生病在家，父母为我们忙前忙后，煮粥做饭的时候，我们却不觉得什么，谁让他们是我们的父母呢。

同样，在家庭生活中，妻子和丈夫也常常有这样的感觉，彼此在一起时间久了，既没有了激情，也觉得对方没有当初那么疼爱自己了，甚至还不如自己的同事和同学，在节日里还有个问候和聚餐。

为什么会这样呢？同样的一件事不同人来做在我们的心里就会产生不同的感觉，对我们过度熟悉的人，我们的感觉最浅，对于陌生人却可能会从心底产生波澜，这就是社会心理学上所讲的“过度理由效应”。

“过度理由效应”说的是：每个人都力图使自己和别人的行为看起来合理，因而总是为行为寻找原因。一旦找到足够的原因，人们就很少再继续找下去，而且，在寻找原因时，总是先找那些显而易见的外在原因。因此，如果外部原因足以对行为做出解释时，人们一般就不再去寻找内部的原因了。

有这样一个故事：几个工厂的流水线操作工，经常边工作边聊天解闷，但是这样对产品质量和工作效率都造成了很大的影响，操作间的领导提示了她们很多次，但却没有起到任何效果，因为这点事也不至于把她们开除或者扣奖金，所以他想出了一个两全其美的办法。他让每个操作工都在工作的时候讲笑话，谁讲得最好就让谁休息一小时，开始大家都很踊跃，车间里总是笑声不断。过了两天，领导又让唱歌，谁唱得好就休息半个小时。又过了两天，领导又把唱歌改成了聊天，谁的话题最吸引人就可以休息 10 分钟。到最后领导干脆把这 10 分钟也取消了，随便讲吧，不给休息了。这下可好，大家看到没有奖励了，心里纷纷感到不快，觉得自己费尽心思连一分钟都不让休息，还不如省点力气干活的好，所以从那以后就很少有人再边工作边聊天了。

车间领导就是巧妙地利用了过度理由效应。在这个故事中，车间领导提出了一个虽然说服力并不强，但是却对操作工人有足够吸引力的理由，把这些工人引入了一个心理学上的小误区。对于这些操作工人，她们如果只用外在理由（得到休息时间）来解释自己的行为（聊天），那么，一旦外在理由不再存在（没有休息时间了），这种行为也将趋于终止。因此，如果我们希望某种行为得以保持，就不要给它过于充足的外部理由。

这则故事之所以有意思就在于在“正面难攻”的情况下，这位车间主任采用了“奖励递减法”，从而起到了奇妙的心理效应。其实，这也是“过度理由效应”的另一方面：人们最喜欢那些对自己的喜欢、奖励、赞扬不断增加的人或物，最不喜欢那些不断减少的人或物。

这也是为什么我们经常会发现，奖励制度虽然会刺激员工在某种程度上保持高涨的热情，但是如果很长一段时间保持不变，奖励就会成为员工的过度理由，一旦这种奖励达不到他们心里期待的高度，结果就会适得其反。因此，要使一个人持续不断地努力，应该激发其内在的动力，而不能只靠外在奖励。否则很容易造成员工“为钱而工作”的心态。在给予恰当物质奖励的同时，还必须让职员自己勤奋、上进，喜欢这份工作，喜欢这家公司，而不能简单地把工作与待遇挂钩。作为一个公司的管理者，不能给员工过多的物质奖励，那样会使他们倾向于寻找浅层的行为动机——追求物质，从而淡化深层的原因——行为本身给他带来的快乐。行为如果只用外在理由来解释，那么，一旦外在理由不复存在，这种行为也将趋于终止。

大伟大学毕业后分到一个单位工作，刚一进单位，他决心好好地积极表现一番，以给领导和同事们留下非常好的第一印象。于是，他每天提前到单位打水扫地，节假日主动要求加班，领导布置的任务有些明明有很大的难度，他也硬着头皮一概包揽下来。

本来，刚刚走上工作岗位的青年人积极表现一下自我是无可非议的。但问题是大伟的此时表现与其真正的思想觉悟、为人处世的一贯态度和行为模式相差甚远，夹杂着“过分表演”的成分。因而就难以坚持长久。没过多久，大伟水也不打了，地也不扫了，还经常迟到，对领导布置的任务更是挑肥拣瘦。结果，领导和同事们对他的印象由好转坏，甚至比那些刚开始来的

时候表现不佳的青年所持的印象还不好。因为大家对他已有了一个“高期待、高标准”，另外，大家认为他刚开始的积极表现全是装假的，而诚实是我们社会评定一个人所运用的核心品质。

因此，“过度理由效应”提醒人们，在日常工作与生活中，应该尽力避免由于自己的表现不当所造成的他人对自己印象向不良方向的逆转。同样，它也提醒我们在形成对别人的印象过程中，要避免受它的影响而形成错误的态度。

所以，通过对“过度理由效应”的了解，我们应该明白了以下几个道理：

第一，当我们以感恩的心来看待周围的人或事，我们就会发现生活中的“关心”与“爱护”。

第二，不要止步于任何外部理由，而要深入发掘外部理由背后的原因，哪怕这种理由看上去是一种无稽之谈。

第三，如果我们希望某种行为得以保持，就不要给它过于充分的外部理由，要他们主动去寻找行为的内部动机。

社交中的不良情绪——霍桑效应

对于经常参加社交活动的人，适当地宣泄不良情绪，有利于更好地与人交往，并时刻展现一个魅力风发、优雅迷人的你。

在美国《读者文摘》中记录了这样一个故事：

一天深夜，一位医生突然接到一个陌生妇女打来的电话，对方的第一句话就是：“我恨透他了！”“他是谁？”医生问。“他是我的丈夫！”医生感到很突然，于是礼貌地告诉她：“你打错电话了。”但是，这位妇女好像没听见似的，继续说个不停：“我一天到晚要照顾四个小孩，他却以为我在家里享福。有时候我想出去散散心，他却不肯，而他自己天天晚上出去，说是有应酬，谁会相信……”尽管这中间医生一再打断她的话，告诉她，他并不认识她，但是她还是坚持把自己的话说完了。最后，她对这位素不相识的医生说：“您当然不认识我，可是这些话我憋在心里好久了，现在终于说了出来，我感觉舒服多了，谢谢您，对不起，打搅您了。”

每个人都有负面情绪，时间长了，身体就会受到损害。我们可以通过各种方式舒缓自己的压力，如喊叫、扔东西等，发泄自己的不良情绪。我们还可以冲着行驶的飞机、轮船等大叫，让交通工具把不愉快的情绪带走。我们应该由自己的精神、思想来决定情绪、态度。遇到逆境或困难等，人们都会情绪低落，灰心失望，这时应该学会发泄不满情绪，让自己重新振作，主动扭转不良的局面。这就是“霍桑效应”的作用。

社会心理学家所说的“霍桑效应”也就是“宣泄效应”。霍桑效应，它的发现来自一次失败的管理研究。

美国芝加哥郊外的霍桑工厂，是一个制造电话交换机的工厂。这个工厂具有较完善的娱乐设施，医疗制度和养老金制度等，但员工们仍愤愤不平，生产状况也很不理想。为探求原因，1924 年 11 月，美国国家研究委员会组织了一个由心理学家等各方面专家参加的研究小组，在该工厂开展了一系列的试验研究。这一系列试验研究的中心课题是生产效率与工作物质条件之间的关系。这一系列试验研究中有一个“谈话试验”，即用两年多的时间，专家们找工人个别谈话两万余人次，并规定在谈话过程中，要耐心倾听工人们对厂方的各种意见和不满，并做详细记录，对工人的不满意见不准反驳和训斥。

这一“谈话试验”收到了意想不到的结果：霍桑工厂的产量大幅度提高。这是由于工人长期以来对工厂的各种管理制度和方法有诸多不满，无处发泄，“谈话试验”使他们的这些不满都发泄出来，从而感到心情舒畅，干劲儿倍增。社会心理学家将这种奇妙的现象称为“霍桑效应”。

“霍桑效应”给我们的启示是：人在一生中会产生数不清的意愿和情绪，但最终能实现、能满足的却为数不多。对那些未能实现的意愿和未能满足的情绪，切莫压制下去，而要千方百计地让它宣泄出来，这对人的身心和工作效率都非常有利。

压抑，克制意愿和情绪，会在心理上积蓄能量。虽然它可以通过别的途径转移，却不会被直接消灭。人们在压抑、克制阶段往往意识不到它的存在，但如果一直找不到宣泄的途径，那就会使人们在心理上形成强大的潜压力。过分压抑会造成人们从心灵深处与外界日益隔绝，导致精神忧郁、孤独、苦闷、窒息；一旦控制不住，会导致其冲破心理堤坝，使人显现一种变态的行为，甚至导致精神失常。所以宣泄是自我保护和养护的有效措施。

有人做过一个实验：用胶水把一只老鼠的肛门封住，这只老鼠排泄不出自己的粪便，大怒，就紧追自己的同伴咬，不依不饶，只到把同伴咬死为止。所以说，一个人要么做政治家，参与政治斗争；要么做艺术家，通过艺术宣泄心理能量；要么就要学会吵架，如果一个人不会吵架，那么就只有生闷气的份儿了。虽然这类说法不正统，但却是真理。古今中外，“文人好骂，军阀好战”，除了利益，也只是一个宣泄问题，圣人和常人的不同之处，就在于前者心态好一点，发泄得快一点。

当然心理宣泄不等于无原则地发泄，宣泄得不好，你就会使自己处于不利境地。

对于经常参加社交活动的人，适当地宣泄不良情绪，有利于更好地与人交往，并时刻展现一个魅力风发、优雅迷人的你。

告诫自己不要因小失大——蝴蝶效应

无论是在政治、军事，还是商业领域中，如果能做到防微杜渐、亡羊补牢，那么就算不能完全防止蝴蝶效应的发生，也可以把它的影响降到最低。

1979 年 12 月，洛伦兹在华盛顿的美国科学促进会的一次讲演中提出：一只蝴蝶在巴西扇动翅膀，有可能会在美国的得克萨斯引起一场龙卷风。他的演讲和结论给人们留下了极其深刻的印象。从此以后，所谓“蝴蝶效应”之说就不胫而走、名声远扬了。

蝴蝶效应告诉我们，一些看似极微小的事情却有可能造成非常严重的后果。因此，无论是在政治、军事，还是商业领域中，如果能做到防微杜渐、亡羊补牢，那么就算不能完全防止蝴蝶效应的发生，也可以把它的影响降到最低。

对个人或组织来说，防微杜渐能让人们及时堵塞漏洞，防止危机的发生。但大多时候，人们想做到防微杜渐并不是一件容易的事。由于变化是渐进的，一年一年地、一月一月地、一日一日地、一时一时地、一分一分地、一秒一秒地渐进，犹如从很缓的斜坡走下来，人们很难察觉其递降的痕迹。

正是由于这种不知不觉的变化，警觉性不高的人很难预防。这种过程慢得不易使自己感知，也不易使别人察觉。但越是这样越可怕，因为它往往被一些不起眼的事物所掩盖。

对于事理之间，蝴蝶效应的影响是巨大的，蝴蝶效应对于心理情绪的影响也是如此。

有一幅漫画说了这样一个故事：一个人在单位被领导训了一顿，心里很恼火，回家冲妻子发起了脾气，妻子无缘无故地被训，也很生气，就摔门而去。走在街上，被一条宠物狗拦住了去路，“汪汪”狂吠，妻子更生气了，就一脚踢过去，小狗受到踢打，从一个老人面前狂奔而过，把老人吓了一跳。正巧这位老人有心脏病，被突然冲出的小狗一吓，当场心脏病发作，不治身亡。

在这个人身上所发生的蝴蝶效应是从“被领导训斥了一顿”导致心情不好而引发的。这则漫画故事告诉我们，情绪不好的时候要控制一下，否则将可能引发很多意想不到的事情。

太多的人，总不屑一顾于小事和事物的细节，太自信于“天生我才必有用，千金散尽还复来”。殊不知，我们普通人大部分时间都在做一些小事，假如每个人都能把自己的每一件小事做成功、做到位，就已经很不简单了。

古人就提倡“天下大事，必作于细；天下难事，必成于易”“勿以恶小而为之，勿以善小而不为”。无论做人还是做事，都要注重细节，把小事做好做细。

很多人一心渴望成功，追求成功，成功往往却了无踪影，这往往是不注重细节的结果；有些人甘于平淡，认真做好每个细节，成功却不期而至，这就是细节的魅力，是一种水到渠成后的惊喜。

从某种意义上说，蝴蝶效应即是细节问题。蝴蝶效应告诉我们，如果我们平时不注重细节的话，将会导致整件事情的失败。

某大型公司准备招聘总经理助理一名，要求既懂业务又头脑灵活，而且看问题要全面。广告见报后仅仅一天时间，应聘材料便如雪片般飞来。公司人事经理在斟酌挑选后，几十人有幸被通知参加笔试。

笔试那天，应聘者们个个踌躇满志，成竹在胸，都显出志在必得的信心。很快，考试开始，人事经理把试卷发给每一位考生，只见试卷上试题是这样写的：

综合能力测试题（限时两分钟答完），请认真阅读试卷。

1. 在试卷的左上角写上姓名。

2. 写出三种热带植物的名称。

3. 写出三座中国历史文化名城。

4. 写出三座外国历史文化名城。

5. 写出三位中国科学家的姓名。

6. 写出三位外国科学家的姓名。

7. 写出三本中国古典文学名著。

8. 写出三本外国古典文学名著。

……

不少应聘者用眼睛匆忙扫了扫试卷，马上就动笔在试卷上写起来，考场上的空气都因紧张而显得有些凝固。

一分钟，两分钟……时间很快就到了，除了有四五个人在规定的时间之内答完起身交上试卷外，绝大多数人都还忙着答题。人事经理宣布考试结束，未按时交试卷的一律作废。考场上顿时像炸开了锅，未交卷的应聘者纷纷抱怨："时间这么短，题目又那么多，怎么可能按时交卷呢？""就是，试题又出得很偏。"

只见人事经理面带微笑地说："非常遗憾，虽然在座的各位不能进入本公司接下来的面试，但不妨都把你们手上的试卷带走，做个纪念。再认真看看，或许会对你们今后有所帮助。"言毕，人事经理很有礼貌地告辞了。

听完人事经理的话，不少人拿起手中的试卷继续往下看，只见后面的试题是这样的：

……

14. 写出三句常用歇后语。

15. 如果阁下看完了题目，请只做第一题。

在上述事例中，公司的试题主要考的是一个人总揽全局的能力，更是在考一个人是否注重细节的问题。一个伟大的作家，不一定描述故事的每个细节，但是总是把关系到故事结局的细节描写得特别生动。一个真正成功的人，不一定关注每个细节，但绝对是特别注重可能关系胜负的细节。那些觉得自己重要到不屑去关心任何细节的人，往往也不足以成就大事业。

一个人要养成重视小事的习惯，从一些小事上，能反映出一个人做事的态度。不要忽略一些不起眼的小事或细节，有时正是这些小事或细节，决定着一个人的成败。即使是一个微不足道的动作，或许就会改变一个人的一生。

谁都躲不开的从众心理——毛毛虫效应

如果你对自己产生怀疑，就很可能上别人的当，认为大多数人觉得正确的才是真正正确的，从而你不仅会失掉正确的观念和认识，也可能会失去本属于自己的东西。

法国心理学家约翰·法伯曾经做过一个著名的实验：把许多毛毛虫放在一个花盆的边缘上，使其首尾相接，围成一圈，并在花盆周围不远的地方，撒了一些毛毛虫喜欢吃的松叶。

约翰·法伯在做这个实验前曾经设想：毛毛虫会很快厌倦这种毫无意义的绕圈而转向它们比较爱吃的食物，然而遗憾的是毛毛虫并没有这样做。

实验开始，毛毛虫一个跟着一个，绕着花盆的边缘一圈一圈地走，一小时过去了，一天过去了，又一天过去了，这些毛毛虫虽然已经疲惫不堪，但还是夜以继日地绕着花盆的边缘在转圈，一连绕了七天七夜，它们最终因为饥饿和精疲力竭而相继死去。

后来人们把这个实验称为“毛毛虫实验”，把这种喜欢跟着前人的路线走的习惯称为“跟随者”习惯，把因跟随而导致失败的现象称为“毛毛虫效应”，而这个效应所反映的便是一种“从众心理”。

在自然界中，在许多比毛毛虫更高级的生物身上，这一效应也发挥着作用，而在最高级的动物“人”的身上，最容易看到的，受影响最深的便是“从众心理”。

“从众”是一种比较普遍的社会心理和行为现象。通俗地解释就是“人云亦云”“随大流”；大家都这么认为，我也就这么认为；大家都这么做，我也就跟着这么做。人是群居的动物，因此，人的从众心理更为强烈。比如说，在进行工作、学习和日常生活的过程中，对于那些“轻车熟路”的问题，会下意识地重复一些现成的思考过程和行为方式，因此很容易产生思想上的惯性，也就是不由自主地依靠既有的经验，按固定思路去考虑问题，不愿意转个方向、换个角度想问题。

生活中，某些商业广告就是利用人们的从众心理，把自己的商品炒热，从而达到目的。广告宣传、新闻媒介报道本属平常之事，但有从众心理的人常就会跟着“凑热闹”。俗话说：“真理往往掌握在少数人手中。”但是如果你对自己产生怀疑，就很可能上别人的当，认为大多数人认为正确的才是真正正确的，从而你不仅会失去正确的观念和认识，也可能会失去本属于自己的东西。

在印度流传着这样一个故事：

在很久以前，有一婆罗门对祭祀特别虔诚。有一次，他从别的村庄找了一只又肥又大的羊，准备回去用它举行祭祀礼仪。

有三个流氓看到他扛着这只又大又肥的羊，垂涎三尺，就密谋着三人从三条道迎面向这个婆罗门走去，欲施计得到这只羊。

第一个流氓碰到婆罗门说：“哎呀，你怎么做这样可笑的事，把一只肮脏的狗扛到肩上。”婆罗门非常生气地对他说：“你瞎眼了，把祭祀的羊看成狗。”流氓就说：“婆罗门，你不听我的话，我也没有办法。你自己愿意就随便好了。”说完，这个流氓走了。

没走多远，第二个流氓走了上来。对婆罗门说：“哎呀，你就是喜欢一只死了的狗，也不要把它扛在肩上呀。这不太好吧！”婆罗门非常气愤，对他说：“你怎么把祭祀的羊看成了狗，真是瞎了眼。”那个流氓说：“婆罗门，你不要发火，你自己愿意别人也管不了呀。”说完也走了。

又没走多远，第三个流氓走了上来。他对婆罗门也说着同样内容的话，硬是把一只羊说成是一条狗。婆罗门把他也怒骂了一通。

三个流氓走了后，婆罗门就不断地想着他们三人的话。“这明明是羊啊。他们三人为什么都说这是一只死狗呀？”他又想，“不好，这如果要真是只狗，我还把它扛在肩上，实在是太可怕了。因为碰到死狗的人会遭到不测呀！”

婆罗门边走边想，越想越害怕，这要真是狗怎么办。最后，他说服不了自己了，竟真以为自己扛的是一只死狗。他赶忙停了下来，扔掉了这只自己亲手讨来的肥羊。然后一路跑着回家去了。他要回去把满身的秽气和不吉利赶紧洗掉。

三个流氓看着婆罗门把羊扔掉，终于如愿以偿了。他们三人兴高采烈地扛着那只肥羊走了。

婆罗门因为三次遇到路人将自己扛着的羊认作是狗的情况便心生怀疑，最后真的把羊当做了狗，扔掉了亲手讨来的肥羊，便宜了设圈套的三个流氓。这就是从众心理对人最大的影响。

心理学家通过进一步的研究发现，不同类型的人从众行为的程度也不一样。一般来说，女性的从众心理高于男性；性格内向、有自卑感的人高于外向、自信的人；文化程度低的人高于文化程度高的人；年龄小的人高于年龄大的人；社会阅历浅的人高于社会阅历丰富的人。

在现实生活中，从众心理会导致人们失去自己的个性，对自己曾经的认知产生怀疑，甚至会把心理曾经一直信守的价值观、世界观彻底颠覆。其实，每个人应对自己、对自己所生存的环境都应该有一个客观的认识和评价，对自己的人生和追求应该有个基本的设想和衡量，不要盲目地相信广告宣传，不要听信谣传，对任何事情都要从本质入手，有自己的理解，人云亦云，随大流只会让你流于俗，失去辨别的能力！

别想着下一次会做得更好——懊悔心理

人的一生中，最浪费时间的莫过于懊悔。懊悔具有相当大的破坏力，它可以将人积极上进的好心态彻底摧毁，让人变得委靡不振。

在日常生活中，我们经常能发现这样一种人，他们在做了某些事情之后，因为结果不让人满意、自己有较大的损失、给自己或别人带来了某种无

法挽救的伤害等，心里会感到内疚和懊悔，这种感觉在一段时间内很难平复，有时甚至会成为一种心理疾病，影响人的一生。

懊悔是什么呢？是对昔日选择的沉重否定，迷茫地怨天尤人，虚度光阴。懊悔的人最容易说“早知如此，就……”“想当初，如果……”其实这都是借口，是对现实的逃避，是消极的表现。积极的人想得更多的是该如何收拾残局，因为他们知道，懊悔只能在人生长卷上更添一笔灰暗。

曾在一本心理学著作中读过这样一个故事：

有一位成功的精神病学家，执业多年，在精神病学界享有很高的声誉。他在将要退休时，发现在帮助自己改变生活方面最有用的老师，是他所谓的“四个小字”。头两个字是“要是”。他说：“我有许多病人，把时间都花在缅怀既往上，后悔当初该做而没有做的事，‘要是我在那次面试前准备得好一点……’或者‘要是我当初进了会计班……’”

在懊悔的海洋里打滚是严重的精神消耗。矫正的方法很简单：只要在你的词汇里抹掉“要是”二字，改用“下次”二字即可。当你开始感到懊悔时应该对自己说：“下次如有机会我应该如何做……”

心理学家通过案例研究分析认为，不管是因为何种原因产生了懊悔心理，都具有积极和消极两种连锁效果。如果这种懊悔的情绪长期存在，人的精神就会被拽入其中，无暇用心做其他事情，心理战战兢兢和悔恨感的状态，也会促使一个人无法展现自己正常的状态。

对于那些明智的人来说，他们会让这种懊悔情绪变成一种激励自己更加奋发的力量，对于这些属于过去式的东西，过多的留恋和被其羁绊，对自己毫无益处。过去无法挽回，往事已成为历史，你再悔恨也不会有丝毫改变，重要的是吸取教训。人的一生中，最浪费时间的莫过于懊悔。懊悔具有相当大的破坏力，它可以将人积极上进的好心态彻底摧毁，让人变得委靡不振。所以，千万不要老是惦念已往的过错，已经发生的事情并不会因你的后悔而有丝毫改变。

当你又在后悔既往时记得对自己说：“下次我不会再做错。”这样做能使你摒除懊悔，把时间和心思用于现在和将来。

一位心理学家这样告诫他的学生：人生的道路不是笔直、宽阔、平坦的。无论求学、就业、择偶、成才或是组织家庭，人们都可能遇到各种意想不到的艰难。许多人常常钻不出自我的圈子，他们为自己在曲折中的失误而产生种种懊悔。懊悔意味着人在现实中由于过去的行为而产生惰性。有人认为只要保持懊悔便可以改变过去。其实，懊悔并不能改变过去，更不能创造未来，它只会给今天造成不必要的负担。过多的懊悔，还会磨灭对未来的追求。若沉溺于懊悔之中，对人的精神也是一种折磨。

苏联生理学家巴甫洛夫说过:“不要让头经常朝后看，它能够使你怅然若失。”面对已经发生的事情,懂得放下,是克制懊悔心理发生消极作用的一个有效的方法。

在生活中你会发现,那些看似愚蠢的可以避免的错误,往往更容易让人们懊悔不已,尤其是一些看似能够改变我们人生的重大问题。我们由于自己的判断失误而犯了重大的错误,然后开始后悔自己当时的行为和决定,而且往往这种懊悔的情绪会维持相当长的一段时间,在这段时间里,我们几乎无法正常工作和思考,犯错误的那一幕时时都会跳出来扰乱我们的情绪,它让人们变得不开心。有的人甚至一辈子都在各种各样的懊悔中度过,他们亲手毁掉了自己本应幸福的一生。

面对已成事实的问题,心理学家指出,我们可以想办法改变刚刚发生的事情所产生的影响,但是我们不可能去改变当时所发生的事情。唯一可以使过去的错误产生价值的方法,就是从错误中得到教训,然后再把错误忘掉。

别不小心说话失了分寸——超限效应

开玩笑也要把握分寸，适度的玩笑能够拉近彼此的距离，成为人生的乐事，如果玩笑开得太过分，就会伤了感情，甚至失去朋友。

心理专家认为,人的心理承受能力都有一个限度,心理学上将这种限度称为“阈限”。当某种刺激过多过强,超过一个人所能承受的最低阈限时,会造成人的心理疲惫,形成沮丧、懊悔等负面情绪。这时人们为了保护自己,就如弹簧一样将压力反弹回去,而产生超限效应,表现出不耐烦甚至反抗的

行为。

这种现象在日常生活和日常交际中屡见不鲜。如：当孩子不用心而没考好时，父母就会不厌其烦地重复对一件事做同样的批评，甚至把不相关的事情也牵扯出来唠叨，使孩子从内疚不安到不耐烦，最后产生反感、厌恶。被"逼急"了，就会出现"我偏要这样"的反抗心理和行为。可见，家长对孩子的批评不能超过限度，应对孩子"犯一次错，只批评一次。"如果非要再次批评，那也不应简单地重复，要换个角度，换种说法。这样孩子才不会觉得同样的错误被"抓住不放"，厌烦心理、叛逆心理也会随之减弱。

同样，与亲朋好友、同事、同学聚在一起的时候，大家不免会开开玩笑，相互取乐。这是人际交往的一种方式，通过这种方式能够沟通感情，加深了解。它能为枯燥的生活增添许多乐趣，人的生活不能过分严肃，过分严肃，生活便会少了情趣，而精神的表现便流于呆板。同时因为你的呆板，减少了人与人之间的亲和力，人家不愿与你接近，所以精神要有张有弛才好。所谓精神的弛，就是你要学会与人有说有笑，适时适度地说些风趣的话，说些诙谐的话。

不过凡事有利就有弊，开玩笑也要把握分寸，适度的玩笑能够拉近彼此的距离，成为人生的乐事，如果玩笑开得太过分，就会伤了感情，甚至断绝往来。

有一天，几个同事在办公室聊天，其中有一位李姐 32 岁了还未婚，她昨天配了一副眼镜，于是拿出来让大家看看她戴上好看不好看，大家不愿扫她的兴都说很不错。

这时，同事老王因此事想起一个笑话，便立刻说出来："有一个老小姐走进皮鞋店，试穿了好几双鞋子，当鞋店老板蹲下来替她量脚的尺寸时，谁知这位老小姐是个近视眼，看到店老板光秃秃的头，以为是她自己的膝盖露出来了，连忙用裙子将它盖住，立刻她听到店老板叫道：'混蛋！保险丝又断了'！"接着是一片哄笑声，谁知事后竟从未见到李大姐戴过眼镜，而且碰到老王后再也不和他打招呼了。

其中的原因不说自明。说者无心，听者有意，在老王看来，他只联想起一则近视眼的笑话。然而，李姐则可能认为：别人笑我戴眼镜不要紧，还影射我是个老小姐。

所以，说笑话要先看看对哪些人说，再想想会不会引起别人的误会。像上面的笑话就严重地伤害了别人的自尊,这是老王始料不及的。

俗话说“好菜连吃三天惹人厌,好戏连演三天惹人烦。”一个人说话,如果总是喋喋不休,没完没了就会让人不耐烦。关于这个问题，墨子有一个很形象的比喻。

一天,墨子的弟子问他:“老师,人是说话多好还是说话少好呢?”墨子沉思片刻后说:“话不在多少,而在于恰当。田间的青蛙每天都叫个不停,但是人们都不与理睬,而雄鸡每天只是啼鸣两三声,人们就应声而起。”可见,语言作用的大小,不在于“数量”,而在于“质量”。

在平时生活中,与人交流或是做演讲的时候,要掌握好“火候”,否则就会过犹不及。

比如,在单位领导作报告的时候,开始你听得还挺有兴趣,但是当领导一再地反复强调那几个问题的时候,你的注意力就开始分散了,接着,如果领导还是在重复那几个问题,你就会产生反感,而且对领导的印象分也开始下降,最后可能就讨厌这个领导了。

在演讲的时候,有的人喜欢长篇大论,滔滔不绝,自我感觉良好,在浪费听众宝贵时间的同时,却只能提供给听众很有限的信息,让人厌烦;而有的人喜欢把自己的意思浓缩成一句话,犹如一颗石子,在听众平静的心湖激起层层波浪,让人敬佩。

说话滔滔不绝、不停唠叨的人,常常不考虑听者的感受,不考虑自己所说的话是否是别人需要的,也经常不给他人说话的机会,所以很容易招人厌烦。记住,任何沟通,特别是旨在诱发别人态度改变的说服和引导,都必须避免无意义的重复,否则效果就会适得其反。

所以,我们在做任何事的时候都应当注意“度”这个问题。如果“过度”就会产生超限效应,因此,我们一定要掌握好尺度,要多站在别人的立场上想一想,学会换位思考,切不可以自我为中心,毫不注意表达方式,当然更要注意把握好“度”,在别人不耐烦之前尽快结束你的演讲。只有这样,才能恰到好处地避免“超限效应”的负面影响。

第3章 影响他人的心理倾向

——情感征服的心理策略

在人际交往中，能够把握别人的心理，无疑可以让你更快达到自己的目的。那么怎样去征服一个人，怎样让他人心甘情愿地为自己做事，怎样赢得人心，这些都是你必须掌握的社交策略……

亏欠心理在交际中的妙用

如果你能够宽容他、包容他，并且给他一条出路，他就会对你产生一种强烈的亏欠心理，从而时刻惦记着“受人滴水之恩，当以涌泉相报”。

生活中，你是否有觉得亏欠别人的地方？你是否觉得别人在哪方面对你有所亏欠？你是不是在为你人情债而劳心费神？“亏欠心理”在人们的生活中处处存在，有时候它就是这样明目张胆地影响着人们的生活，有时候它却又隐藏在某些小动作里。

“亏欠心理”是一种普遍的心理现象，它在职场中也显示着自己的威力。作为职业女性来讲，了解它的作用，学会正确地运用“亏欠心理”，将对你的职业生涯产生不可估量的作用。

美国空军的著名战斗机试飞员鲍伯·胡佛经验丰富，技术高超。在长长的试飞生涯中，顺利地试飞了许多机型。有一次，他接受命令参加飞行表演，完成任务后他飞回洛杉矶，在途中，飞机突然发生故障，问题十分严重，飞机的两个引擎同时失灵。他临危不惧，果断、沉着地采取了措施，奇迹般地把飞机迫降在机场上。

飞机降落后，他和安全人员检查飞机情况，发现造成事故的原因是用油不对，他驾驶的螺旋桨飞机，用的却是喷气式飞机的用油。负责加油的机械师吓得面如土色，见了胡佛便痛哭不已。因为他一时的疏忽可能会造成飞机失事和3个人的死亡。胡佛并没有对他大发雷霆，而是上前轻轻抱住那位内疚的机械师，真诚地对他说：“为了证明你能干得好，我想请你明天帮我完成飞机的维修工作。”这位机械师后来一直跟着胡佛，负责他的飞机维修。以后，胡佛的飞机维修从来没有出现过任何差错。

胡佛的宽容给予了一个普通机械师改正错误的机会，这不仅显示了他的大度，也使得机械师对他产生一种感激和歉疚的情感。当胡佛要求机械师继续帮他维修飞机的时候，无疑是又给了机械师一次机会，那么机械师也便会把他当做恩人一样，为了不让有恩于自己的人再次遭遇生命危险，他就要用自己的全部心思来对待工作，以弥补自己曾经犯下的过错。

“人非圣贤，孰能无过？过而能改，善莫大焉。”生活中有很多人会做错很多事，有些是因为粗心大意，也有些是无心之失，不管如何，当一个人犯错了之后，首先都会先狠狠地责怪自己，如果别人再去责骂他，只会更加深他的罪孽感和自卑心理。而如果你能够宽容他，并且给他一条出路，他就会对你产生一种强烈的亏欠心理，从而时刻惦记着“受人滴水之恩，当以涌泉相报”。

俗话说，这有价的债好还，而人情债最难还，因为人情债不是能够用金钱衡量的。所以“亏欠心理”运用得好，要比送礼送钱更能办成事。

“十一”假期时，小秋和好友一起去参观一条古街，一位热情的导游带领他们四处游览。在街的尽头有一座小寺庙，导游说，若信佛可前去参拜。他们想既然已经到了此地不妨一探究竟。入庙后，其中唯一的住持立即要他们将包袋放在门口，送上两炷香，说是免费送给他们的。然后，他要小秋在佛祖面前许愿，听着师傅的罄声虔诚地跪拜。小秋很急切地想将香插好就走，住持却说，施主入庙时没有洗手，只能由师傅代插，还说要到偏侧的内室里为他诵经。随后，他拿出护身符和功德簿，要小秋写下心愿，以便他每日为小秋虔诚祷告。在填写了姓名、生日和心愿之后，当然还要填写香油钱、公德钱。师傅还说独木不成缘，意思要写两位数的金额。周旋一番，小秋一共给了几十元钱，才从寺庙里离开。但有趣的是，虽然无端端地花了一些钱，小秋的表情却显得很兴奋。

心理学家在分析这个事例时，把小秋兴奋感的获得归结于“亏欠心理”的缓和。住持送上了两炷免费香、为小秋诵经、在护身符和功德簿上写下了心愿，方便住持每日为他虔诚祷告。这些举动解除了小秋刚进庙时的抗拒和排斥心理，对方先施予“恩惠”，使当事人形成“亏欠”感，于是在后来就心甘情愿地留下了一定的香油钱。

正所谓“天上不会掉馅饼”，就算是真的掉了也不一定会砸到你，生活中不会有那么多不劳而获的事和白捡的好处。如果在你身上真的出现了这样的好事，那一定是别人利用了你的“亏欠心理”，准备放长线、钓大鱼，所以如果真的是关系到工作上的事情，一定要三思而后行，贪小便宜吃大亏就不值得了。

当然如果你可以把“亏欠心理”正确地运用到工作中,还是可以帮助你在自己的工作岗位上迅速站稳脚跟的。你对别人好,别人自然也会对你好,只要是不会让别人的心理上有太大的负累,适当地让别人“亏欠”你点儿,对你是有百利而无一害的,当然关键还是要自己把握。

如何把你的意愿灌输给对方

没有人喜欢被强迫购买一件东西，我们更喜欢按照自己的意愿去做事，甚至喜欢在任何时候，都能有人来征询我们的愿望和意见，这样才能显现出自己的重要性。

将自己的意见强加于人固然不好,但如果确实是你的见解更加合理或优秀呢?这时,你需要的是用更加睿智的方式,让别人在接受你意见的同时,又感受到你对他们的尊重和真诚。一味硬生生地说教,只会破坏你与他人之间的关系。换个思维方式,如果单单提出建议,让对方通过自己的思考去得出你想要的答案,不是一个更容易被人接受,也更聪明的方法吗?

没有人喜欢被强迫购买一件东西,我们更喜欢按照自己的意愿去做事,甚至喜欢在任何时候,都能有人来征询我们的愿望和意见,这样才能显现出自己的重要性。

一位汽车销售员通过朋友了解到一对夫妇有购买二手车的想法,就三番五次地来到这对夫妇的家中,向他们推销自己代理的汽车,从外观讲到性能,从品牌讲到价格,费尽口舌、花样百出,却丝毫没有吸引这对夫妇的注意。他们总是认为所看的车有些毛病,这个外观过于老套,那个性能不好,好不容易有几辆看着顺眼的,也都以价钱太高回绝了销售员。

销售员为此很苦恼,他始终不知道失败的原因,按常理来说,他能做的已经都做了,可为什么那对夫妇就是不满意呢?一个朋友为他指点迷津,告诉他:“别强迫那种一直不坚定的购车者,要让他主动挑选出一辆适合自己的,你什么都不用做,只要让他觉得,那是他自己的意思,就够了。”

销售员半信半疑,但又想不出什么别的办法的他决定按照朋友说的试试。几天之后,有另一位顾客想用自己的旧车换一辆新的,推销员一下想到那对夫妇,也许他们会喜欢这辆旧式的汽车。于是,他给他们打了个电话,但并没有直接推销汽车,而是说有个问题想请教一下。

那对夫妇接到电话后很痛快就到了卖车的地方。销售员说:“我知道你对买车已经有了很多自己的心得和经验,我想让你帮忙看看这辆老爷车值多少钱,你告诉我后,我可以在以后的交易中,有个准确的资料。”

那对夫妇听到这些话后满面笑容,感到很高兴有人向他们请教。丈夫二话不说就钻进了车里,驾车兜了一圈,又围着车左看右看之后,他说:“这车,如果你能以1万元买进,那你就真是捡到宝了。”

销售员接着问:“那如果我以你说的数目买进这台车,再转手卖给你,你要不要?”

1万元正是那对夫妇的意思,他自己的估价哪有不要的道理?于是这笔生意当场就成交了,双方各取所需,皆大欢喜。

其实车都是差不多的车,也许反而之前的选择更多,价格也更合算,但只是因为之前是别人的意思,之后是自己的主意,就改变了买车人和卖车人的地位和事情的结果。这也正说明,想要改变一个人的意见并不是不可能完成的任务,关键在于方式方法,只要方法得当,让别人听取你的意见后反而觉得那是自己得出的结论,这样的改变,接受起来就会容易得多。让对方觉得那是他自己的主意,他就会自愿地去做他认为该做的事,也正是你想让他做的事。

在威尔逊总统执政白宫期间,上校赫斯对内政和外交上都有着很大的影响力。他受到威尔逊总统的重视程度,甚至在内阁成员之上。那么到底是什么原因使赫斯上校能够有如此大的影响力呢?

赫斯说:“我认识总统之后,发觉改变他观点的最好方法,不是一次次严肃的内阁会议,而是通过不经意的谈话将观念移植入他的心里,让他感兴趣,进而自己去思考。”

这个发现源于一件令人感到意外的事件。

有一天,赫斯去白宫拜访威尔逊总统,劝说他采取一项政策。但这项政策似乎威尔逊并不十分赞同,只是大概地听了听理由和构想,就匆匆结束了会谈。但在一次与内阁的会议中,威尔逊总统竟然说出了赫斯前几日提出的那项建议,并且说明那是他自己的意思。

赫斯并没有当众打断总统的话，揭发那是他所提出的意见，而不是总统的意见。反而在总统结束演说之后，大肆赞赏总统的睿智。因为赫斯在乎的是建议能否被通过的结果，而不是建议是由谁提出的。

从此以后，赫斯掌握了如何将自己的意见转达给总理的秘诀，每次有了什么新的政治构想，总是在谈话间不经意地透露，引导总统自己思考，得出他想要的结论。这也让赫斯成为威尔逊总统面前最有影响力的一个人。

由此可见，比起将自己的意见强加于人的愚者来说，借由当事人的口，把自己的想法说出来的智者更值得我们赞颂。因为他们不仅成功地改变了别人的看法，把自己的意见灌输给了其他人，更重要的是，在改变的过程中，他们让其他人感受到了自己得出结论的快乐与满足。这样既达到了自己的目的，又保住了别人的面子，何乐而不为呢？

在现代社交中，在办公室的处世哲学中，这个方法同样适用。在日常与同事、老板的交流中，既不能将自己的意见强加于人，也不能人云亦云，毫无主见地随波逐流。一个聪明的人应该学会什么时候该坚持己见，让别人看到你的独到之处，也要知道什么时候该掩起锋芒，与团队和谐一致。这样才能在人际相处这张大网中自由穿梭，游刃有余。

适当地给予肯定的鼓励

天底下，不论是穷人、富人、小偷，还是神探，只要他们听到别人赞美自己的某一优点，大都会全心全意地去维护这份美誉，生怕辜负了自己和别人。

哈佛大学的罗森塔尔博士在心理学领域小有名气。1960年，他曾在加州一所学校做过一个著名的实验。

这一年新学期刚开始，校长对两位教师说：“根据过去三四年来的教学表现，你们是本校最好的教师。为了奖励你们，今年学校特地挑选了一些最聪明的学生给你们教。记住，这些学生的智商比同龄的孩子都要高。”校长再三叮咛：要像平常一样教他们，不要让孩子或家长知道他们是被特意挑选出来的。

这两位教师非常高兴,更加努力地教学了。

我们来看一下结果:一年之后,这两个班级的学生成绩是全校中最优秀的,甚至比其他班学生的分数值高出很多。

知道结果后,校长不好意思地告诉这两位教师真相:他们所教的这些学生智商并不比别的学生高。这两位教师哪里会料到事情是这样的,暗自庆幸是自己教得好。

随后,校长又告诉他们另一个真相:他们两个也不是本校最好的教师,而是在教师中随机抽出来的。

在这个实验中,罗森塔尔撒了谎,名单上的学生实际上并非最有发展前途,只是他是权威,他的谎话也有权威性,以致所有人都会相信。这个谎言首先对老师产生了暗示,老师又将自己的心理活动通过语言和行为传递给了学生,使学生变得自尊、自爱、自信、自强。给予别人肯定是一种心理的"强化剂",夸奖的作用也是给予别人一种积极的心理暗示。

罗森塔尔的实验提醒我们:自尊心和自信心是人的精神支柱,被别人肯定会给你以潜在的强大力量。

爱因斯坦是20世纪最伟大的科学家之一,但他3岁才会说话,在校成绩较差,有的老师说他"笨头笨脑",10岁时因学业不好而被开除。对于这样一个孩子,他的父母给予了多少鼓励才使他拥有如此辉煌的成就。由此可见,当孩子感受到父母的期望时,就会萌发或增强学习的欲望、向上的决心和勤奋的动力。父母要告诉孩子,他们是世界上最聪明的人,并将良好的积极的期望随时传递给孩子,让孩子增强自信心,对自己的前途充满希望。

夫克兰曾经这样说:"只要你能让一个人敬仰你,你也表示十分钦佩他的某些才能,你就可以轻而易举地指挥他。"事实也证明,向对方表示钦佩,是一个可以让对方心甘情愿为你做事,并且把事情做好的方法。

艾尼丝·肯特太太想聘用一位女佣,便打电话给那位女佣的前任雇主,询问了一些情况,得到的评语却是贬多于褒。女佣到任的那一天,艾尼丝说:"我打电话请教了你的前任雇主,她说你为人老实可靠,而且煮得一手好菜,唯一的缺点就是理家比较外行,老是把屋子弄得脏兮兮的,我想她的话并非完全可信,我相信你一定会把家整理得井井有条的。"

事实上，她们果然相处得很愉快，女佣真的把家里打扫得干干净净，而且工作非常勤快。

莎士比亚曾说："夸奖他事实上并不拥有的美德，是对他人不足的一种鼓励和暗示。"要想纠正某人的缺点，不妨反过来先赞美对方的其他优点，他才会乐于迎合你的期望，自我纠正。

赞美不但让别人高兴，也可以让自己获得无数的友谊和协助，天底下，不论是穷人、富人、小偷，或是神探，只要他们听到别人赞美自己的某一优点，大都会全心全意地去维护这份美誉，生怕辜负了自己和别人。任何人，只要肯定对方的特殊能力，高度地给予评价并提出要求，他大都会乐于将其优点表现得淋漓尽致。

著名的心理学家杰丝·雷尔评论说："称赞对温暖人类的灵魂而言，就像阳光一样，没有它，我们就无法成长开花。但是我们大多数的人，只是敏于躲避别的冷言冷语而我们自己却吝于把赞许的温暖阳光给予别人。"这是就是罗森塔尔效应的魅力所在。

如何让对方按照你的想法进行

千万别以为别人在你面前表现出来的样子就一定是他真正的面貌，很可能他是把你当做竞争对手，然后用心理战术来迷惑你。

有这样一个故事：有两家卖粥的小店。左边的这家和右边的那家，每天的生意都不错，而且有趣的是顾客数量差不多，可是晚上结账的时候左边的这家总比右边的那家多出百十来元钱。有人好奇地进行了研究。发现奥秘就在于服务员一句话的不同：左边这家利润高一点的服务员总是问："您这碗粥加一个鸡蛋还是两个鸡蛋？"而右边那家服务员问的是："您要不要加鸡蛋？"

心理学家解释说：左边的小店之所以每天都比右边的小店多出百十来元钱，是因为左边小店的服务员把顾客"锚定"在"加几个鸡蛋"上。显然右边的服务员只把顾客"锚定"在"要不要加鸡蛋"上。在前一种情况下，顾客是在“加一个鸡蛋还是加两个鸡蛋”上进行选择或者说调整，很少有顾客跳出这个框架说不加鸡蛋；而后一种情况，顾客是在“加或不加鸡蛋”上进行选择或者说是调整，所以左边的小店比右边的小店多出百十来元钱也就在情理之中了。

这就是所谓的“锚定效应”。“锚定和调整启发式”是一个心理学术语，它是人们在作决策和判断时经常采用的一种方法，即先把自己“锚定”在某个事物上，然后再在这个基础上进行调整。

比如说在教育孩子的时候，你可以这样问他：“你是今天写完作业，明天我们一起去游乐园玩，还是今天看电视，明天在家里写作业呢？”在这样的情况下，显然孩子会选择前者。又或者你需要爱人陪你出去走走的时候，你如果说：“咱俩出去遛弯吧？”很有可能对方不会去，可是如果你说：“亲爱的，一会去超市给孩子买点水果，听说广场那里晚上有节目，咱俩顺便去看看吧。”说明出去是有正当事情要做的，他肯定很愿意随同。

但是如果把这个方法运用到职场上，你可就要小心了，千万别以为别人在你面前表现出来的样子就一定是他真正的面貌，很可能他是把你当做竞争对手，然后用心理战术来迷惑你。

竞争是职场上永恒的话题，职场上的竞争虽然没有战场那么残酷，却一样充满危机。踏实做事的人的确很多，他们付出了辛苦的努力，然而却在关键时刻永远上不了台面，原因很可能就是周围的某个同事用自己懒散的外表迷惑了他，使他原本有的十分力气只用了六分，就觉得自己已经做得很好了。而那个同事却在私底下付出了百分百的努力，并且在不知不觉中和领导也搞好了关系，所以上面的结果就是注定的了。

要知道，每个人都有着不同的原动力，这使他尽力去进取。无论你看到什么，你都要意识到一点：竞争正在进行。在职场上，你必须做到：保持距离感，不跟任何人过度亲密，不结帮派，不评论别人，做好自己，诚恳而保持一定的警惕性。

做自己的事，用自己的标准来衡量自己，不要因为别人的松懈就降低对自己的要求，否则你就会中了别人的圈套。你“锚定”的应该是比自己能力强、成绩好的人，而不是和自己处在同等位置、时不时还出点小纰漏来为你提供心理安慰的人，忠于自己的思想和行动，不要受到他人的引导，这才是职场的生存之道。

如何背后称赞从而赢得人心

不要吝啬在别人面前说另一个人的好话，那些好话当事人虽不会听见，但这世界上没有不透风的墙，就算赞美传不到他本人耳朵里，别人也会因为你在背后夸奖人而更加敬重你。

美国总统罗斯福曾有一个副官，叫做布德，他对于颂扬和赞赏有独到的研究，尤其是上下级之间，他认为：背后称赞别人的优点，比当面更为有效。

这方法乍一听好像不够直接，可是当你设想一下，如果有人告诉你：某人在你背后说了许多关于你的好话，你会不高兴吗？这种溢美之词，如果当着你的面说给你听，也许反而会使你觉得虚假，或者疑心他是不是出自真心，有没有什么目的，但间接听来却完全不一样。看来布德的见解是一种至高的技巧，在人背后赞扬人，在各种表达赞赏的方式中，可以算是最使人高兴，也最有效果的。

乔乔是一名留学生，高中毕业就被家人送去新加坡念书。第一年的所有学费、生活费都是由家里资助的，而第二年，她知道家里负担也很重，自己还有个读初中的弟弟，所以决定开始半工半读。可她没有任何工作经验，好在英语还不错，于是在同学的介绍下，去了他朋友的一家杂志社兼职。

初去杂志社，什么都是陌生的，每件事都要边学边做，而且要从最基础的做起，常常排一个简单的版，别人半个小时搞定的事，她要弄上三四个小时，甚至整夜，渐渐体力支持不住不说，由于睡眠不够，白天精力变得很差，学业也开始受影响了。乔乔心里明白，虽然自己是个学生，但单位不会因为你是新人而少派给你任务，而她又是个自尊心很强的人，既不愿去跟上司说自己的困难，也不愿意用同学朋友这一层关系去要求特殊对待。

工必须打，书也必须要念好，乔乔陷入了两难的境地，但突然有一天，她找到那位给他联系工作的同学，在他面前大加称赞他的朋友，也就是自己的上司：“虽然我现在每天只能睡两三个小时，但我知道，上司是为了多给我锻炼机会，将来好可以独当一面，可以在这一行发展，他的好意，其实我心里是很感激的。”

乔乔知道她的话一定会经同学的口传到上司的耳朵里，她的迂回战术果然没有白费，三天后，上司找她谈话，说自己大意了，给她的工作太多了，以后会适当减少些，多分配给她一些讲究质量的工作。

就这样，乔乔既减少了工作量，也没有给上司留下不好的印象，觉得她怕辛苦，或不够努力等。并且上司受到了她的赞美，看到了她明白事理的一面。乔乔的这一招“背后赞美”收到了应有的效果。

当人们知道一个人在背后赞美自己的时候，他会感觉你真的是这样想的，会更加高兴。不要吝啬在别人面前说另一个人的好话，那些好话当事人虽不会听见，但这世界上没有不透风的墙。就算赞美传不到他本人耳朵里，别人也会因为你在背后夸奖人而更加敬重你。

当然，这是处理人际关系中的一种方法，尤其对你的上司或下属，而朋友、亲人之间，你就可以更直接地表达赞美，他们可能会更加感动。总之赞美不同的人，就像往不同的企业投求职信一样，你需要根据不同公司的不同特点，制订你的主打方案，对症下药，千万不要像批发商一样，对每个人都用同一套赞美模式。

让名人成为你发展的助推器

人们总认为权威人物的要求往往和社会规范相一致，按照权威人物的要求去做，你会得到各方面的赞许和奖励。

权威效应，又称为权威暗示效应，是指一个人要是地位高、有威信、受人敬重，那他所说的话及所做的事就容易引起别人的重视，并让他们相信其正确性，即“人微言轻、人贵言重”。

“权威效应”的普遍存在，首先是由于人们有“安全心理”，即人们总认为权威人物往往是正确的楷模，服从他们会使自己具备安全感，增加不会出错的“保险系数”；其次是由于人们有“赞许心理”，即人们总认为权威人物的要求往往和社会规范相一致，按照权威人物的要求去做，会得到各方面的赞许

和奖励。

美国心理学家们曾经做过这样一个实验：在给某大学心理学系的学生们讲课时，向学生介绍一位从外校请来的德语教师，说这位德语教师是从德国来的著名化学家。实验中这位“化学家”煞有介事地拿出了一个装有蒸馏水的瓶子，说这是他新发现的一种化学物质，有些气味，请在座的学生闻到气味时就举手，结果多数学生都举起了手。对于本来没有气味的蒸馏水，由于这位“权威”的心理学家的语言暗示而让多数学生都认为它有气味。

人们都有一种“安全心理”，即人们总认为权威人物的思想、行为和语言往往是正确的，服从他们会使自己有种安全感，增加不会出错的“保险系数”。同时，人们还有一种“认可心理”，即人们总认为权威人物的要求往往和社会要求相一致，按照权威人物的要求去做，会得到各方面的认可。因此，这两种心理就诞生了权威效应。

在企业中，领导也可利用“权威效应”去引导和改变下属的工作态度以及行为，这往往比命令的效果更好。因此，一个优秀的领导肯定是企业的权威，或者为企业培养了一个权威，然后利用权威暗示效应进行领导。当然，要树立权威就必须要先对权威有一个全面深入的理解，这样才能正确地树立权威，才能让权威保持得更加长久。

旁敲侧击，让对方知难而退

从侧面委婉地点拨对方，使其明白自己的不满，打消失当的念头。这一技巧通常借助于问句的形式表达出来。

社会是复杂的。我们总会遇到一些不平之事，不公之人，又不能不去表达自己的不满。对自己亲近的人，有时候也需要巧加指责，让对方明白。但如何表达这种不满却是相当有学问的，特别是对于一些非原则性的问题，要做到既能表达出对对方的不满，又不至于破坏和谐的人际关系，确实是不太容易。“话里藏话、旁敲侧击”不失为一个理想的武器，即不直言相告，而是从侧面委婉地点拨对方，使其明白自己的不满，打消失当的念头。这一技巧通常借助于问句的形式表达出来。

姗姗与婷婷是一对好朋友，彼此都视对方为知己。有一次，本单位的青年小李对姗姗说："姗姗，我总觉得婷婷为人有点太认真了，简直到了顽固的地步，你说是不是？"姗姗一听小李的话顿生反感，心想："你在背地里贬损我的好朋友，真缺德。"但她又不好当面发作，于是假装一本正经地说："小李，我先问你，我在背后和你议论我的好朋友，她要是知道了会不会和我反目？"小李一听这话，脸"刷"就红了，不再吭声了。

这里姗姗就使用了委婉点拨的技巧。面对小李的发问，她没有直接回答"是"还是"不是"，而是话题一转，给对方出了个难题，而这个难题又正好能起到点拨对方的作用，既暗示了"婷婷是我的好朋友，我是不会和你合伙议论她的"，又隐含了对小李背后议论、贬损婷婷的不满。同时，由于这种点拨较委婉含蓄，所以也不致让对方太难堪。

即以两种事物具有的某一相似点作比较，暗示敬告对方言行的失当，使之明白自己的不满。

例如：姗姗公司的经理在一次业务谈判中，受到了婷婷公司工作人员的顶撞。他气冲冲地给婷婷公司的经理打电话说："如果你们不向我保证，撤销上次那个蛮横无理的工作人员的职务，那么，显然是没有和我公司达成协议的诚意。"婷婷公司的经理听了微微一笑说："经理先生，对于工作人员的态度问题，是批评教育还是撤职处理，完全是我们公司的内部事务，无须向贵公司作什么保证。这就如同我们并不要求你们的董事会一定要撤换与我公司工作人员有过冲突的经理的职务，才算是你们具有与我们达成协议的诚意一样。"姗姗公司的经理顿时哑口无言。

在这里，婷婷公司的经理就很好地使用了类比敬告的技巧。虽然说姗姗、婷婷两公司有很多不同之处，但有一点却是相似的，即她们两公司对工作人员或经理的处分完全是各自公司内部的事务，与对对方有没有诚意无关。婷婷公司的经理就是抓住了这一相似点作比较，从而敬告对方所提要求的过分和无理，表达了对态度蛮横的姗姗公司经理的不满。需要说明的是：虽然这种技巧表达不满的语气也较明显，但毕竟不像直言相告那样带有警告的成分，所以称之为"类比敬告"，而不是"类比警告"。

幽默是人际关系的润滑剂，有时利用幽默表达对对方的不满，也不失为

一种好方法。

有这样一则小幽默：在饭店，一位喜欢挑剔的女人点了一份煎鸡蛋。她对女侍者说："蛋白要全熟，但蛋黄要全生，必须还能流动。不要用太多的油去煎，盐要少放，加点胡椒。还有，一定要是一个乡下快活的母鸡生的新鲜蛋。""请问一下，"女侍者温柔地说，"那母鸡的名字叫阿珍，可合您心意？"

在这则小幽默中，女侍者就是使用幽默提醒的技巧。面对爱挑剔的女顾客，女侍者没有直接表达对对方所提苛刻要求的不满，却是按照对方的思路，提出一个更为荒唐可笑的问题来提醒对方：你的要求太过分了，我们无法满足，从而幽默地表达了对这位女顾客的不满。

另外，对怀有恶意之人，自不必拼个鱼死网破，打动草丛惊走这条蛇就可以自卫；如那些粗鲁的家伙冒犯你，只需要敲响山石吓跑老虎便可及时收手。

第4章

与人交往的心理博弈

——让你占据主动的心理策略

影响人际关系的因素有很多,涉及很多方面,比如第一印象,是否善于倾听和是否具有亲和力等,只有了解了这些,并在实际交往中巧妙应用一些心理策略,才能消除不良的影响,增加好的印象和感觉,从而让别人喜欢你,建立起长久稳固的人际关系。

给对方一个美好的假象——晕轮效应

“晕轮效应”就是这样一种神奇的光晕，它可以把人身上的优点放大，把瑕疵暂时掩盖；当然它也能够把瑕疵无限放大，让人忽略掉对方的优点。

“晕轮效应”，又称“光环效应”“成见效应”“光晕现象”，是指在人际相互作用过程中形成的一种夸大的社会印象，正如日月的光辉，在云雾的作用下扩大到四周，形成一种光环作用。简单地说，就是人们对一个人形成了某种印象后，这种印象会影响对他特质的判断，人们会习惯以与这种印象相一致的方式去估价其所有的特质。

不难发现，拍广告片的多数是那些有名的歌星、影星，而很少见到那些名不见经传的小人物，因为明星推出的商品更容易得到大家的认同。一个作家一旦出名，以前压在箱子底的稿件全然不愁发表，所有著作都不愁销售，这都是晕轮效应的作用。

郭清是某合资企业的外联部工作人员，这次国外员工到国内公司做企业文化交流，顺便游览中国的大好河山做，郭清负责照看一部分外国的同事。

游览路上，郭清的客人曾对郭清说，到了西安，一定要增加品尝“羊肉泡馍”这个项目，可是到了西安，郭清把这事给忘记了。等到了大理，客人又提起了这件事，郭清吓了一跳，赶紧向客人道歉，并表示要增加其他节目作为补偿。郭清担心，客人还是会有意见的。没想到，客人却反而把郭清安慰一番。

按道理说，人家不远万里来到中国，自己却没有满足客人的要求，客人肯定会有意见的。这个结果真是大大出乎郭清所料。

原来，团队入境不久，郭清做了两件让客人非常感动、非常佩服的事。

第一件事是在上海外滩游览的时候，一个小偷偷了客人的提包，郭清发现后纵身从高台上往下一跳，截住了小偷的去路。那提包是一对夫妇的，里面除了钱和证件之外，还有去欧洲参加一个会议的机票，散团之后他们就要从香港去欧洲，一天也不能耽搁。这对夫妇自然是对郭清感激不尽，全团的客人也都赞叹不已，说是看见郭清从那个高台上往下跳的时候，都惊呆了。

第二件事是在杭州西湖，那天，在湖边拍照的几个老外中的一位老先生，一不小心掉进河里去了，在场的人一下全愣在了那里，郭清的车正好在那边。他见此情景，把公文包朝地上一扔，就跳进湖里救人，等船工把救生圈扔过来的时候。郭清已经把那位老先生从水里救起来了。郭清团里的客人都让郭清赶紧回酒店，说有当地的导游在这里就行了，尽管放心。

经过这样两件事，客人都很佩服郭清，虽然他有些失误，客人们也都认为他是无心的，还主动和领导说郭清有多么好，并不停地称赞他呢。

在这个事例中，郭清因为抓小偷和救人，突出表现了他的优秀品质。国外同事认为郭清是一位人格高尚的陪护人员，于是，漏订"羊肉泡馍"的失误便被他人格高尚的光环遮掩了。

在日常生活中，人们在进行判断时也经常会受"晕轮效应"的影响。比如说，生活中每个人都会有这样的经历：听说新到任的上司非常严厉苛刻，见到他之后就会胆战心惊、毕恭毕敬；看到一位老师在课上体罚学生，就认为这位老师很讨厌，不喜欢上他的课；或者知道一位同事的父亲是著名的文人，便觉得这位同事也懂得多，浑身上下都散发着文化气息，即使性格和行为上有些不妥，也会想当然地认为那是文人的一些个性和怪癖。这种以"对人或事物留下的最初印象判断此人或此事件其他方面也具有同样品质"的现象就是"晕轮效应"。

我们在日常人际交往中一定要注意树立和维护自己的健康形象，使自己的言行举止合乎礼仪规范，我们要善于运用"晕轮效应"，让自己的优点被别人认可，让自己成为它的受益者，而非受害者。

无论是凭借第一印象，还是"由表及里"的推断问题，又或者是思想刻板时对一个人或者事物所作出的推断，往往有很大的偏见成分，也是为"晕轮效应"的产生提供了温床。因此，我们在学会利用"晕轮效应"的同时，也要预防自己被"晕轮效应"所左右，在认识他人的问题上，要注重了解对方的内心、行为等深层结构，冷静、客观地对待第一印象，不能满足于表象，这样我们才能在人际交往中让自己始终处于有利位置。

初次见面留下好感——首因效应

首因效应在人们的交往中起着非常微妙的作用，只要能准确地把握它，就能给自己的事业营造出良好的人际关系氛围。

有这样一个故事：

一个新闻系的毕业生正急于寻找工作。一天，他到某报社对总编说："你们需要一个编辑吗？"

"不需要！"

"那么记者呢？"

"不需要！"

"那么排字工人、校对呢？"

"不，我们现在什么空缺也没有了。"

"那么，你们一定需要这个东西。"说着他从公文包中拿出一块精致的小牌子，上面写着"额满，暂不雇用"。总编看了看牌子，微笑着点了点头，说："如果你愿意，可以到我们的广告部工作。"

这个大学生通过自己制作的牌子表现了自己的机智和乐观，给总编留下了美好的"第一印象"，引起其极大的兴趣，从而为自己赢得了一份满意的工作。这种"第一印象"的微妙作用，在心理学上称为首因效应。

俗话说，"良好的开端是成功的一半""新官上任三把火"，就是首因效应对人们的重大影响所致。首因效应就是说，人们根据最初获得的信息所形成的印象不易改变，甚至会左右对后来获得的新信息的解释。

从这个小故事中，我们可以看到，"第一印象"相当重要。有时候，"第一印象"可以决定一个人的前途，甚至是命运。心理学家给"第一印象"取了一个很好听的专业名词，叫做"首因效应"。"首因效应"体现在先入为主上。这种先入为主给人带来的第一印象是鲜明的、强烈的、过目难忘的。对方也最容易将你的"首因效应"存进他的大脑档案，留下难以磨灭的印象。虽然我们也知道仅凭一次见面就给对方下结论为时过早,"首因效应"并不完全可靠,甚至还有可能会出现很大的差错,但是,绝大多数的人还是会下意识地跟着"首因效应"的感觉走。

因此在日常交往过程中,尤其是在与别人的初次交往时,一定要注意给别人留下美好的印象。要做到这一点,首先,要注重仪表风度,一般情况下,人们都愿意同衣着干净整齐、落落大方的人接触和交往;其次,要注意言谈举止、言辞幽默、侃侃而谈、不卑不亢、举止优雅,才会给人留下难以忘怀的印象。首因效应在人们的交往中起着非常微妙的作用,只要能准确地把握它,一定能给自己的事业营造出良好的人际关系氛围。

当然,对于一些不谙此道、不太注重"首因效应"的人,很可能会因为给人的"第一印象"不好而吃亏。

一天上午,潘岳赶到某公司参加最后一轮的应聘,主考官正是该公司的老总。临到考试时间快要结束时,潘岳才满头大汗地赶到了考场。老总瞟了一眼坐在自己面前的潘岳,只见他大滴的汗珠子从额头上冒出来,满脸通红,上身穿了一件红格子衬衣,加上满头乱糟糟的头发,给人一种疲疲沓沓的感觉。老总仔细地打量了他一阵,疑惑地问道:"你是研究生毕业?"似乎对他的学历开始表示怀疑。潘岳很尴尬地点点头回答:"是的。"接着,心存疑虑的老总向他提出了几个专业性很强的问题,潘岳渐渐静下心来,回答得头头是道。最终,老总经过再三考虑,总算决定录用了潘岳。

第二天,当潘岳第一次来上班时,老总把潘岳叫到自己的办公室,对他说:"本来,在我第一眼见到你的时候,我并不打算录用你,你知道为什么吗?"潘岳摇摇头。老总接着说:"当时你的那副尊容实在让人不敢恭维,满头冒汗,头发散乱,衣着不整,特别是你那件红格子衬衫,更是显得不伦不类的,根本不像个研究生,倒像个自由散漫的社会小混混。你给我的第一印象实在是糟糕透了。要不是你后来问题回答得很出色,你一定会被淘汰。"

潘岳听罢,这才红着脸说明原因:"昨天我来应聘时,在大街上看见有人遇上了车祸,我就主动协助司机把伤员抬上了出租车,并且和另外一个路人把伤员送去医院。从医院里出来,我发现自己的衣服沾了血迹,于是,我就回家去换衣服。不巧我的衣服都还没干,我就把我弟弟的一件衬衫穿来了。

因为耽误了不少时间，我就拼命地赶路，所以，时间虽然赶上了，却是一副狼狈相……”

老总这才点点头说：“难得你有助人为乐的好品质。不过，以后与陌生人第一次见面，千万要注意自己给别人的第一印象啊！”

对于很多年轻人来说，接近一个好机会并不难，难的是抓住这次机会。要抓住成功的机会，有时候只要一眼就够了，因为第一眼往往注定了结果的好坏。这个故事中的主角潘岳，差一点因为自己的不良印象而失去一份难得的工作，要不是该公司的老总能够看出他的真才实学，能够深入地了解他，恐怕他和这个公司也就无缘了。

一个人的外在形象对他能否获得成功的机遇也有很大的影响。生活中，有许多优秀的“千里马”，由于没有给“伯乐”们留下一个好的印象，而被认为是“普通马”，而与成功的机会失之交臂。因此现代社会，很多年轻人都明白，在面试中，自己很可能会因为不得体的穿着和举止而遭到拒绝，因而在面试之前做好充分准备，保持自己的服饰整洁得体，对着镜子精心“演练”自己的一言一行……这各式各样的努力，都是为了给别人留下一个好的第一印象。

心理学家认为，由于第一印象主要是性别、年龄、衣着、姿势、面部表情等“外部特征”。一般情况下，一个人的体态、姿势、谈吐、衣着打扮等都在一定程度上反映出这个人的内在素养和其他个性特征。

穿着打扮的重要意义不言而喻，那么怎样才能做得好，才是应该注意的问题。

首先，要符合穿衣人的身份。身份包括几个特点：性别、年龄、职位和民族。就是说，要有正确的自我定位。

其次，要懂得扬长避短。每个人的身材都有优点，也有缺点。穿着打扮时一定要善于扬长避短。

再次，要知道区分场合。在穿着打扮方面，都会遇到这样一个复杂的问题，那就是需要面对的场合多种多样。实际上，主要可分为以下三个场合。

第一，办公场合。在这种场合下，要求的是庄重保守，这样才能显得你很稳重。

第二，社交场合。即是指工作之余的应酬时间，这时的穿着主要是得体大方。

第三,休闲场合。在这种场合不必太讲究穿着,只要让自己感到放松、舒适即可。

当然,穿戴也不应太过夸张,要尽量大众化。所谓大众化,就是自己的穿戴不要与他人格格不入,否则,就容易使自己显得很难堪。

最后,要记得遵守常规。这是指在穿衣着装时,也有些约定俗成的规矩。比如,穿西服时,全身的颜色不能多于三种;鞋子、腰带、公文包应尽量为同一颜色等。

改善对方对你的印象——近因效应

近因效应告诉我们:忽责之后莫忘安慰。在批评过程中,难免有些情绪化,但只要结束语妥贴,就能给人留下好印象。

所谓近因效应,指的是在与人交往的过程中最近一次接触时给人留下的印象对社会知觉的影响作用。在经常接触、长期共事的人之间,彼此之间往往都将对方的最后一次印象作为认识与评价的依据,并常常使彼此的人际交往和人际关系发生质和量的变化。现实生活中的友谊破裂、夫妻反目、朋友绝交等,都与近因效应有关。

近因效应是人的社会交往的又一偏见,它对人际关系特别是友谊产生的影响极其微妙,轻者会导致心里别扭一番,彼此不愉快,重者还可能酿成悲剧,断送友谊。例如,一直默契要好的同事或好朋友,忽然冒犯了自己,轻则内心恼怒、情绪激动;重则反唇相讥、针锋相对,甚至大吵大闹、大打出手。这就是最近的印象严重影响了印象的形成,以至于原来的良好印象所剩无几,甚至荡然无存。一般来说,熟悉的人,如朋友、同学、同事,特别是亲密的人之间容易出现近因效应。

因此,凡事在先,须加忍让,防止激化。待心平气和时,彼此再理论,明辨是非,更不可报复对方。遇到此类问题,最好的办法是:强强迫自己控制情绪,可找一张纸,竖向折叠,左边写出交往以来对方的好,右边写出交往以

来对方的不好。只要左边比右边多，写着写着，激动的情绪就差不多控制住了。从另一个角度讲，既然近因效应在印象形成中有此特点，就要在同事、朋友、同学等熟人间尽量不要把话说死，把事做绝，给别人多留下一点好印象，以改善固有的印象，是人际关系的润滑剂。

"近因效应"的功能明确告诉我们：怒责之后莫忘安慰。也就是说，在批评过程中，难免有些情绪化，但只要结束语妥帖，再安慰几句，就能给人留下一个好的印象。例如："……也许，我的话讲得重了一点，但愿你能理解我的一番苦心。""……很抱歉，刚才我太激动了，希望你能好好加油！"用这种话作结束语，对方就会有受勉励之感，认为这一番批评虽然严厉了一点，但都是为自己好。相反，如果用"懂了没有?!""听不听由你，到时候倒霉的是你！""如果再犯，我绝不会饶你！"等命令式的结束语，只能给对方留下一个糟糕的印象。

美国某职业棒球队的一位名投手，由于某一个后进球员犯了不该犯的失误，气得他当场把棒球手套狠狠地摔在了地上，然而在比赛结束之后，他还是上前拍了拍那个后进球员的肩膀说："不要难过，我知道你也尽了力，下次好好加油吧！"这是一句多么适时而得体的安慰话啊。

因此，我们在社交场合说话时，也应注意语句的先后顺序，尽可能使它产生一个良好的近因效应。我们何不学学上面那名投手，在怒责之后加上一句："其实，你还是很不错的。"如果实在一时想不出安慰的话，也应该对挨批评的人笑一笑，或拍拍他的肩膀。这种"一巴掌之后赶紧给他揉揉"的做法，能使他忘记前面的一巴掌的痛。这就是"近因效应"给我们的启示。

近因效应使我们仅仅根据人的一时一事去评价一个人或人际关系，割裂了历史与现实、现象与本质的关系，妨碍我们客观地、历史地看待人和客观事实，常常造成人与人之间的心理冲突，影响了我们对人和事作出客观、正确的评价和判断，对我们的实际工作和生活有着消极的影响。

所谓"近因"，是指个体最近获得的信息。与首因效应相反，是指在多种刺激一次出现的时候，印象的形成主要取决于后来出现的刺激，即在交往过程中，我们对他人最近、最新的认识占据了主体地位，掩盖了以往形成的对他人的评价，因此，也称为"新颖效应"。多年不见的朋友，在自己脑海中的印象最深的，其实就是临别时的情景，一个朋友总是让你生气，可是谈起生气的原因,大概只能说上两三条,这也是一种近因效应的表现。在学习和人际交往中,这两种现象很常见。

应该明确的是,不论是首因效应还是近因效应,都是短期效应,据此决策都有一定的片面性。只有善加应用,才会很好地改善我们的人际关系。

让别人感到你是“自己人”——亲和效应

在我们与他人的交往过程中,可以多谈谈“咱们”的事儿,自然就会形成一个个亲密关系的联盟。

在人际交往和认知过程中,往往存在一种倾向,即对于自己较为亲近的对象,会更加乐于接近。

在交际应酬中,人们往往会因为彼此间存在着某种共同之处或相似之处,从而感到相互之间更加容易接近。而这种相互接近,通常又会使交往对象之间萌生一种亲切感,并且可以更加相互接近,相互体谅。交往对象由接近而亲密、由亲密而进一步接近的这种相互作用,就是所谓的“亲和效应”。

心理学上通常用“自己人”来形容这种亲和关系。在现实生活里,人们往往更喜欢把与那些与自己志向相同、利益一致,或者同属于某一团体、组织的人,视为“自己人”。因为是“自己人”,所以相互之间就自然更容易接近。

在心理定式作用下,“自己人”之间的相互交往与认知必然在其深度、广度、动机、效果上,都会超过“非自己人”之间的交往与认知。建立这种自己人关系的首要一点,就是找出自己与周围人的共同之处,它可以是血缘、姻缘、地缘、学缘、业缘关系,可以是志向、兴趣、爱好、利益,也可以是彼此共处于同一团体或同一组织。

俗话说,自己人好办事。这一点充分说明了建立亲和关系的积极作

用。在我们与他人的交往过程中，可以多谈谈“咱们”的事儿，自然就会形成一个个亲密关系的联盟。至于不是“自己人”的，最好也要尽量往“自己人”的方向上靠。人类本来就是一个大家庭，若有心寻找共同点，总会有所发现的。

美国作家赛珍珠在“二战”期间，曾发表过一篇对中国人民的广播演讲，这篇演讲深深地打动了中国人的心。在演讲中她是这么说的：“我今天说话不完全是站在一个美国人的立场上，因为我也是一个中国人。我一生的大半时间，都是在中国度过的。我生下3个月，就被父母带到了中国。我开口说话的时候，也是先说的中国话。我小时跟着父母，并没有住过什么通商大埠。十数年间，我们到的地方是浙江、江苏、江西、湖南、安徽、山东各省的小城市、小村庄，清浦、镇江、丹阳、岳州、蚌埠、徐州、南州……这些地方，是我最熟识的。

可是我最爱的，是中国的农田乡村。以后我长大了，又在南京住了17年。我曾亲眼看见南京在几年之内，由一个古旧的城市变成一个新的都市。但是无论我住在什么地方，我与中国人相处，都亲如同胞。因为小的时候，我的玩伴是中国孩子；成人以后，来往的又是中国的朋友们。现在我人虽已归故国，心中却没有忘掉旧日的朋友。所以今天我要从这两种立场说话。我既在中国长大成人，又在美国住了多年，受到了双方的教育，有了双方的经验，我觉得我是属于两个国家的。”

赛珍珠一再提及中国人熟悉的地名，强调自己与中国人关系密切，对于听众而言，这些熟悉地方的风土人情和自己的种种经历立刻历历在目，而一个陌生的外国演讲者此时似乎也成了曾经同行的旅伴，国籍的界线模糊了，一种亲切感便油然而生了。

如果是面对面的交谈，还有一种“自曝隐私”的小技巧，对增强我们的亲和力也很有效果。

一般而言，在交谈中，人往往担心自己真实情感的暴露，并试图隐瞒自己的隐私，以防对方对自己产生不好的印象。但现在为什么反行其道呢？原来这种说话技巧的奥妙在于它克服了人们认生的心理。初次见面，一个高明的谈话者会满不在乎地闲聊这样的话题：“我儿子上课老搞小动作，那孩子可真让我操了不少心呀！”或者“昨天我家先生不小心把烟头掉在了他的外衣上，结果烧了一个大窟窿。”……听者怎么也想不到对自己很陌生的人会说这么多自家的事，对自己这么亲近，于是在不知不觉中也安下心来融洽地开始闲聊了。自曝隐私的做法可以让对方迅速放下自己的戒备心理，引导对方也敞开心扉，从而轻而易举地与他人构建亲密的关系。能够表现自己亲和力的人，很容易在社交中获得别人的好感，结识更多的朋友。

人都喜欢待在熟悉的环境里，和熟悉的、和善的朋友交流。这不仅让我们觉得没有危险，而且这种氛围更具感染力。很多时候，我们经常说起某个人天生有人缘儿，即使在一个陌生的环境，只要一开口，马上就能调动起周围人的情绪，赢得大家的好感。而有的人即使心怀善意、满脸堆笑，但也很难快速融入一个新的环境中，顺利地和其中的人交流。心理学家认为，人缘好的人，他们在有意或无意中利用了心理学上的"亲和效应"，其中关键点是：挖掘共同点，使别人成为"自己人"。

从对方易于接受的问题入手——登门槛效应

在你请求别人帮助时，如果一开始就提出较大的要求，很容易遭到拒绝。如果你先提出较小要求，别人同意后再增加要求的分量，则更容易达到目标。

心理学家认为，一下子向别人提出一个较大的要求，人们一般很难接受。如果逐步提出要求，不断缩小差距，人们就比较容易接受。这主要是由于人们在不断满足小要求的过程中已经逐渐适应，意识不到逐渐提高的要求已经大大偏离了自己的初衷。

日常生活中，我们也经常会遇到这种情况，比如在汽车销售中，最基本的配置价格往往会很便宜，再往上增加配置的同时，价格也会增加，顾客为了达到形象的一致性，通常会进行购买。在你请求别人帮助时，如果一开始就提出较大的要求，很容易遭到拒绝。如果你先提出较小要求，别人同意后再增加要求的分量，则更容易达到目标。

一些大学生志愿者在学校周围的社区进行实验，首先让一些拥有汽车

的家庭填写环保志愿书和安全驾驶保证书，这些家庭很高兴地接受了这个请求；之后的几天，大学生们又去相同的家庭，希望他们将一个环保标签贴在车身上，这些家庭中大部分有所犹豫，但还是答应了。两周后，学生再次访问这个社区，要求一些家庭在今后的两周时间里在院内竖立一个呼吁安全驾驶的大招牌。该招牌不太美观，这可以算是一个"大要求"。结果曾经接受过第一次和第二次请求的家庭中有55%的家庭依然接受了这项要求，而那些第一次没被访问的家庭中只有17%的人接受了该要求。

这个实验说明，人们都有保持自己形象一致的愿望，一旦表现出助人、合作的言行，即便别人后来的要求有些过分，人们还是愿意接受。

这是因为，人们都希望在别人面前保持一个比较一致的形象，不希望别人把自己看做"喜怒无常"的人。因而，在接受别人的要求、对别人提供帮助之后，再拒绝别人就变得更加困难了。如果这种要求给自己造成损失并不大的话，人们往往会有一种"反正都已经帮了，再帮一次又何妨"的心理。于是，登门槛效应就发生作用了。

"登门槛效应"说明：如果一上来就登"高门槛"，向他人提出一个较多、较高的要求，往往无法实现，但如果先设"低门槛"，再逐步"登高"，对方就比较容易接受。被求助者在不断满足求助者的小要求的过程中，已经逐渐在心理上适应了，常会一如既往地表现出热情慷慨的一面，这样慢慢你就能达到自己想要的目标了。

因此在日常人际交往当中，不妨尝试运用登门槛效应，让自己的分量在对方心理逐渐加重，在求人办事的时候从最简单的要求入手，让对方在不知不觉之中成全自己！

第 5 章

不可不防的心理陷阱

——别轻易落入心理“圈套”

你上过当吗？受过骗吗？知道自己为什么会落入别人的圈套吗？知道算命先生为什么说得那么准？为什么人越多，工作效率越低？为什么我们会购买自己并不需要的东西？每一个为什么里面都包含一个心理陷阱，充分了解这些心理陷阱，将会使你在人际交往中畅通无阻……

为什么算命先生说得“很准”——巴纳姆效应

所谓的手相学、面相学、星相学都是伪科学，而这种“感同身受”其实是“巴纳姆效应”在作祟。

如果有人问你“世界上最难做到的事情是什么?”你会怎样回答，是“赚钱”，是“研究外太空”还是……告诉你，都不是。人类最难做到的事情其实是“认识自己”。这也就是为什么“算命先生”在我国的历史上一直充当着类似于如今“心理专家”的角色的原因。从古至今喜欢算命、听信算命先生话的人多如牛毛。我们从科学的角度来看，想要预知别人的未来和了解他人的生命走向几乎是不可能的一件事，可为什么算命先生可以说得出来，而那么多人又都觉得算命先生说得准呢？这和巴纳姆效应有关。

巴纳姆效应，又称福勒效应、星相效应。它最早是由心理学家伯特伦·福勒于1948年通过试验证明的，它的意思是说：当人们用一些普通、含糊不清、广泛的形容词来描述一个人的时候，人们往往很容易就能够接受。这个效应是以一位深受欢迎的著名魔术师肖曼·巴纳姆来命名的，他曾经在评价自己的表演时说：他的节目之所以受欢迎，是因为节目中包含了每个人都喜欢的成分，所以每一分钟都有人上当受骗。

这其实就像是一把万能钥匙，无论哪一把锁它都能够打开，在生活中，我们常常会碰到这样的情况。

比如，很多女孩子喜欢看星座、血型，并据此来查询自己每天的运程，看看今天适合穿什么颜色的衣服，看看明天适宜不适宜出行。这种对于星座到了迷恋，甚至信仰的程度的人，就是错误地认为星座预测对于命运和性格的预测这种笼统的描述，能够准确揭示自己的特点，从而感同身受、信以为真。

还有很多人凡事都喜欢拜神、算命，请教过算命先生的人都认为算命先生说得很准。其实，那些求助于算命的人本身就有易受暗示的特点。加上算命先生善于揣摩人的内心活动，他稍微能够理解求助者的感受，求助者立刻就会感到一种精神安慰。算命先生接下来再说一段一般的、无关痛痒的话便会使求助者深信不疑了。

所谓的手相学、面相学、星相学都是伪科学，而这种“感同身受”其实是“巴纳姆效应”在作祟。与巴纳姆效应相对的是认识自己，心理学上叫自我知觉，是个人了解自己的过程。可惜的是，在这个过程中，人更容易受到来自外界信息的暗示，从而出现自我知觉的偏差。

爱因斯坦小时候是个十分贪玩的孩子，他的母亲常常为此忧心忡忡。母亲的再三告诫对他来说如同耳边风。直到16岁那年的秋天，一天上午，父亲将正要去河边钓鱼的爱因斯坦拦住，并给他讲了一个故事，正是这个故事改变了爱因斯坦的一生。

父亲说：“昨天我和咱们的邻居杰克大叔去清扫南边的一个大烟囱，那烟囱只有踩着里面的钢筋踏梯才能上去。你杰克大叔在前面，我在后面。我们抓着扶手一阶一阶地终于爬上去了，下来时，你杰克大叔依旧走在前面，我还是跟在后面。后来，钻出烟囱，我们发现了一件奇怪的事情：你杰克大叔的后背、脸上全被烟囱里的烟灰蹭黑了，而我身上竟连一点烟灰也没有。”

爱因斯坦的父亲继续微笑着说：“我看见你杰克大叔的模样，心想我一定和他一样，脸脏得像个小丑，于是我就到附近的小河里去洗了又洗。而你杰克大叔呢，他看我钻出烟囱时脸是干干净净的，就以为他也和我一样是干净的，只草草地洗了洗手就上街了。结果，街上的人都笑破了肚子，还以为你杰克大叔是个疯子呢。”

爱因斯坦听罢，忍不住和父亲一起大笑起来。父亲笑完后，郑重地对他说：“其实别人谁也不能做你的镜子，只有自己才是自己的镜子。拿别人做镜子，白痴或许会把自己照成天才的。”

的确，世界上最难的不是认识别人而是认识自己。就像别人脸上的黑一目了然，自己脸上的污点却难以看到一样，看到自己的优点长处容易，发现承认弱点缺陷却很难。

“成功时认识自己，失败时认识朋友”固然有一定的道理，但归根结底，我们认识的都是自己。无论是成功还是失败时，都应坚持辩证的观点，不忽视长处和优点，也要认清短处与不足。

为何人越多效率越低——责任分散效应

我们当中有很多人都被“责任分散效应”困锁过，从心理学层面来看，这是人类消极心理的一种表现。

为什么在人与人的合作中会出现“一个人敷衍了事，两个人相互推诿，三个人则无法成事”“人越多工作效率越低”的现象呢？这是因为人与人的合作并不是简单的数量相加，而会受到很多因素的干扰，关系非常复杂和微妙。比如，两个人之间只存在着一种关系，三个人就会存在着三种关系，四个人就会存在着六种关系，关系种类是以几何级数增长的。在人与人的合作中，假定每个人的能力都为1，那么10个人的合作结果就有时比10大得多，但有时甚至却比1还要小。因为人不是静止的动物，而更像方向各异的能量，相互推动时自然事半功倍，相互抵触时则一事无成。

具体说来，当一个人从事某项工作时，由于不存在旁观者，自然由他一个人承担全部责任，虽然可能会有点敷衍了事，但也还能勉强成事，所以“一个和尚挑水喝”。如果有两个人，虽然两个人都有责任，但是因为有另一个旁观者在场，两个人都会犹豫不决，相互推诿，最后只好“两个和尚抬水喝”。如果有三个或三个以上的人，旁观者就更多，情况就更加复杂，关系也更加微妙，彼此之间相互“踢皮球”，结果“永无成事之日”，最后只得是“三个和尚没水喝”。

1964年3月13日夜3时20分，在美国纽约郊外某公寓前，一位叫朱诺比白的年轻女子在结束酒吧间工作回家的路上遇刺。当她绝望地喊叫：“有人要杀人啦！救命！救命！”听到喊叫声，附近住户亮起了灯，打开了窗户，凶手吓跑了。当一切恢复平静后，凶手又返回作案。当她再次叫喊时，附近的住户又打开了电灯，凶手又逃跑了。当她认为已经无事，回到自己家正欲上楼时，凶手又一次出现在了她面前，将她杀死在楼梯上。在这个过程中，尽管她大声呼救，她的邻居中至少有38位到窗前观看，但无一人来救她，甚至无一人打电话报警。这件事引起纽约社会的轰动,也引起了社会心理学工作者的重视和思考。人们把这种众多的旁观者见死不救的现象称为责任分散效应。

对于责任分散效应形成的原因,心理学家进行了大量的实验和调查,结果发现:这种现象不能仅仅说是众人的冷酷无情,或道德日益沦丧的表现。因为在不同的场合,人们的援助行为确实是不同的。当一个人遇到紧急情况时,如果只有他一个人能提供帮助,他会清醒地意识到自己的责任,对受难者给予帮助。如果他见死不救会产生罪恶感、内疚感,这需要付出很大的心理代价。而如果有许多人在场的话,帮助求助者的责任就由大家来分担,造成责任分散,每个人分担的责任很小,旁观者甚至可能连他自己的那一份责任也意识不到,从而产生一种“我不去救,也会由别人去救”的心理,造成“集体冷漠”的局面。如何打破这种局面,这是心理学家正在研究的一个重要课题。

我们当中有很多人都被“责任分散效应”困锁过,从心理学层面来看,这是人类消极心理的一种表现。当出现紧急情况时,正是因为有其他目击者在场,才使得每一位旁观者都无动于衷,而更多的是在看其他观察者的反应。这是一种制度性的缺陷,也就是说这样的事情会在不同地点不同时间重复发生,这种可怕的现象也是责任分散效应的写照。

是谁让你买了不需要的东西——留面子效应

“留面子效应”如果善加利用,可以使沟通、交流事半功倍,这不仅体现在日常小事上,在工作方面也同样应用。

日常生活中,我们经常会遇到这样的情况:当你到商场购物的时候,总喜欢和对方砍价,所以商场的售货员就把商品本来的价位提升,使得你虽然砍掉一些价钱,实际上还是多花了很多钱。比如说一件价值300元的羽绒服,商家可能会定价为1000元,你本着砍一半的原则给人家500元,人家还

可能装出亏本的样子，让你再加100元，而最后即使你坚定地以500元拿到手，商家还是赚了你200元。也就是说，为了达到推销的最低回报，先提出一个明知别人会拒绝的较大要求，可以提高顾客接受较小要求的可能性，这就是"留面子效应"在生活中最普遍的应用。

留面子效应是查尔迪尼在1975年研究"导致顺从的互让过程：门面技术"的时候被提出来的，它的意思简单地说就是：如果对某人提出一个很大的、会被拒绝的要求，接着向他提出一个小一点的要求，那么他接受这个小要求的可能性比直接向他提出这个小要求而被接受的可能性大得多，这种现象称作"留面子效应"。

在我们平时的社交和人际交往中，"留面子效应"可以起到很大的作用。

比如：你打算结婚买房，做个房奴，但是苦于首付还差一万元，只好硬着头皮和朋友借一借。当然你可以直接和朋友说："能借我一万元钱吗？"这时，朋友可能马上回答："我手头也挺紧的。"你也就不好意思再说什么了。而如果你问："能借我三万元钱吗？有急用，我会尽快还你。"朋友就会说："三万元啊，我手头现在没有这么多，要不我凑凑，先给你一万元，你看成吗？"这样你的目的很容易就实现了。

第二种方法之所以能够成功，就是因为在想求得别人帮助之前，你先提出了一个对方很难做到的事情，对方为了顾及你的面子和朋友情谊，就会作出适当的妥协，也就顺其自然地把钱的多少降低到一个自己能够接受的范围。而这样做的好处，就是你们双方都得到了最大的满足。

"留面子效应"如果善加利用，可以使沟通、交流事半功倍，这不仅体现在日常小事上，在工作上面也同样适用。

天海从美国留学归来，在南方的一个城市开了一家规模不小的酒店。刚开始酒店的生意很红火，可是没多久就惨淡下来，天海伤透了脑筋，可就是找不出经营不善的原因。一天，他在酒店里随意溜达，看到一位客人在大厅里徘徊了许久却没有一个人去为他服务，那些服务生都挤在一个角落里说说笑笑，根本就忘了自己是在上班，对于来往的客人完全忽视。天海看到后，并没有像平常那样对他们破口大骂，而是自己悄悄地走近客人，询问了客人的需要，然后妥善地作了安排。从那以后，酒店里的服务员都开始热情地招待客人，再也没有出现漠视客人的现象了，酒店的生意也逐渐有了起色。

在这件事情中，天海就成功地运用了“留面子效应”，他用自己的行为悄悄地提醒了店员，没有撕破脸或使那些店员难看，而是给了他们一次改过的机会，最终使那些挤在角落里聊天而不顾顾客的职员自觉纠正了自己的错误，也挽救了自己的酒店。

所以说，当一个人犯了错误不予当众被批评责难时，当一个人的隐私不想公布于众时，上司或朋友为了他的面子而不予批评、不予曝光，那么，他对上司布置的工作会加倍努力完成，他对朋友的感情会更坚实。这种现象不仅我们中国人如此，外国人也是这样。

为什么会这样呢？原因有几点：

一是你给别留人面子，别人也会给留你面子，这是相互的。上司给下属留面子，下属会很感激，会更加努力地工作来报答上司；而同事之间、朋友之间互相留面子，可以给对方一种宽容的印象，也就不需要时刻提防“小人”的存在了。

二是害怕丢面子的恐惧心理。中国人常说：“人要脸，树要皮”，可见面子在中国人的心中是多么重要，因此为了不失面子，他会尽一切努力保护面子，这也就促进了“留面子效应”的发展。

三是为了挽救自己的面子，使得自己丢人不至于丢到家。就像借钱的那个事例，朋友不借给你钱，他会觉得自己太不给你面子了，也觉得自己太没面子了，所以适当地妥协一下，既挽回了一些自己的面子，又提升了在你心中的形象。

四是社会习俗道德规范的促使。比如说你一直和周围的同事相处融洽，但是心里就是对某一个同事感到很厌烦，可是为了保持自己的风度和形象，你不便表现出来，即使人家请你喝喜酒，你也得硬着头皮给人家出份子钱。这就是重视“留面子效应”的结果。

当然，“留面子效应”是很好，在工作和生活中能够为我们提供很多便利和帮助，但是我们也不能忽视它的负面作用。不能为了一己之私，轻易利用别人“好面子”的心理，来达到自己的目的，这种做法是非常不道德的，要记住，“己所不欲，勿施于人”。任何算计别人或者不尊重别人的手段，都是被人所不齿的，被人知道后，都是要“丢面子”的，所以无论是为了什么，都要用正当的手段实现自己的目标，对于“留面子效应”也要正确地利用。

社交中的女性钟爱高跟鞋——异性效应

当与异性在一起时，男人会注意自己的言行举止，女人更会展现其阳光靓丽的一面，异性效应的道德力量是不可以低估的，异性效应对男人、女人都是有益的。

“异性效应”是一种普遍存在的心理现象，这种效应尤以青少年为甚。其表现是有两性共同参加的活动，较之只有同性参加的活动，参加者一般会感到更愉快，干得也更起劲儿，更出色。这是因为当有异性参加活动时，异性间心理接近的需要得到了满足，因而会使人获得程度不同的愉悦感，并激发起内在的积极性和创造力，男性和女性一起做事、处理问题都会显得比较顺利。

在人际关系中，异性接触会产生一种特殊的相互吸引力和激发力，并能从中体验到难以言传的感情追求，这就是有趣的异性效应。在日常学习、工作和生活的交往中，如果能正确而恰当地运用异性效应，则往往会收到良好的效果。

在请求帮助和商洽事情时，异性效应不时闪现出其独特的作用，尤其是俊男靓女，如果能合理地驾驭异性效应，则往往会取得满意的效果。人一般会对异性比较感兴趣，特别是对外表讨人喜欢、言谈举止得体的异性感兴趣。这点女性也不例外，为什么女性都喜欢穿高跟鞋，因为高跟鞋可以使女性身姿变得更加颀长和优美，更能够吸引异性的注意和欣赏，这也是异性效应的一个作用。

古代宫廷里的皇后、格格等高地位的女人，都喜欢穿着高高的鞋走路，原因就是想衬托出她们的高贵，表现出与平常女子的不同。因此当下的女子，穿起高跟鞋就自然可以理解了。

医学专家认为，女人经常穿高跟鞋（当然是合乎足部健康的高跟鞋），会令腿部内侧的肌肉更结实。女人因高跟鞋而精彩，高跟鞋也因此被女人赋予了生命，受到爱鞋一族的狂热追捧。试想，如果玛丽莲·梦露那幅裙摆被吹起的经典画面中，脚下的高跟鞋如果换成了平底鞋，还能有迷醉万人的魅力吗？

穿高跟鞋的女人能在一瞬间爆发性感、魅力和自信，腰肢扭动时更是摇曳生姿。高跟鞋仿佛是女人制胜的武器，一双高跟鞋增加的绝对不仅仅是高度，而是来自内心的自信和风度。高跟鞋在时尚圈子里不断地用不同花式吸引着爱美者的眼球，而这个秋冬，高跟鞋更是千变万化，或性感、或复古、或奢华……

高跟鞋的妙处在于，能立刻挺拔身材，拉长小腿的线条，令人从视觉上觉得比例更为修长，使身体曲线有了起伏。穿着高跟鞋确实没有平底鞋舒适，但只要选对鞋，其实并没有想象中那么难受，更何况那点小小的痛楚，比起它能够带来的种种好处来说，又算得了什么呢？

高跟鞋是衬托女性挺拔秀丽身段和时尚的元素之一，不少人认为女性穿高跟鞋会显得更加性感，尤其是鞋跟高而细的那种。

异性交往和相处会使人变得更积极，更高尚。当与异性在一起时，男人会更注意自己的言行举止，女人更会展现其阳光靓丽的一面。异性效应的道德力量是不可以低估的，异性效应对男人、女人都是有益的。

不过异性效应不能滥用。女性外表漂亮，讨人喜欢，如果再加上交往得当，在异性面前办事容易，这是正常的；反之，若为达到某种目的，用色相去引诱别人，那就不道德了。男人对异性，尤其是年轻漂亮的异性热情些、客气些也无可非议，但把异性当做刺激，想入非非，让人感到“色迷迷”的，就超过限度了。因此，与异性接触要把握好“度”。

然而，异性朋友的交往比同性更难把握。尤其是婚外与异性的交往，更要把握好尺度，异性朋友之间，不能过于亲昵。对于已经结婚的人，同样可以有自己正常的异性朋友，但是异性之间要提倡进步、发展和无伤害的道德原则，努力做到男女交往不伤害公众的情绪，不伤害他人的家庭，不伤害身心健康，不伤害隐私权，更不应把自己的幸福建筑在别人的痛苦之上。

他为何总喜欢对着干——逆反心理

人们常常通过这种与常理背道而驰的行为，来显示自己的“高明”和“非凡”，来抗拒和摆脱某种约束，或者来满足自己的好奇心和占有欲。

我们常常会发现自己有这样的举动，别人让做什么，自己偏不想做什么，总想按照自己的意愿行动。

妈妈说，别上网了，好好做功课，不然就给你断网。孩子却心想，凭什么啊，一天到晚就是学习，回到家里还不能放松一下！你不让我上，我偏上！

妻子说，别抽烟了，看你把家里弄得乌烟瘴气的。丈夫不服气，抽烟怎么了，不抽烟还是男人吗？不愿意闻，就捂住你的鼻子。

同事说，你用这个牌子的香水啊，这个牌子不好，换成别的吧。你却心想，你说不好就不好呀，我就爱用这个牌子。

现实生活中这样的现象十分常见，有些人管这叫“抬杠”。这些行为实际上是人们逆反心理的一种体现。

逆反心理是人们彼此之间为了维护自尊，而对对方的要求采取相反的态度和言行的一种心理状态。这种现象在青少年中是最常见的，其他年龄阶段的人群也会有这种心理。于是，在日常生活中，常会有“不受教”“不听话”，与别人“顶牛”“对着干”的事情出现。

人们常常通过这种与常理背道而驰的行为，来显示自己的“高明”和“非凡”，来抗拒和摆脱某种约束，或者来满足自己的好奇心和占有欲。逆反心理并不是什么不可思议的东西，一般来说它常出现在以下三种情况里：

第一种，当强烈的好奇心、当某事物被禁止时，最容易引起人们的好奇心和求知欲。尤其是在只作出禁止而又不加任何解释的情况下，极易为其披上浓厚的神秘色彩。

第二种，企图引起别人注意时，青少年处于性格形成和寻找自我的时期，通过否定权威和标新立异可以在心理上求得自我肯定的满足感。青年人与社会的认同不仅是简单地采取适应社会规范的途径，而且还希望社会承认他的价值和地位，从而获得认同。因此他们往往表现得有些偏执，好表现自己，有意采取与其他人不同的态度和行为，以引起别人的注意。

第三种，经历了一些特殊体验时，比如，有的人多次失恋，便认为人世间没有真正的爱情；有的人一向循规蹈矩、与世无争，而偶然有一次受到了莫名其妙的冤枉，以至于性情大异，变得粗暴、多疑、怪僻。

逆反心理对个人来说，有一定的好处：它能够张扬个性，突破陈规，有利于改变和创新，在一定程度上能够说明当事人有勇气和信心，敢于挑战权威的精神和态度。如果能够得到合理的激发，则有利于一个人潜力的发挥。

巧妙地利用别人的逆反心理是可以有效地改变其行为的，我们要善于利用这一点，学会对人们进行善意的规劝和说服，同时也要警惕别人利用逆反心理来诱导你，使你作出不理智的选择。

当然如果逆反心理运用不当，则会使人形成一种狭隘的心理定式和偏激的行为习惯，处处与人对着干，使自己变得固执、偏激，无法客观准确地认识事物的本来面目，无论何时何地总是下意识地与常理背道而驰，作出错误的选择和决定。

逆反心理多发生在青少年身上，当他开始认识自我，有了自己独立思考的能力，和想受到关注的需求时，便会寻求一些突出的举动来展示自己。逆反心理是一种单值、单向、单元、固执偏激的思维习惯，它使人无法客观地、准确地认识事物的本来面目，而采取错误的方法和途径去解决所面临的问题。

逆反心理作为一种反常心理，虽然不同于病态心理，但已带有病态心理的某些特征。其后果是严重的，它会导致青少年出现对人对事多疑、偏执、冷漠、不合群的病态性格，使之信念动摇、理想泯灭、意志衰退、工作消极、学习被动、生活委靡等。逆反心理近一步发展还可能向犯罪心理或病态心理转化，所以必须采取有效的对策来克服和防止其发生。

他为什么总是认死理——路径依赖法则

很多时候，我们在坚定自己信念的道路上，从一开始就犯了错误，选错了方向，但却被自己所认定的信念、道路、目标等蒙上了双眼。

卡罗琳曾说："你越是为了解决问题而拼斗，你就会越变得急躁——在错误的思路中陷得越深，也越难摆脱痛苦。"固执本是一个中性词，但在人们的观念里，其更多地表现为顽固的意思。固执的想法会让人钻牛角尖的心理越发严重，最终找不到回头的方向，耽误一生的发展。

有位科学家曾经做过这样一个有关路径依赖法则的实验。将5只猴子放在一个笼子里，并在笼子中间吊上一串香蕉，只要有猴子伸手去拿香蕉，就用高压水教训所有的猴子，直到没有一只猴子再敢动手。然后用一只新猴子替换出笼子里的一只猴子，新来的猴子不知这里的"规矩"，竟又伸出手去拿香蕉，结果触怒了原来笼子里的4只猴子，于是它们代替人执行惩罚的任务，把新来的猴子暴打了一顿，直到它服从这里的"规矩"为止。实验人员如此不断地将最初经历过高压水惩戒的猴子换出来，最后笼子里的猴子全是新的，但没有一只猴子再敢去碰香蕉。起初，猴子怕受到"株连"，不允许其他猴子去碰香蕉，这是合理的。但后来人和高压水都不再介入，而新来的猴子却固守"不许拿香蕉"的制度不变，这也可以说成是路径依赖法则的自我强化效应。

路径依赖法则被总结出来之后，人们把它广泛应用在选择和习惯的各个方面。在一定程度上，人们的一切选择都会受到路径依赖的可怕影响，人们过去作出的选择决定了现在可能的选择，人们关于习惯的一切理论都可以用路径依赖法则来解释。而且，经济生活与物理世界一样，存在着报酬递增和自我强化的机制。这种机制使人们一旦选择走上某一路径，就会在以后的发展中得到不断的自我强化。

通常来说，钻牛角尖是一个贬义的说法。用于形容遇事思维僵化、固执，心里自己跟自己闹别扭，放不开放不下，从不考虑事情的各个方面及事物的多样性，只认定一个想法，一条道走到黑，最终逼得自己山穷水尽、无法自拔。

以"钻牛角尖"来形容这种心理确实很形象，越是钻到牛角的尖上，空间就越小，就越是难以找到出路。再看看斗牛，激怒的公牛眼里只有那块挑衅的红布，发着牛脾气，执拗地一次又一次攻击，最终只能死在斗牛士的剑下。

心理学家用渔民捕捉章鱼的方法来解释钻牛角尖的害处：

浩瀚的海洋里生活着各种千奇百怪的鱼类，每一种都有自己的生活习性，而各自的生活习性又往往决定了它们在海洋中的生存状态。章鱼就有一种怪僻，一只章鱼的体重可以达到70磅，然而它们的身体却非常柔软，柔软到几乎可以将自己塞进任何想去的地方。

章鱼没有脊椎，这使它可以穿过一个银币大小的洞。它们最喜欢做的事情，就是将自己的身体塞进海螺壳里躲起来，等到鱼虾走近，就咬断它们的头部，注入毒液，使其麻痹而死，然后美餐一顿。对于海洋中的其他生物来说，章鱼可以被称得上是最可怕的动物之一。

然而也正是它的这一特点，使它成为渔民的猎物。渔民们掌握了章鱼的天性，他们将小瓶子用绳子串在一起沉入海底。章鱼一看见小瓶子，都争先恐后地往里钻，不论瓶子有多么小、多么窄。结果可想而知，这些在海洋里无往不胜的章鱼，就成了瓶子里的囚徒，变成人类餐桌上的美食。

囚禁章鱼的是那个瓶子吗？那只是表象，瓶子放在海里，不会张口，不会移动，更不会去主动捕捉。真正囚禁了章鱼的是它们自己。它们向着最狭窄的路越走越远，不管那是一条多么黑暗的路，即使那条路是死胡同。

心理学家这样说，很多时候，我们在坚定自己信念的道路上，从一开始就犯了错误，选错了方向，但却被自己所认定的信念、道路、目标等蒙上了双眼，自以为是地朝着理想固执地前进，结果却钻进了痛苦的牛角尖。有时候信念会像眼罩，使我们忽略了无法支持我们信念的事情，只注意到与我们生活切合的事。例如，如果你是女性，你认为好女人要相夫教子，不应努力工作，你的本性中就有部分可能是做个贤妻良母，而忽视工作的重要性。你越是坚持对自己本性的信念，越是会拒绝任何否定或挑战你自己信念的事，这种极端的想法让你钻牛角尖的心理越发严重。

人的思想和心理使其与众不同，也正是由于它的发散、扩展，让社会一步步向前发展。思想和心理因为无形，也就很容易迷失方向，甚至让人一条

路走到黑，最终却发现那是一条死胡同。于是很多人钻进牛角尖，无法自拔，固执的想法牢牢将他套住，一个没有出路和生路的信念让他与成功绝缘。

人们的心理有时候也如同这些自以为是的章鱼，当他们遇到苦恼、烦闷、失意、诱惑的瓶子时，自己扭着劲儿地拼命往里钻，最终将自己囚禁起来，无力挣脱。

要解决这个问题的话，关键点是你要放松自己的心理，学会换位思考，同时也要开阔自己的思维，全面分析问题，不要总是采用同一个角度，多尝试别的角度。

第6章

善于进行心理调节

——改善状态的心理调节术

生活中，有的人即使吃糠咽菜，也可以过得很幸福，有的人即便拥有全世界的财富，也依然会感到不快乐；有些人天生残疾却积极上进，有些人生活优越却抱怨连连，为什么不同人的心理状态差别会这么大，该怎样去改善自己的心理状态呢？

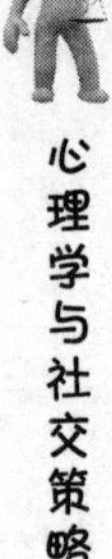

改善生活从改变心态开始

心态积极的人即使吃糠咽菜，也可以过得幸福，而消极的人即便拥有全世界的财富，也依然会感到不快乐。

我们常常以为人与人之间的差别体现在财富的多少、权力的大小、名声的好坏上面，而实际上，隐藏在这些表面形态之后的，却是人与人之间对待事情态度的不同。俗话说“心态决定命运”，拥有成功心态的人处处都能发觉成功的力量，积极的心态能使一个人战胜一切艰难困苦，走向成功，而消极的心态，只会束缚人们才华和前进的脚步。

生活中，每个人都想追求幸福，然而幸福没有一成不变的定义。就像法国的拉罗什福科在其所著的《道德箴言录》中所说：“人们的幸福或不幸依赖于他们感受的程度，运气的好坏也依赖于他们感受的程度。”幸福或不幸，好运或厄运，不过都是我们的一种感受而已。可见，幸福和物质的关联并不大，主要还是看你的心态。

在孔子的七十二弟子中，有一个叫做颜回的。颜回从小家境就十分贫困，全家人几乎连一件像样的衣服都没有，甚至还经常吃不饱饭，至于一家人所居住的破烂草屋就更别提了。

虽然颜回家境贫困，可是他却从来都不因此而感到自卑，也不会因为这些而觉得烦恼。看到颜回每天都是一副知足快乐的模样，同乡的一位富翁之子觉得很不理解。于是，有一天，这位富翁之子忍不住问颜回：“你家那么穷，不但缺吃少穿，而且还要住在那么破烂的屋子里，你整天有什么可开心的呢？”

听到对方的问话，颜回笑笑说：“饥饿时，能够有一碗食物，这当然值得高兴了。如果没有食物，我还可以喝一瓢清新的泉水，这种生活是多么惬意和自在啊！虽然住在破烂的草屋里，可是全家人能够其乐融融地在一起谈天说地，这难道不是人生的一大乐事吗？”

听到颜回的话，富翁之子一阵愣神，然后茫然地离开了。

这件事很快传到了孔子那里，孔子于是向其他学生夸奖颜回："贤哉，回也！一箪食，一瓢饮，在陋巷。人不堪其忧，回也不改其乐。贤哉，回也！"

如今，能够像颜回这样淡然洒脱的人真是少之又少，因而能够体会到平淡是福的人，也就不多。现代社会，有些人会因为失败而放弃，有些人会因为对手强大而畏惧，也有一些人会因为产品卖不出去而抱怨连连，因为受不了上司的严厉和工作的压力而常常跳槽的人，更是数不胜数……这些人从来没有想过自己之所以处境艰难，最根本的原因其实是自己心态不佳。为什么有人可以因为"严师出高徒"而使自己胜任更复杂的工作并不断晋升；有人因为失败多次吸取经验而成就一番大事业；有人因为挑战巨人而使自己快速成为巨人；也有人因为产品卖不出去而开发出大受市场欢迎的新产品和新服务……这都是心态的作用。

在通往成功的道路上，坎坷和困境是不可避免的，而不管再怎么聪明的人，没有积极向上的心态，都不可能获得成功和幸福，只要抱有积极的心态，成功终将会出现在你的生命中。

雨后，一只蜘蛛艰难地向墙上已经支离破碎的网爬去。由于墙壁潮湿，它爬到一定的高度，就会掉下来，但它一次次地向上爬，一次次地又掉下来……第一个人看到了，他叹了一口气，自言自语："我的一生不正如这只蜘蛛吗？忙忙碌碌而无所得。"于是，他日渐消沉。第二个人看到了，他说：这只蜘蛛真愚蠢，为什么不从旁边干燥的地方绕一下爬上去呢？我以后可不能像它那样愚蠢。于是，他变得聪明起来。第三个人看到了，他立刻被蜘蛛屡败屡战的精神感动了。于是，他变得坚强起来。

三个人看到同一只蜘蛛向墙上爬，却有三种不同的体会，可见，抱着不同的心态，对待事物的看法就会不同。所以，只要我们的内心充满了积极乐观的想法，始终保持心境的坦然与安宁，对生活充满希望与信心，那么即使外在的条件多么恶劣，即使生活使我们失去许多，我们仍然能够找到属于自己的幸福和快乐。

保持积极乐观的心态，就是在面对任何不幸的时候，内心都能充满了希望与信心，而不是对现实感到绝望和恐惧；保持积极乐观的心态，就是在面对不可避免的挫折或苦难时，仍能以积极的态度去接受，而不是忧虑、紧张和逃避。

无论你的生活是贫苦或是不幸，无论你的工作是辛苦或是不公，只要心

存美好，以一颗积极的心勇敢地面对生活，那么即使在困境之中，你也能够让自己过得快乐。让美好的生活从拥有一种积极的心态开始，用自己积极的力量战胜一切不幸，让自己的人生永远保持“上好佳”的状态！

学会为自己喝彩

要学会为自己鼓掌，为自己喝彩，通过赞美自己的一次次微小的成功，来不断增强你奋力向前的信心；通过对自己的一次次鼓励，让自己成为一个敢于接受任何挑战的人。

每个人都希望得到他人的肯定和赞美，我们也可以通过这种方式让自己拥有更多的信心和快乐。然而生活中不光有美好的一面，当你遇到困难和逆境时，当你做错事被人责备时，当你有了些许进步而不被人认可时，别人的赞美已成了奢求，然而就这样否定自己了吗？当然不行，我们应该学会为自己鼓掌。

要学会为自己鼓掌，为自己喝彩，通过赞美自己的一次次微小的成功，来不断增强你奋力向前的信心；通过对自己的一次次鼓励，让自己成为一个敢于接受任何挑战的人，让自己的喝彩给你带来源源不断的动力，无悔地追求自己的理想，并最终实现自己的目标。

刘好大学毕业后的第一份工作是清洁卫生间，当时正值青春妙龄的她并没有忽视这份看起来“低贱”，做起来“肮脏”的简单工作。她也有过痛苦、有过失落、有过退却的念头，但经过一番激烈的自我较量，她最终找回了勇气：就算一生洗厕所，自己也会是一名洗厕所最出色的人！她不断地激励自己，鞭策自己，给自己加油鼓劲儿，并给自己制订了严格的工作要求：要让马桶“光洁如新”。其检验方法是：让马桶中的水达到可以喝的程度。为此她多次喝过马桶中的水。正是这种自我激励，自己为自己喝彩，使她成为幸运的成功者，并创建了自己的保洁公司。

美国的一位心理学家说过：“不会赞美自己的成功，人就激发不起向上的愿望。”是的，每个人都希望，也都需要得到别人的鼓励。然而当我们没有能力让别人来赞美我们时，当我们没有得到别人的鼓励时，我们要自己给自己动力，要学会从自我激励中激发自信心，学会自己给自己鼓掌。

要学会欣赏自己，表扬自己，把自己的优点、长处、成绩、满意的事情统统找出来，在心中“炫耀”一番，反复激励和暗示自己“我可以”、“我能行”、“我最棒”，就能逐步摆脱“事事不如人，处处难为己”的阴影的困扰，就会感到生命有了活力，生活有了盼头，觉得太阳每天都是新的，从而保持奋发向上的劲头儿。

为自己鼓掌，决不同于自我陶醉，而是为了更强化自己的信念和自信心，正确地评价自己的能力。能为自己喝彩的人一定是强者，因为他敢于接受任何挑战，自强不息，正是这种喝彩给他们带来源源不断的动力，无悔地追求自己的理想，最终实现自己的目标。

张枫参加工作后，爱上了“小发明”，一下班，常常一头钻进自己的房间，看呀，写呀，试验呀，常常连饭也忘了吃。为此，全家人都对他有看法。妈妈整天没完没了地骂他“是个油瓶倒了都不扶的懒鬼”“将来连个媳妇都找不上”；他大哥就更过分了，看到他写写画画，摆弄这摆弄那就来气，甚至拍着胸脯发誓：“这辈子，你要能搞出一个发明来，我就头朝下走路……”

张枫在这种难堪的境遇中，始终不泄气、不自卑，而且经常自我鼓励。厂报上每登出有关他的“革新成果”，哪怕只有一个“豆腐块”“火柴盒”那么大，他都要高兴地细细品味，然后把这些介绍精心地剪贴起来，一有空闲就翻出来自我欣赏一番。

在自己给自己的掌声中，张枫搞成功的“小发明”慢慢多起来，“级别”也慢慢高起来了。几年后，他的“小发明”竟然在世界上获得了大奖。给自己鼓掌的做法，促成了张枫的成功。

一个人相信自己是什么，就会是什么；一个人心里怎样想，就会成为怎样的人。这就是成功的秘诀。美国哲学家爱默生也说过：“人的一生正如他一天中所设想的那样，你怎样想象，怎样期待，就有怎样的人生。”

当不可避免的嘲笑、失败来临之时，无论是绝望、恐惧、忧虑、紧张，还是消极的逃避，其实对于问题的改善都是无济于事的，相反，如果我们以积极的态度去接受这一切，把这一切都当成一种自然，并且不断地给自己积极的鼓励，那么我们内心的幸福感就不会因为这些外在的问题而受到影响和破坏。保持积极乐观的心态，就是要学会从生活中寻找快乐，适当的时候也要

为自己喝彩。

成功人士说过："别在乎别人对你的评价，否则，会成为你的包袱，我从不害怕自己得不到别人的喝彩，因为我会记得随时为自己鼓掌。"积极的自我暗示是一种自我激励，它对自己的生理和心理活动都能产生积极的作用，有利于学习、生活和事业的成功。积极的自我想象可以使我们获得真正的成功和幸福的人生。

如果你相信自己能够做到，你就能做到。你心里怎么想，你就会怎么做。不论你以前是什么样的人，或者现在是什么样的人，倘若你是凭积极的心态行动的，你就能变成你想成为的人。我们应该每天给自己成功的暗示，让自己成为一个永不绝望、永远自信的人，一个真正的强者，懂得坚信自己的价值，学会为自己喝彩，让自己拥有一个精彩而有意义的人生！

压力也是一种动力

如果你利用压力让自己变得积极，那么压力就是你成功的动力；如果你把压力视作一种负担，那么你便要开始人生中的另一种不幸。

人活着就会有压力，无论是整日奔波劳碌的上班族，还是在家洗衣做饭的家庭主妇，就算是世界首富也会有属于他自己的压力。对于一个人来说，压力是无法逃避的，它与我们的生活相辅相成，有了压力的存在，人们才有向前奋斗的动力，有了压力的存在，人们才有超越旧生活，创造新未来的意念。

生于尘世，每个人都不可避免地要面对艰难困苦，很多时候巨大的心理压力几乎把人逼迫到崩溃的边缘，怎样缓解压力，将直接影响你的人生轨迹。

1914年，爱迪生在西橘城规模庞大的工厂遭到了大火，工厂几乎全毁了。可是当在火场附近看到儿子紧张地跑来时，他却大叫："快去叫你妈妈来，她这一生不可能再看到这种场面了！"第二天一早，爱迪生又来到火场了，看着所有的希望和梦想毁于一旦，人们都担心他会承受不了这巨大的打击。可他却说:“这场火灾绝对有价值。我们所有的过错,都随着火灾而毁灭。感谢上帝,我们可以从头做起。”三周后,也就是那场大火之后的第21天,他制造了世界上第一部留声机。爱迪生的伟大创造靠的就是在困境中把压力转化为动力,把失败当做成功的基石。

生活中不可能没有失败和挫折,有的人一旦遇到失败和挫折,就会被巨大的压力压垮,而有的人则能从失败中吸取教训,把压力转化为前进的动力。压力可以将人击垮,也可以使人重新振作,问题是你如何对待它。

美国作家罗威尔曾说:“人生中不幸的事如同一把刀,它可以为我们所用,也可以把我们割伤。那要看你握住的是刀刃还是刀柄。”压力也是如此,它同样有积极和消极两方面,如果你利用压力让自己变得积极,那么压力就是你成功的动力;如果你把压力视作一种负担,那么你便要开始人生中的另一种不幸。

压力确实令人感到痛苦,甚至窒息,但成大事者却都能够把压力变为成功的有力跳板。人生是短暂的,无论是顺境还是逆境都要一一经历,无论何种压力都需要我们积极面对,追求成功的过程中一定充满了挫折与失败,你不打败它们,它们就会打败你。压力并不可怕,相反,它是个人能力的最佳催化剂。压力能使人在最困难的时候,因无路可退,而不断地自我超越。

拿破仑幼时的生活是十分清苦的。他的父亲是出身科西嘉的贵族,后来家道中落而一贫如洗。但他仍多方筹措费用,把拿破仑送到柏林市的一所贵族学校去求学。但是那所学校的学生大多家境优越、丰衣足食,拿破仑自己则破衣敝屣,所以常受那些贵族子弟的欺负和嘲笑。

起初拿破仑还能勉强忍耐那些同学的作威作福,但后来实在忍无可忍,便写了一封信给父亲,抱怨他的苦处。他父亲的回信只有短短的两句话:“我们穷是穷,但是你非在那里继续读下去不可。等你成功了,一切都将改变。”就这样,他在那个学校里继续求学了五年之久,直到毕业为止。在这五年里,他受尽了同学们的各种欺负凌辱,但每受到一次欺负和凌辱,就越使他的志气增长一分,他决心要把最后的胜利拿给他们看。

拿破仑之所以伟大,就是因为他可以把一切不幸的压力转化为上进的动力,一时的困难和屈辱并不可怕,可怕的是一辈子活在屈辱之中,如果你有信心战胜一时的压力,那么成功还会遥远吗?

每一个人只有历经磨炼才可以唤起成功的力量，只有面对压力才能激发出巨大的潜在力量，所以我们要学会挑战自己，让自己直面困难和压力，因为它正是我们前进的动力。

面对压力，我们会感到恐惧，可是你要知道：这正是你成长的时刻！如果你不想接受这些不习惯或者压力，那么你永远要被压力所压迫，如果你想摆脱压力，想要真正成长，那就要勇敢一些，战胜它、驾驭它……

人生就是一场对种种困难的无尽无休的斗争，你要拼搏，要斗争才能看见绚丽的彩虹。勇士和懦夫都经历过人生的低谷，而胜利只属于能将压力变成动力的人。

所以，当你感觉到压力时，别急着抱怨，要勇敢接招，要做战胜压力的勇士，做生活中的强者，做生活的主人。

要懂得适时地放弃

生命就是一段旅程，在这段旅程中，人们会不断地拥有和获得，可是在拥有与获得的同时，人们也需要不断放弃。

曾经有一位作家说过："人生的过程就是不断放弃的过程。"在人生道路上，当面对种种取与舍的选择时，我们必须认认真真地加以选择。只有合理适当地进行取舍，我们才能走上正确的人生道路，尽享人生道路上的种种乐趣。

有一棵桃树，在春暖花开时节，和周围的同伴们竞相斗艳。它自认为，在桃花盛开的整个山坡之上，自己所开的桃花最美、最艳。当看到自己身上盛开的朵朵鲜花时，桃树兴奋极了，因为就在去年，它还是一棵稚嫩的小树苗，今年它就开出了艳丽的花朵。而且它还知道，到了秋天，自己就会结出累累的硕果。一想到自己将要结出满身的桃子，桃树非常期待。

在桃树的迫切期待下，秋天终于来临了。伴随着秋风的阵阵吹拂和秋日艳阳的照耀，这棵桃树和山坡上其他所有的桃树一样，都结出了许许多多的桃子。这些桃子，虽然有的大有的小，可是在最后一场秋雨的滋润下，大大小小的桃子都已经透出了成熟的红韵。正所谓“瓜熟蒂落”,很快就到了果实落地的时候了。

于是,山坡上的桃树都一一和它们的果实进行了最后的告别,它们的果实有的成了山下少年口中的美味,有的被旁边村庄的农民放入了菜窖,有的进入了工厂被加工成罐头和果汁,还有的则自己落到地上腐烂了,剩下的果核则继续生根、发芽、成长。可是,唯独那棵自认为自己所开之花最美、最艳的桃树舍不得放弃自己的累累果实。在它看来,那是自己饱经风吹雨打、经过整整一年的培育和酝酿才终于拥有的成熟之果。它喜欢看累累果实挂满树梢的美丽,不希望自己在果实离去之后变成一副光秃秃的丑样子。它想要向其他同伴炫耀自己满枝的成熟,而不希望自己和它们一样只剩下空空的枝干。

由于这棵桃树的坚决要求和顽强坚持,最终,它身上所有的果实都没有被人们采走,当然它更舍不得将这些果实都白白落到地上烂掉。可是,为了使身上的果实具有足够的营养,这棵桃树不得不更加努力地从根部吸收养分。渐渐,它的树根已经无法承受果实的沉重了,桃树的树干变得越来越细,生命已经越来越虚弱了,可是它仍然舍不得放弃那些诱人的果实。

很快,秋天悄悄过去,冬天徐徐到来。当严冬的第一场寒风骤然刮起之时,这棵桃树险些被连根拔起,它的枝干在一片“咔嚓咔嚓”声中纷纷断落,满树的桃子早不知滚落到了哪里。第二年春天,当山坡上其他的桃树依然绽放美丽的芬芳之时,那棵曾经以为自己的桃花开得最美、最艳的桃树已经不见了踪影。

正因为生活中处处都可能面临取与舍的选择,所以,我们应该掌握好取舍的艺术。甚至可以说,是否能够很好地掌握取舍的艺术,往往可以成为衡量一个人的心态是否成熟的重要标准。或者,也可以说,是否能够很好地掌握取舍的艺术,往往决定了一个人在人生道路上能否获得成功与幸福。

世界上著名的男高音歌唱家帕瓦罗蒂在歌唱领域取得了很大的成就,当回顾自己的成功之路时,他曾经提到这样一件事情:

帕瓦罗蒂小的时候非常喜欢唱歌,而且他从小在这方面就表现出了一定的天赋。可是,因为种种原因,他没能在一开始就进入专门的学校学习声乐，而是成为一所师范院校的学生。当读完师范院校的课程从那里毕业时，他十分苦恼。他想要认真学习唱歌，并希望在歌唱领域作出一番成就，可是又不忍心放弃教师这样一份收入稳定而且待遇优厚的工作。他想边做教师边用业余时间唱歌，并把自己的这一想法和父亲说了。

父亲听到他的想法之后，对帕瓦罗蒂说："孩子，如果你想同时坐两把椅子，你只会掉到椅子中间的地上。在生活中，你必须学会放弃一把椅子。"

听了父亲的话之后，帕瓦罗蒂决定为自己选择歌唱这把"椅子"。最终，他在歌唱领域获得了世人的认可，取得了巨大的成就。

无论是取与舍还是得与失，我们总得面对。当外在的环境纷繁复杂之时，应该全力进取时，我们需要当仁不让；应该有所放弃时，我们也不必过于执着。

洒脱一点面对人生，人们便能穿过纷繁的外在物质找回真正的自我。因此，面对人生历程中的种种得失，凡是那些使我们感到困扰和烦恼的东西，皆可放开双手。当我们能够超然于物外之时，便会发现，原来放手之后我们可以如此轻松，如此快乐。

大方地展现自己

一个人一定要有真才实学，才能胜任一份工作。但是要获得某一份工作，有时候光靠才学是远远不够的，你还需要把你的自信展现出来。

面对竞争，除了实力之外，自信就是重要的砝码。面对如今像石油资源一样稀缺的机会，任何人都想紧紧抓住，然而事实上，有时候机会并不知道谁已经做好了准备，一个人要想赢得机会，除了做好机会来临时把握住它的准备，更重要的是怎样抓住它。有人说："我们对自己抱有的信心，将使别人对我们萌生信心的绿芽。"的确，自信是发自内心的一种战胜困难、夺取成功的强烈信念和力量。有了它，我们就可以培养和提高做事的兴趣，能迸发出超常的拼搏力量，从而获得成功。

一位心理学家在课堂上讲了这样一个小故事：

从前，有一个哲学家在感觉自己行将日暮之际，想考验和点化一下自己的助手。他把助手叫到床前说："我的蜡已所剩不多了，要找另一根蜡接着点下去，你明白我的意思吗？"

"明白，"那位助手赶忙说，"您的思想光辉是要很好地传承下去……"

"可是，"哲学家慢悠悠地说，"我需要一位最优秀的承传者，他不但要有相当高的智慧，还必须有充足的信心和非凡的勇气……这样的人选直到目前我还未见到，你帮我寻找和发掘一位好吗？"

"好的，好的。"助手很温顺很尊重地说，"我一定竭尽全力地去寻找，以不辜负您的栽培和信任。"

哲学家笑了笑，没再说什么。

那位忠诚而勤奋的助手，不辞辛劳地通过各种渠道四处寻找。可他领来一位又一位，都被哲学家一一婉言谢绝了。

半年之后，哲学家眼看就要告别人世，最优秀的人选还是没有眉目。助手非常惭愧，泪流满面地坐在病床边，语气沉重地说："我真对不起您，令您失望了！"

"失望的是我，可对不起的却是你自己，"哲学家说到这里，很失望地闭上了眼睛，停顿了许久，才又不无哀怨地说。"本来，最优秀的人就是你自己，只是你不敢相信自己，才把自己给忽略、给耽误、给丢失了——其实，每个人都是最优秀的，差别就在于如何认识自己，如何发掘和重用自己。"话没说完，一代哲人就永远离开了他曾经深切关注着的这个世界。

那位助手非常后悔，甚至自责了整个后半生。

从这个故事中我们可以看出，自信对一个人有多么重要，哲学家给了助手无数次的机会，这个助手却没有勇敢地把握住，哪怕尝试一次，即使哲学家对他并不是最满意的，对他而言又有什么损失呢？不过是认清了自己的真实位置。而他的不自信，让自己的后半生都在自责中度过。虽然一个人一定要有真才实学才能胜任一份工作，但是要获得一份工作，有时候光靠才学是不够的，你还需要把你的自信展现出来，有自信的人任何困难都不是他的阻碍，更何况一份工作。

所以学会适时地表现自己相当重要。绝大多数人都有自己的目标和理想，但人生的第一步是必须学会亮出自己，为自己创造机会。

李敏是个金融公司的主管，在北京参加一期培训时遇到了这样一件事。

培训课间，主办方安排了一位专家做演讲。做演讲的人总希望有人配合自己，于是他问："在座的有多少人喜欢经济学？"可没有一个人响应。但李敏知道，在座很多人，包括他自己都是从事经济工作的，来这儿的目的就是"充电"。可由于怕被提问，大家都选择了沉默。

专家苦笑了一下，说："我先暂停一下，讲个故事给你们听。我刚去美国读书的时候，大学里经常有讲座，每次都是请华尔街或跨国公司的高级管理人员来演讲。每次开讲前，我都发现一个有趣的现象——我周围的同学总是拿一张硬纸，中间对折一下，让它可以立着，然后用颜色很鲜艳的笔大大地用粗体写上自己的名字，再放在桌前。于是，演讲者需要大家回答问题时，他就可以直接看着名字叫人。"

"我对此不解，便问旁边的同学。他笑着告诉我，演讲的人都是一流的人物，和他们交流就意味着机会。当你的回答令他满意或吃惊时，很有可能就暗示着他会给你一个机会。这是一个很简单的道理。"

"事实也正是如此，我的确看见我周围的几个同学，因为出色的见解，最终得以到一流的公司就职……"

专家讲完故事之后，不少人都举起了自己的手。

对于我们每个人也都如此，表现自己、展示自己，已经成为当下重要的一种能力，一味地含蓄，沉默是金将会使你错过机会，甚至失去机会。做一个有自信的人，如果你渴望成功，或正走在向成功靠近的路上，在需要的时候展现你自己，自信、魅力、吸引力、影响力，实在一个都不能少。而你做到了这些，也许机会也正在向你赶来的路上！

把缺点当作进步的垫脚石

上帝是公平的，在给你关上一扇门的时候，他会给你打开一扇窗，只要你抬起头来，你就能看到明媚的阳光。

每个人在不同的时期，都会产生程度不同的自卑心理。产生自卑心理的原因有很多，有的人喜欢用过高的标准要求自己，结果使自己永远处于达不到要求的失败地位，导致自卑感的产生；有的人很在意别人对自己的评价和看法，对于别人的贬低往往会产生自卑的心理；有的人错误地把别人对自己的夸奖当做讥讽，那么他们感受到的信息就带有自我否定的倾向性，他们会越发感到卑微、低下；有的人对于家庭或自己的经济收入以及地位感到不满，对于物质生活和精神生活的攀比心理也会产生自卑的心理；有的人由于身体的缺陷不能像正常人那样生活也会自卑等。当然任何人都无法做到没有一丝缺陷，关键是看你怎样看待自己的缺陷。

有一个男孩，他觉得自己天生有些胆小，就非常自卑，这一点严重影响了他的生活。父母为此也很苦恼，于是决定带他去看心理医生。医生耐心地听完介绍，握着他的手，非常肯定地说："你只不过是非常谨慎罢了，这显然是个优点嘛，怎么能是缺点呢？谨慎的人总是很可靠，总是很少出乱子。"

少年有些疑惑："那么，勇敢反倒成为缺点了？"

医生摇摇头："不，谨慎是一种优点，勇敢是另一种优点。只是人们通常更重视勇敢这种优点罢了，就好像白银与黄金相比，人们更看重黄金一样。"

医生问："你讨厌酒鬼吗？"

少年说："当然。"

医生问："那你讨厌李白吗？"

少年说："那怎么会呢？"

医生问："难道李白不是酒鬼吗？"

少年纠正医生的话："不对，李白不是酒鬼，而是爱喝酒的诗人，他能斗酒诗百篇呢。"

医生笑道："对，我赞同你的观点，弱点在不同的人身上，会呈现不同的色彩：有的喝酒人，仅仅是个酒鬼；而李白则是喝酒人中的诗仙。"

医生又说："天底下没有绝对的弱点。所谓的弱点，在一定条件下也可能成为优点。如果你是位战士，胆小显然是弱点；如果你是司机，胆小就可以说就是优点。但如果你因为这些就感到自卑，甚至妄自菲薄的话，那你的生活就会失去原本的色彩和很多已经存在于身边的快乐。"

是的，正如医生所说，不同的弱点在不同的情况下也会呈现不同的色彩，有时候弱点也可以转化为优点。缺点或缺陷每个人都有，而更多的人面对天生的缺陷，都会想办法尽力弥补，而有的人明知自己补救的做法是自欺欺人，毫无用处，但还是在自卑与偶然的自信中挣扎，不愿抬起头来，正视自身的缺陷。

人与人天生就存在着差距，在后天不同的生存环境下，差距会更加复杂化。也许你的容貌不如别人俊俏，也许你的学识不如他人广博，也许你的生活不比他人富足，或许你有很多缺点，你极力想掩饰它们，不愿意别人知道自己的不足，然而越关注越在意，自卑感就会越严重，甚至当别人说起某种东西，嘲笑某件事时，你也会不由自主地把自己的情况与之对比，从而让自己的信心在重压之下消失殆尽。

有人说，上帝是公平的，在给你关上一扇门的时候，他会给你打开一扇窗，只要你抬起头来，你就能看到明媚的阳光。耳聋的贝多芬如此，全身瘫痪的霍金也是如此，正是在抬起头正视自己缺陷的一瞬间，他们发现了自身的价值所在。

人生如浮云，匆匆几十年，一转眼就会过去。一个人能够拥有生命，这是他最大的福气，也是他最应该珍惜的。或许上天在不经意间跟你开了个玩笑，给予你残疾的身体、缺憾的心理，但这一切的苦难，都是为了让你的人生之花开得更加绚烂芬芳，更加持久动人。懂得正视缺点的人，他们往往能站在缺点的地方展翅飞翔，将缺点化作成功的垫脚石。

自卑是人冲出逆境的绊脚石，自卑是自己为自己设置的障碍，只有跨越这道门槛，自卑者才能集中精力和斗志去从事自己的事业，开始一种新的生活。

积极的信念带来积极的人生

自信对于人生是非常重要的，自信能使我们的潜能得到充分地发挥，帮助我们战胜困难，取得胜利。

如果你认为自己是一个平平淡淡的人，你的结果就真的会平平淡淡；如果你认为自己注定是一个不平凡的人，你常常就可以成就一番事业。有一句拉丁格言说：“每一个人都是他自己命运的设计师。”你通过每天所做的选择塑造你的个性，创造你的命运，就像一位雕塑家通过一刀一刀，慢慢地使手里的泥土成为艺术品一样。

要用积极的人生信念催化形成特有的决心、意志与毅力。信念主导人生命运，也是产生与维持人们为改变命运而必需的精神品质的核心动力源。

齐瓦勃出生在美国乡村，只受过很短的学校教育。15 岁那年，家中一贫如洗的他就来到一个山村做了马夫。然而雄心勃勃的齐瓦勃无时无刻不在寻找着发展的机遇。三年后，齐瓦勃终于来到钢铁大王卡内基所属的一个建筑工地打工。一踏进建筑工地，齐瓦勃就抱定了要做同事中最优秀的人的决心。当其他人在抱怨工作辛苦、薪水低而怠工的时候，齐瓦勃却默默地积累着工作经验，并自学建筑知识。

一天晚上，同伴们在一起闲聊，唯独齐瓦勃躲在角落里看书。那天恰巧公司经理到工地检查工作，经理看了看齐瓦勃手中的书，又翻开了他的笔记本，什么也没说就走了。第二天，公司经理把齐瓦勃叫到办公室，问："你学那些东西干什么？"齐瓦勃说："我想我们公司并不缺少打工者，缺少的是既有工作经验，又有专业知识的技术人员或管理者，对吗？"经理点了点头。不久，齐瓦勃就被升任为技师。打工者中，有些人讽刺挖苦齐瓦勃，他回答说："我不光是在为老板打工，更不单纯为了赚钱，我是在为自己的梦想打工，为自己的远大前途打工。我们只能在业绩中提升自己。我要使自己工作所产生的价值远远超过所得的薪水，只有这样我才能得到重用，才能获得机遇！"抱着这样的信念，齐瓦勃一步步升到了总工程师的职位。25 岁那年，齐瓦勃又做了这家建筑公司的总经理。

1949 年的一个阴雨绵绵的日子，一位 17 岁的小青年在巴黎一个酒吧喝闷酒。他出生于意大利威尼斯一个商人家庭，第一次世界大战毁掉了他父亲的生意，一家人被迫迁居法国。母亲没有工作，父亲无力东山再起，全家的重担都落到他稚嫩的肩膀上。当时他在一家红十字会打工，收入很低，根本应付不了一家人的生活开支。他连一件像样的衣服都买不起，只好自己做，好在他有裁剪的爱好。"我的前途在哪里？偌大一个巴黎就没有属于我的机会吗？"他一杯接一杯地喝酒，一遍又一遍地在心里发问。

这时，一位衣着华贵的伯爵夫人坐到他旁边："你身上的衣服是从哪儿买来的？做得很不错。""我自己做的。""自己做的？"伯爵夫人显然很吃惊，然后她以十分肯定的语气对他说："孩子，努力吧，你一定会成为百万富翁！"

我的衣服做得很不错！我一定会成为百万富翁！从此，他坚信自己能

够成为百万富翁。1950年，他租了一间简陋的门面开了一家服装店。就在这一年，他为著名影片《美女与野兽》设计剧装，并举办了一次服装展示会。他的事业开始一步一步向他心中的目标迈进。1974年12月，美国《时代》杂志封面刊登了他的照片，并称他为"本世纪欧洲最成功的服装设计师"。他就是皮尔·卡丹。

决心即力量，信心即成功。所有伟大的奇迹都只是信心的力量。信心缘于明确的目标及积极的态度。信心是一种态度，常使"不可能"消失于无形，信心不能给你需要的东西，却能告诉你该如何得到。调查材料表明，成功者在成功之前，大都自信必成。这种信念给他们一股强大的动力，使他们百折不挠，不达目的誓不罢休。假如他们刚一开始就怀疑、犹豫、彷徨、观望，那么他们就不可能竭尽全力去排除万难，最后成就自己的人生。

人们常常会对自己本身或自己的能力产生"自我设限"的信念，其中的原因可能是因为过去曾经失败过，因而对于未来也不敢寄望会有成功的一日，出于这种对失败的恐惧，长久以来他们便开始学得"务实"，事实上他们是害怕，唯恐再一次遭到挫败的打击。长久以来内心的恐惧成为一个根深蒂固的信念，当遇到事时便踌躇不前，即使做了也不会尽全力，不用说，结果必然不会有多大的成就。

自信对于人生是非常重要的，自信能使我们的潜能得到充分地发挥，帮助我们战胜困难，取得成功。这是因为当人拥有自信的时候，就会积极地寻找解决问题的办法，此时的大脑会高速地运转，考虑各种可能的方案。同时，我们会变得非常敏感，就像一个由于饥饿四处寻找食物的人那样，一点点微小的线索都会引起我们的注意。在这种情况下，我们往往能够急中生智，想出非常高明的解决方案。

在许多成功者那里，我们都可以看到超凡的自信心所起到的巨大作用。这些人在自信心的驱动下，敢于对自己提出更高的要求，并在失败的时候能够看到希望，最终获得成功。

在这个世界上，信念这种东西任何人都可以免费获得，所有积累了庞大财富和达到目的的人，最初都是从一个小小的信念开始的。信念是所有奇迹的萌发点。是的，一个人的内心如果蕴含着一个信念，并坚持不懈地为之努力，那么，他一定会成为笑到最后的人。

中篇

社交情景
实战策略

第7章

拉近距离的心理策略

——换位思考，感同身受

将心比心、换位思考，无疑是得人心的最佳方法。社交场上的人，往往心机多，真心少，个个谨慎小心。想与他们拉近关系，真不是一件容易的事。本章将会告诉你该怎样让别人感激你、注意你、喜欢你，使你们之间的关系更进一步，使你成为人际交往中的大赢家……

关键时刻维护他人自尊

你希望别人怎样对待你，你就应该怎样对待别人。你伤害过谁的面子，或许你早已经忘记了，可是那个被你伤害的人，却永远不会忘记你。

孔子说："己所不欲，勿施于人。"意思是说"如果我们不喜欢别人以某一方式对待自己，那我们就不要以这种方式去对待别人"，也就是说我们要站在对方的立场上说话办事，凡事为对方着想，也只有这样别人才肯为你着想。

大刚和小强是很要好的朋友，平时无事经常联络感情。有一段时间，小强的经济状况非常不好，他甚至连买一件像样的冬衣的钱都没有，然而好面子的他不肯寻求别人的帮助，只是自己苦撑着。

有一天，大刚邀请小强到家里做客，因为没有像样一点的衣服，担心朋友见笑，便穿着单衣、拿着扇子，戏称自己怕热来掩饰自己的窘迫。酒足饭饱后，大刚看穿了小强是死要面子，便想整治他一下。于是便力邀他住一个晚上。并迎合他，用单被篾席，在池畔亭台的风凉处做成临时卧榻，让他住下来。小强不便再改口，只得暗暗叫苦。

冬日的夜晚，寒气逼人，小强被冻得瑟瑟发抖，只得披了薄被起来走动以御寒，不料失脚跌进池中。小强冻得嘴角铁青，不住打着哆嗦，而大刚看到后，还假装问："你是觉得这还不够凉快吧？没有钱买冬衣没关系，干吗死撑着呢？"小强并不做声，暗地里对大刚的这种咄咄逼人的话咬牙切齿。

从那以后小强再也没有和大刚往来了。而几年后的大刚，看到现在已经发达的小强，本想接近他为自己寻找一些成功的机会，然而他们之间已经形同陌路！

人情往来是相互的，你尊敬别人，为别人着想，其实也是给自己留了余地。像故事中的大刚，如果当初能够为小强着想，明明知道小强怕丢面子，就应该尽力帮助小强，维护他的面子并且帮助他度过困难时期。而大刚的做法恰恰相反，他伤害了小强的自尊心，也断送了两个朋友之间的友谊。还是那句话：你希望别人怎样对待你，你就应该怎样对待别人。你伤害过谁的面子，或许你早已经忘记了，可是那个被你伤害的人，却永远不会忘记你。

所以在人际交往之中，要尽量避免像大刚一样的做法，说话做事都要为对方考虑，这样你们的关系才能处得融洽而长久。

首先，要避免揭人短处。俗话说“打人不打脸，揭人不揭短”，更何况想要和别人打交道，和别人相处，就更不能像上面说的大刚那样，做事咄咄逼人，不给人留余地。

其次，说话做事不使用有歧义或者让人反感的方式。比如，第一次看到朋友的女友，说“我还听别人说你女朋友长得不好看，要我看，这不是很漂亮嘛！”这样的言谈肯定会引起别人的反感。因为它传递了以下几个信息：第一，有人认为她不好看；第二，你随随便便就把别人出卖了，尽管没有具体说是谁。这种方式是不可取的，同样不可取的还有“你比某某漂亮多了”等等。

再者，说话要讲究修饰，即使再好的朋友，也不能将一些难听的话脱口而出。比如朋友新买了一件长裙，兴冲冲地邀你品评。你见她个子矮小，穿着长裙不仅显得臃肿而且让缺点暴露无遗，所以你脱口说道：“这件衣服并不适合矮小的你。”对方肯定会面色如土。而如果你笑吟吟地说：“这件衣服很不错，不过像你这样苗条又娇小的身材，还是穿一些超短裙、短裤比较好，这样才能够把你又细又直的美腿展现出来，你穿上长裙的话男人都没眼福了！”相信朋友听了定会高兴不已。这样的言辞，首先是对方喜欢听的，如果单纯的批评不好看、不适合，无疑就会损伤对方的自尊心。

而且，即便是吵架和指责别人，也不能丝毫不考虑，什么话都说。要知道，说出去的话如同泼出去的水，是收不回来的，到时候后悔就来不及了。如果真的到了难以辩驳的地步，不妨让幽默来帮助自己解除尴尬局面。

有一妻子虚荣心很重，当夫妻商量出席友人的婚礼时，她缠着丈夫要买一顶昂贵的花帽。此时正值夫妻闹经济危机，丈夫自然不肯答应花这笔钱。争吵中，妻子赌气地说：“人家姗姗和爱莎的爱人多大方，早就给自己的夫人买了这种花帽，哪像你，小气鬼！”丈夫不愿争论，只是故意夸张地说：“可是，她俩有你这么漂亮吗？我敢说，她们要有你这么美，根本就不用买帽子装饰了，不是吗？”妻子一听，不觉转怒为笑，一场争吵也随之停止了。

再次，当双方发生争执或者误解时，或者一件事情对双方都有利时，首先要从对方的角度分析，然后才联想到对自己的好处。这样的话语更能平

息对方的怒气，有利于事情的解决。

俗话说得好，“树怕没皮，人怕没脸”。在中国这叫“好面子”，在国外叫“自尊心强”，无论在哪，你为对方着想，给对方留面子，对方肯定会感激你。所以我们在人际交往中要多为对方着想，在无关得失的小事中，让对方一步，给别人面子，给自己多留一些余地。

每个人都有自尊心，每个人都有好胜心，你如果想联络感情，就必须重视维护对方的自尊心，特别是不要在小事上和别人过不去。总之，说话办事先为对方考虑，站在对方的立场说话，更容易赢得对方的好感，被对方接受。

让对方感受到你的真心相待

一个成功的“外交家”必定知道未雨绸缪，用小亏换取大便宜。因为无论如何，求人办事并不容易，提前投资，储蓄人情，才能马到成功。

俗话说“一分耕耘一分收获”，人心也是如此，只有肯付出，才能得到别人的真心相待，坐等天上掉真心无异于白日做梦。

战国时期，有一位叫做吴起的名将，由他率领的军队，在每一次的战役中都能一路过关斩将、所向披靡，因此被人们称为“战国第一名将”。

他军队中的士兵，各个都忠肝义胆，神勇无比，对他也更是比对一般将领的遵从之外，多了些敬意。这都是因为他对战士无微不至的关心和帮助，打动了战士们的心。说起事情的缘由，就要从一次战争说起。

有一次，他奉命率领魏军攻打中山国，有一个士兵身中敌军的毒剑，随时有毒发的可能。看着战士辗转呻吟，痛苦不堪的样子，他没有丝毫忧郁便跪下身来，为这名士兵把身上伤口里的毒和浓血一口一口地吸了出来，帮助士兵缓解了痛苦，保全了生命。

军队里的其他战士看到一位堂堂的大将军竟为一名普通士兵屈膝吮血，莫不感动，对吴起产生敬畏之情，都决定从此死心塌地跟着吴起。军队的士气一下子十分高涨，战士们变得空前的团结和勇敢。

自那以后，吴起的军队就成了一支攻无不克、战无不胜的常胜军，而吴起自己也成为历史上一颗耀眼的大将之星。

有句话说得好："士为知己者死，女为悦己者容。"面对自己尊敬的人，做事当然也会格外努力、任劳任怨、不计得失。吴起就是这样一个典型的例子。也许从他的角度来说，他只是帮助一个自己军队里的战士免受痛苦，但对其他千万个战士来说，他的行为是对他们的关心和爱护，是对他们这些微不足道的普通士兵的尊重和保护。面对这样一名良将，战士们又哪有不卖命的道理？他的付出，他对士兵的关爱，让自己成为一支无坚不摧的军队将领。

一个成功的"外交家"必定知道未雨绸缪，用小亏换取大便宜。因为无论如何，求人办事并不容易，提前投资，储蓄人情，才能马到成功。我们不要怕吃亏，吃亏是长期的人情储蓄，储蓄得越多，利息自然也就越高。

阿伟今年9月份刚参加工作，他自己也明白人情世故的重要性，可是似乎他认为自己总是只有付出，没有回报，因为他刚来这个公司，也不涉及结婚生子和学业的问题，不必要长期为别人挣钱，索性他和所有人断了交情。就在这个月，他已收到三份"红色炸弹"，岂止这样，一到假期，他都要经受一番"人情轰炸"。可是，他始终能坚守自己的"阵地"不动摇，国庆期间，阿伟接到一个陌生电话，对方很热情地称呼他为老班长，并邀请他参加婚礼。阿伟有些纳闷，一时想不起是谁，经对方提示才勉强回忆起，原来是三年前的系统任职培训班的学员，这几年已很少联系。虽说那个人很热情，可是阿伟还是没去，他觉得这对自己没好处，何必吃那个亏呢。从此，阿伟被整个公司的同事隔绝了，什么好事大家也不会想到他。

其实，人家能主动邀请你，说明重视彼此的关系，这也是一个投资人情的好机会，虽说这些投资可能都是很"远"的，甚至你觉得自己吃了亏，但这恰恰说明你的人情账户是净收入，他日你需要的时候，自然别人就会对你伸出援助之手，人情关系是生活的潜规则，遵守这个潜规则，吃点小亏，就可能收获更多。

在与人交往的过程中，我们不要锱铢必较，有时候，吃点小亏是种明智的处事方式，表面上，你吃亏了，可是你却赢得了人心，那么你自然就是别人眼中的"好人"，拥有了好人缘，荣誉和信任必将接踵而至。其实，吃亏也是一门学问，那么该如何让自己有吃亏的机会呢？

第一，要学会施恩于人，不计较自己的得失。提前投资，才能储蓄人情。

第二，学会蓄零为整，瓜熟自然会蒂落，看似一个小小的帮忙，比如偶尔帮别人照看小孩，看似小事情，但对于他人而言可能是意义重大的一份情谊。

第三，细心发现需要帮助的人，体贴入微，给予别人需要的，才是最有价值的人情。

会吃亏，有亏吃的人才能得人情！掌握好一些吃亏的技巧，让自己赢得更多的人情！

幽默使人感到亲切

你能让周围的每一个人，甚至是整个世界的人都对你有好感。只要你不是到处与人握手，而是以你的友善、机智、幽默去传递你的信息，那么时空距离就会消失。

生活中，大家都喜欢跟幽默的人交往，因为懂得幽默的人更容易接近，给别人一种亲切感。懂得幽默的人，身边的人自然会被他睿智的内心世界所吸引，使人愿意向他靠拢。幽默能显示出一个人的风趣、素养和魅力，能让人在忍俊不禁、轻松活泼的气氛中工作、生活和学习。

幽默是一种人生的智慧，体现着乐观积极的处世方式和豁达的人生态度。幽默是人际交往中必备的调剂品。日本心理学家多湖辉把幽默称作“语言的酵母”，创造出幽默就是创造出快乐，人际交往也会随着这种欢乐而和谐发展。

一天，英国大文学家萧伯纳在街上走，被一个骑自行车的冒失鬼撞倒，幸好没有受伤，只是虚惊了一场。骑车的人连忙把萧伯纳扶起，并连连道歉，可萧伯纳却惋惜地说：“先生，你今天的运气真不好，要是把我撞死了，你就可以名扬四海了。”萧伯纳用宽容和幽默把肇事者从窘境中解放出来，使这件事得到了友好的处理。

心理学家凯瑟琳说过：“你能让周围的每一个人，甚至是整个世界的人都对你有好感。只要你不是到处与人握手，而是以你的友善、机智、幽默去传递你的信息，那么时空距离就会消失。”幽默能够引发喜悦，带来欢乐。幽默可以改善人格和品质。幽默在文明社会中已经成为人际交往的一个重要方面。

幽默以一种愉悦的方式让别人获得精神上的快感，有人说：“幽默是一种最有趣、最有感染力、最具有普遍意义的传递艺术。”幽默的语言，能使社交气氛轻松、融洽，更利于交流。同时，说话幽默，也体现了一种待人宽容、小事糊涂的语言沟通要求。幽默的力量，绝不仅仅在于博人一笑而已，它能润滑人际关系，消除忧虑愁闷，以及营造一个轻松的氛围。

生活在社会中，我们与各种各样的关系相伴，同事关系、上下级关系、夫妻关系、亲子关系、亲戚关系等。友善的幽默能表达人与人之间的真诚、友爱，拉近人与人之间的距离，是和他人建立良好关系不可缺少的东西。尤其当一个人要表达心中不满的时候，若能使用幽默的语言，别人听起来可能会顺耳一些。当一个人需要把别人的态度从否定变为肯定时，幽默则具有很强的说服力。当一个人和他人关系紧张时，幽默也可以使对方从容地摆脱窘境或消除矛盾。

还有另外一件事，萧伯纳因脊椎病去医院做检查，医生对萧伯纳说：“对于您这个病，有一个办法，那就是从身上其他部位取下一块骨头来代替那块坏了的脊椎骨，”又说，“不过这个手术很难，我们从没有做过。”医生的言下之意是，这次手术的收费可能非同一般。萧伯纳并没有与医生争论，也没有表示愤怒或不满，而是笑着说：“好呀，不过请告诉我，你们打算付给我多少手术实验费?”原本是一个很棘手的问题，就被萧伯纳用幽默如此机智地解决了。

幽默的语言通常会产生极大的趣味性、娱乐性的效果，有时它还可以减少那些不愉快的情绪，给生活带来各式各样的乐趣。一个人只有具备乐观的信念，才能对于一些不尽如人意的事泰然处之。幽默是一个人对待生活态度的反映，是对自身力量充满自信的表现。在日常的人际交往中，经常运用幽默，能够把你对生活的热情传递给周围的人，能够让人忘掉所有的不愉快，能够化解人与人之间的矛盾。

要想在别人心中留下好印象，幽默风趣也是重要的因素。幽默能够迅速消除人与人之间的陌生感，并在对方心中留下好印象。所以，在人际交往中，不妨多多尝试幽默，它不仅可以弥补你口才方面的不足，还能成为你与

他人沟通的助推器，帮助提升你的人气。

替别人着想，以心换心

我们要获得别人的支持，我们就必须先去替别人着想，给予别人自己力所能及的支持。

社交场上我们会遇到形形色色的人，与不同的人打交道是一件费神费力的事情，即便你已经熟练掌握了各种人的性格特点，也未必能够在日常交往中顺利应用相应的措施。与人打交道有很大的不确定性和随时的变化性，要想成功地与对方拉近关系，最好的方法就是以不变应万变，即“替别人着想，以心换心”。

通俗地讲就是要站在他人的立场上分析问题，能给他人一种为他着想的感觉，只有从关怀对方的角度出发，才能赢得对方的心。这也就是所谓的“你想别人如何对待你，你就首先如何对待别人”。我们要获得别人的支持，我们就必须先去替别人着想，给予别人自己力所能及的支持。

某精密机械工厂将其生产的新产品的部分部件委托小工厂制造，当该小厂将零件的半成品呈给总厂时，不料全不符合该厂的要求。由于迫在眉睫，总厂负责人只得令其尽快重新制造，但小厂负责人认为他是完全按总厂的规格制造的，不想再重新制造，双方僵持了许久。

总厂厂长见到这种局面，在问明原委后，便对小厂负责人说：“我想这件事完全是由于公司方面设计不周所致，而且还令你们吃了亏，实在抱歉。今天幸好是由于你们帮忙，才让我们发现竟然在设计方面有这样的缺陷。只是事到如今，事情总是要解决的，你们不妨将它制造得再完美一点，这样对你我双方都是有好处的。”那位小厂负责人听完，便欣然应允。

从对方的立场出发，为他分析出事情的利弊，对方便会主动按照你的思路走下去，从而达到你的目的。总厂厂长之所以能够成功说服小厂的负责人，就是在于他站到了小厂的角度，替对方着想。

无论是什么情况，要获得对方的认同，就必须要为对方着想，关心对方的利益，关注对方的兴趣。如果你对别人指手画脚，有时会激起他们的逆反心理，导致事情走向你所希望的结果的反面。而若是从对方的立场出发，将他的思路引导到你的思路上来，让他站到你搭建的舞台上，往往会更容易达到自己的目。

不经意的赞美让人愉悦

不必在意你赞美的言词不够优美，声音不够动听，只要你开口，对于别人而言，都是世界上最好的夸奖。

有人认为，赞美就是把狗尾巴草说成牡丹花，把笨蛋夸成智者。其实不然，试想一下，那样的赞美根本不是发自真心，那么对于受赞美的人而言，听着也不会舒服。拍马屁绝不是赞美，那种不是发自内心的奉承话，也经不起时间的考验，有人把赞美比作蜜糖，久吃不厌。人都是喜欢被别人赞美的。但赞美别人不应是刻意而为之的，而是应该当做自己的一种习惯，多尝试着用积极的目光看待别人，多发现别人的闪光之处，这样既能让他人拥有一份被肯定后积极向上的心情，也能为你带来好人缘，何乐而不为呢?

俄国作家屠格涅夫有一次出门散步，遇到一个乞丐向他乞讨，他摸了摸衣袋，却发现自己身上一个子儿也没有，于是怀有万分歉意地对乞丐说：“兄弟啊，实在对不起，我没带吃的，钱袋也丢在家里了。”没想到乞丐听后大受感动，一下子紧紧拉住屠格涅夫的手说：“谢谢你，太谢谢你了!”屠格涅夫惊奇地问：“你谢我什么呢?”那人回答说：“我原来只是想找点东西吃了就去自杀，没想到你称我为兄弟，还向我表示歉意。你给了我活下去的勇气!”食物对乞丐来说是最需要的，相对来说也比较容易乞讨到，但是食物已不能维持他活下去。而屠格涅夫一句充满尊重和友爱的话，他仅仅是把乞丐当成了兄弟，就给了他莫大的支持和鼓励，使他获得了新生的勇气。

道理就是这样简单，一个人在逆境中只要得到别人的尊重和赞美就能使他活下去，而这种强大的力量运用起来又是如此简单，因此，不必在意你赞美的言词不够优美，声音不够动听，只要你开口，对于别人而言，都是世界

上最好的夸奖。

每个人都希望得到别人的赞美，这其实是一种非常普遍的心理。对赞美的需要源于人的本性，可以愈合人们心理上的创伤，甚至生理上的缺陷。尊重和赞美那些你觉得“不起眼”的人，不要嫌贫爱富，或是眼睛只往上面看，很多“不起眼”就生活在你周围，说不准那一天这些“不起眼”就忽然大放异彩。而即使是一个最平凡的人，你虽看不出他有成功、成名的可能或潜力，你也应该尊重他，每个人都有自己的优点和长处，一个普通农民其实并不比一个基因专家笨，也并不比一个将军卑微，只是他们从事的行业和研究的领域不同而已，而实际上你也不能预知什么时候什么人会成功，什么人会成为今后帮助你的人。

赵庆是某大型跨国公司的一名清洁工，这是一个最容易被人忽视的职位。平日里公司的员工从他的面前走过，从来都是视而不见，好像公司里没有这类人的存在一般。

然而赵庆却一下子成了公司里的勇士和功臣，成为大家关注的焦点。原来，一天晚上，在赵庆做完最后的清洁工作之后，发现了一个想要盗窃公司保险箱的贼，他并没有因为事不关己而退缩，反而像看护自家财产一样，与歹徒展开了殊死搏斗，并最终保住了公司的财产安全。

事后，有人怀疑他这么做只是为了邀功，也有人说他想在高层面前展示自己。在被问到这么做的动机时，答案却出人意料，他很轻松地说：“当公司的总经理从我身边走过时，总会不时地赞美我说，‘你的地扫得真干净’。”

就是这么简简单单的一句话，就是这样不经意的赞美感动了这个员工，使他感受到了企业对他的关爱。表面看上去只是一句上司对员工的赞扬，换来的，却是他对企业的归属感和以后工作上的努力。

在每个人的内心深处，都渴望别人的认同，渴望别人的尊重，渴望和谐的人际关系。人际交往中，如果我们每个人都能够自觉地给别人以尊重，能够对别人的正确理念给予足够的认同，让别人能够感受到快乐与满足，我相信别人一定会投桃报李，会以同样的方式对待我们。

一个能够随时给予别人赞美的人，一个能够时刻带给别人好心情的人，一定是有能力、有魄力、得人心的人。在日常人际交往中，帮助他人，赞美他人，哪怕只是一句随口说说的习惯性语言，也会在无形中为自己的形象和人缘加分。

适当的话题让人一见如故

与陌生人交谈，先提一些“投石”式的问题，在略有了解后，再有目的地交谈，便能交谈得较为顺利了。

初次见面，交际双方都希望尽快消除生疏感，缩短相互间的感情距离，建立融洽的关系，同时给对方一个良好的印象。选择一个好的话题，引起对方的兴趣，往往能够在最短的时间内达成这一点。

那么，哪些话题会让人一见如故呢？

第一，以表达感谢的方式来引出话题。曾有一个新人在跟另一个老员工接触时说的一句话就是：“记得刚进公司的时候还是你帮我组装电脑的。”

“是吗？”那个老员工惊喜地说。

接着两人的话题就打开了，气氛顿时也热乎了许多。

原来那个老员工的确帮过许多新人办理入职手续。不过当初人多事杂，他也记不得了。而新员工恰到好处地点出了这些，给对方很大的惊喜，也使两人的关系拉近了一层。

一般说来，每个人都对自己无意识中能给别人很大的帮助而感到高兴。见面时若能不失时机地点出来，无疑能引起对方的极大兴趣。因此，初次见到曾帮过自己的人时，不妨当面讲出，一方面向对方表示了谢意，另外无形中也增进了两人的感情。

第二，从对方的外貌谈起。每个人或多或少地都会在意自己的相貌，恰当地从外貌谈起就是一种很不错的交际方式。有个善于交际的朋友在认识一个不善言谈的新朋友时，很巧妙地把话题引向这个新朋友的相貌上。“你太像我的一个表兄了，刚才差点把你当成了他，你们俩都高个头，白净脸，有一种沉稳之气……穿的衣服也太像了，深蓝色的西服……我真有点分不出你们俩了。”“真的？”这个新朋友眼里闪着惊喜的光芒。当然，他们的话匣子就这样打开了。我们不得不佩服这个朋友谈话的灵活性。他说对方和自己表兄十分相像，无形中就缩短了两人之间的距离，接着在叙说两人相貌时，

又巧妙地赞美了对方，因而使这个不善言谈的新朋友也动了心，愿意与其倾心交谈。

第三，剖析对方的名字来引起对方的兴趣。名字不仅是一种代号，在很大程度上是一个人的象征。初次见面时能说出对方的名字已经不错了，若再对对方的名字进行恰当的剖析，就能更上一层楼。譬如一个叫“建领”的朋友，你可以谐音地称道：“高屋建瓴，顺江而下，可攻无不克，战无不胜，可谓意味深远呀！”对一位叫“细生”的朋友，可随口吟出“随风潜入夜，润物细无声”。适当地围绕对方的姓名来称赞对方不失为一种引出话题的好方法。

第四，利用“中心开花”法引起陌生人的兴趣。面对众多陌生人，选择众人关心的事件为话题，围绕人们的注意中心，引出许多人的议论，导致“语花”四溅，形成“中心开花”的局面。

第五，即兴引入。即巧妙地借用彼时、彼地、彼人的某些材料为题，借此引发交谈。如有人在大热天见到一位素不相识的环卫工人时，说：“这么热的天，看这西瓜成车地运进城，你们清扫瓜皮的任务肯定不轻哟！”一句话，便可引来对方滔滔不绝地讲述烈日下劳动的艰辛。

第六，投石问路。与陌生人交谈，先提一些“投石”式的问题，在略有了解后再进行有目的地交谈，便能交谈得较为顺利了。如在宴会上遇到陌生的邻座，便可先“投石”询问：“您和主任是老同学呢，还是老同事？”无论问话的前半句对，还是后半句对，都可循着对的一方面交谈下去；如果问得都不对，对方回答是“老乡”，那也可以谈下去了。

第七，循趣入题。问明陌生人的兴趣，循趣渐进，便能顺利地进入话题。因为对方最感兴趣的事，总是他最熟悉、最乐于谈论的，也是最有话可谈的。

拉人一把让人感念一生

生活是一面镜子，你做了什么样的事情，就会反射出什么样的行为。

一个人的一生中会拥有很多东西，其中最珍贵也最难得的，莫过于人与人之间的真情了。真情的流露，往往出现在一些重要的关头，真情的体现，也不外乎一些小小的行为，在别人有困难的时候，切不可讽刺挖苦、落井下石，这时候，一句贴心的话，一双伸出的手，都可以让别人感受到温暖，感受到关爱。

春秋时期，楚王宴请了很多臣子，席间歌舞曼妙，美酒佳肴，烛光摇曳。同时，楚王还命令两位他最宠爱的美人许姬和麦姬轮流向各位敬酒。

忽然一阵狂风刮来，吹灭了所有的蜡烛，漆黑一片，席上一位官员乘机揩油亲泽，摸了一下赵姬的玉手。赵姬一甩手，扯下了他的帽带，匆匆回到座位上并在楚王耳边悄声说："刚才有人乘机调戏我，我扯断了他的帽带，您赶快叫人点起蜡烛来，看谁没有帽带，就知道他是谁了。"

楚王听了，连忙命令手下先不要点燃蜡烛，却大声向各位臣子说："我今天晚上，一定要与各位一醉方休，来，大家都将帽子脱下痛快饮一番。"

众人都摘了帽子，也就看不出是谁的帽带断了。后来楚王攻打郑国，有一位健将独自率领几百人，为三军开路，过关斩将，直捣郑国的首都，而此人就是当年揩赵姬油的那位官员。他因楚王施恩于他，而发誓毕生孝忠于楚王。

试想，楚王若是一个小肚鸡肠的人，当场若把调戏赵姬的人抓出来，一定会让对方名誉扫地，甚至恼羞成怒。而他善意的举动不仅维护了对方的尊严，更为自己笼络了一员猛将。是得是失，一目了然。

在重要关头帮人一把，拉他一下，他会在心里感激你一辈子。即使你是一个不图回报的人，在别人需要你的时候，困难的时候，走入瓶颈的时候，拉人一把，也可以唤起自己一颗善良的心。

有这样一则寓言故事：一群大象生活在一片荒原之中，整日无忧无虑，快活无比。忽然有一天，病魔突然降临到这个象群之中。

经过抗争，象群中的绝大部分成员都能挣脱病魔的纠缠，康复痊愈。可是，却有一头小象，一直没能恢复过来，眼看就要支撑不住而倒下。

然而，小象是不能倒的，它一旦倒下，就会因为内脏之间的巨大压迫力而损伤自己。倒下，如同意味着自杀一般，会将它致之死地。就在小象因为坚持不住而即将倒下的那一瞬间，大象们两两一组，轮流用自己的身体夹住小象的身体，维持着它奄奄一息的生命，它们用唯一可以凭借的身躯与命运做着最后的抗衡。终于，几天之后，奇迹发生了，在大象们的帮助和呵护之下，小象慢慢恢复了元气，站了起来，最后终于痊愈了。

这则寓言讲的就是互相支持、帮助的故事。在人生的道路上，没有人会永远一帆风顺，荆棘坎坷、艰难险阻常常会让人猝不及防。在这种时候，需要的就是别人一双温暖的手、一句轻轻的问候，给一个正在困难中的人重新注入新的生命活力。

职场中的人更应该如此。帮助别人，好比向你个人的人际关系的储蓄卡中存入了一笔活期存款，尤其是在别人患难之际伸出援手，救英雄于困顿之中，这样的人情，这样的真心，不但会铭记在被你帮助过的人心里，也会记在周围人的心中。

生活是一面镜子，你做了什么样的事情，就会反射出什么样的行为。有句古话说得好，"不以善小而不为，不以恶小而为之"，即使再微不足道的好事，也应该去做，因为对你微不足道的小事，有时候却很可能是足以影响到别人的大事。同样，再小的恶事，我们也不应该去做，因为害人终害己，这些小恶早晚有一天会害了自己。善恶终有报，有时候不一定会真的报在一个人的身上，但一定会报在他的心里。

通过细节赢得人心

交际中，任何两个人如果不用提示，马上就能发现对方的微小变化，并且能够真诚地道出的话，他们之间的关系肯定会非常融洽。

在社交活动中，我们的每一句话、每一个动作，甚至一个眼神都可能被对方尽收眼底，记在心底，然后转换成为一个心理评价，因此，要想让别人喜欢你、赢得人心，从心理学角度来看，我们不妨从交际细节入手，让对方以小见大，在心中对你产生一个良好的心理效应。那么，这些心理效应的修饰可以从哪些方面入手呢？

第一，注意他人的语言。从细节入手，多注意周围人的语言，记住它，这可能是你和对方以后交谈的谈资。每个人的话语并非句句金科玉律，并非句句掷地有声。有些话语虽说过了，不多久，言者可能就会忘了，或者不再去留意它了。这种随意的话语很有文章可做。当有一天你说："你曾说过……至今我还记忆犹新。”对方一定会因为受到你的重视而高兴万分，认为你是一个细心的人，一个非常关心他人的人。如果你不但记住他人随意的话语，而且还能按照他随意的话语去做，那效果就会更加显著了。

一天，小张高高兴兴地给老李送去一大包家乡特产豆干。送去时小张说：“我刚从老家回来，把以前答应送你的家乡特产捎来给您。”经小张这么一说，老李才恍然想起，半年前两人一起喝酒时，小张曾说过，“我们家乡特产五香豆干，味道棒极了”，而老李当时接着开玩笑说：“既然这样，等你回老家探亲的时候也给我捎一包尝尝吧！”实际上，这只是他的一句玩笑话，说完也就忘了。等到小张真的把豆干送来了，老李便感动得不得了，两人间的心理距离也会随之大大缩短了。

多留意和你交际的哪些人的随意话语，别人的无心之话，就可能成为加深你们感情的“人缘黄金”。

第二，换个方式做事，同样的事情不同的做法就能给人不同的感觉。

在某大型超市，有一位售货员非常受顾客的欢迎，经她手卖出的商品要比其他售货员多得多。这是因为她很注意售货时的细节。比如，人家要买一公斤左右的糖果，她总是抓0.9公斤左右上秤，然后再一颗一颗地添，直至足秤为止。而很多其他售货员采取的完全相反的方式，先抓超过一公斤的东西上秤，再“残酷”地一点一点地往外拿……

显然，这位优秀售货员的做法令人感到愉快，同样是称东西，也称的是同样多的东西，她就能在心理上给人一种宽慰。这就是关注细节的问题。

第三，关注他人的“细微变化”。要知道，没有人会拒绝被人关心，也没有人会对关心自己的人产生排斥情绪，就看你是否愿意去关心别人。所以，要想赢得好评，就需要你适当地对别人表达出自己的关心，而这更需要你从细微之处发现可以关心对方的“理由”。如果你发现对方穿戴、容颜等方面的细微变化，最好能立刻指出。如果对方换了条新领带，你说声：“这条领带你第一次戴吧，真配你，在哪儿买的？”还有，比如对方孩子生病了，你花点时间、买点东西去看望，他一定会愉快地接受你的关心，从而对你产生好感。特别是女性，尤其注意自己的穿戴，一旦有人注意到了她服饰的变化，她定会感到由衷的欣喜，这时你们之间的距离也便随之缩短了。

交际中，任何两个人如果不用提示，马上就能发现对方的微小变化，并且能够真诚地道出的话，他们之间的关系肯定会非常融洽。所以，人们万不

可在交际对象身上粗心大意，应处处留心对方的细微小事。

注意此类的交际细节，就是在润滑每日生活的齿轮，从而使你事事顺意。注重细节也是为你插上腾飞的翅膀，从而助你成功。修饰你的交际细节，就是锦上添花。请重视细微之处吧，里面大有交际文章可做！

多注意一些细节，从细小处完善自己，温暖别人。比如，与别人交谈时，你不妨高兴时就扬起眉毛，严肃时就瞪大眼睛，有疑问时就率直询问，听完后简要复述。这样的话，你就会给人留下头脑灵活、擅长交际的好印象。如果你说话节奏适中，举止动作稳重大方，那么就会给人气度不凡、从容镇定的印象。对于别人的邀请，如果你能拿出笔记本，认真地记下约会的时间和地点，那么别人就会认为你是个办事一丝不苟的人。这些都是交际细节，因为你加以修饰和完善，所以完善了你的交际形象。小处不可随便，也是让别人喜欢你的一大重要心理策略，这很可能关系到你能否获得成功。做到注意和修饰自己的交际细节，你就能利用细小之处赢得人心！

第 8 章

占尽先机的心理策略

——睿智远谋，深藏不露

伟大的心理学家荣格曾说过："心灵的探讨必将成为一门十分重要的学问，因为人类最大的敌人不是灾荒、饥饿、贫苦和战争，而是我们的心灵自身。"心理学是一种武器，是一剂良药，更是一缕春风。在现代社会，社交就是机遇，掌握占尽先机的心理学策略，可以帮助我们掌握对方的意图，也就能明眼发现机遇，快手把握机遇，将成功收获于囊中。这条法则有如一把通往成功捷径的钥匙，给你明确的方向，告诉你怎样有效地与人沟通和交际，以及怎样更好地处理问题，提高谈判策略，如何摆脱他人的影响，如何利用社交四两拨千斤。

选择熟悉的地方占据心理优势

选择自己熟悉的交涉场所，就能先在心理上打败对方，使你能够迅速提高说话办事的眼力和心力，掌控人际交往的主动权。

现代社会，人际交往，做人做事，都和心理学有着千丝万缕的联系，中国古代兵法有云："用兵之道，攻心为上，攻城为下；心战为上，兵战为下"。这一兵法尤其在现代社会社交中大有用武之地，如果不懂心理学，即便你口若悬河、煞费周章，也可能南辕北辙、毫无效果；相反，如果你懂点心理学，可能只需付出一点点。便能洞悉对方内心世界，从而先入为主，占尽先机，达到交际的目的。

心理学家告诉我们，当我们与人交涉的时候，选择自己熟悉的地方作为双方谈判和交涉的场所，掌握交涉的主动权，交涉成功的胜算会更高一筹。

从心理学的角度看，对交涉场所熟悉，能给自己增添信心，有一种在整个交涉过程处于主人翁地位，也就是优势地位的感觉，而与此同时，对方也就能听之任之、较为被动地接受你安排的交涉内容，这就是一种心理上的占尽先机。

社交活动成功的关键是：了解人心。俗话说"知人知面难知心"，意思是人的外在行为较为容易观测和推断，但人的心理就往往就难以把握。选择自己熟悉的交涉场所，就能先在心理上打败对方，使你能够迅速提高说话办事的眼力和心力，赢得人际交往的主动权，避免挫折和损失，一步一步地落实自己的社交目的。

有一对夫妻一起去和业务员商量房价的问题，而业务员把见面地址选在了另外一处已经装修好的房子里，而这所房子的格局和这对夫妇即将购买的房子相同。

"千万不要夸人家的房子好，不然我们不好杀价。"先生对太太说。可一到现场，太太就无法掩饰自己对所看房子的喜爱。业务员火眼金睛，自然心中有数。

“啊，这房子漏水。”先生说。

“太太，你们要买的房子的装修之后会比这还要气派。”业务员对太太说。

“这个房子那里好像要整修。”先生又说。

“太太，您在格局上可以稍作更换一下，我认识很多出名的设计师。”业务员只顾着跟太太说。

于是，业务员不费吹灰之力，便高价出售了一栋房。

业务员成功的原因是什么？很简单，他利用自己对现有房子的熟悉，介绍了这位太太即将买的房子的吸引人之处，尽管这位太太的丈夫一直在强调房子可能存在的缺点，但业务员还是在这场心理交锋中掌握了主动权，成功地做成了生意。

处处占先机是人生和事业成功的永恒法则，社交活动中心理先机也是掌握交际局势的必要因素，当今社会瞬息万变，一步心理上的先机可能关系到你在生活或者事业上的成败与否，选择自己熟悉的社交场所，抓住社交瓶颈，你就能运筹帷幄，掌握主动权！

让对方自乱阵脚，创造取胜之机

要善于发现对方的软肋，这是最好的扰乱别人阵脚的方法，一旦掌握了“心理学占先机”这门工具，就能在社交中如虎添翼，如鱼得水。

当今社会，随时随地都体现着激烈的竞争，你不能输在任何环节上，尤其是心理这一环节。懂得人际交往的心理效应，你也可以成为耀眼的社交明星。怎样才能顺利得到心中的好工作？怎样才能和老板、同事和睦相处？怎样才能赢得商业谈判场上的成功？怎样才能成为社交高手？

每一次人际交往都是一次心理交锋，而在这场交锋过程中，最重要的就是要占尽先机，你可以打破思维，让对方自乱阵脚，这样即使处于交际劣势，也可以创造取胜的机会。在社交活动中占尽先机，你就能如鱼得水，毕竟社交打的就是一场心理战。

1972年5月，在国际象棋冠军史帕斯基和巴比·费雪之间展开了一场世界国际象棋冠军争霸赛。

史帕斯基焦躁地等待费雪，但费雪迟迟没有抵达。

好不容易费雪来了，但他说不喜欢比赛的大厅，灯光太亮，摄影机的声音太嘈杂，椅子坐着也不舒服……

几周之后，费雪终于折腾得差不多了，答应比赛了。但就在双方见面的那天，费雪却迟到了很久。赛前新闻发布会，他又迟到了。大家都以为费雪是因为怯场而不敢露面。不过，在比赛开始的前一分钟，他终于出现了。

第一局，费雪早早就下了一步烂棋，或许是他象棋生涯中最糟糕的一步，他似乎打算弃子投降。史帕斯基知道费雪从不弃子投降，但是，这次费雪真的投降了。在输掉第一局之后，费雪更加大声地抱怨房间、摄影机以及一切。

第二局，费雪又没有准时出现。主办单位只好取消了他第二局的出赛权。很明显，费雪已经心神大乱了。

第三局，费雪看起来信心十足。可在关键时刻他又下了一招错棋，但是他自信的神情让史帕斯基很困惑。在史帕斯基恍然大悟之前，费雪已经利索地战胜了史帕斯基。

后面几盘棋，史帕斯基开始犯错。输掉第六局棋后，他开始悄声哭泣。第八盘棋下完后，史帕斯基终于明白了这是怎么一回事，但是已经晚了。

第十四局时，史帕斯基怀疑比赛时自己喝的橘子汁被下了药，或许是空气中飘散着某种化学物质，让他不能集中注意力。他还公开控诉费雪的团队在椅子上动了手脚，扰乱了他的心智。

可是，即便有关人员反复检测，也找不出任何不对劲儿的地方。

接下来，史帕斯基开始抱怨并产生了幻觉，他没有办法再继续下去，最后只好无可奈何地放弃了比赛。

费雪为什么会战胜史帕斯基？他的策略是什么？很显然，是心理上的一次次较量，从某种意义上讲，费雪不是在下棋，而是在揣摩别人的心理，他所用的就是心理上的“强占先机法”，史帕斯基最终自乱阵脚，心理上的失败让他输了比赛。在此之前，费雪与史帕斯基已经较量过多次，他很明白，在实力上，他根本不是史帕斯基的对手，因此他改变了策略，采用心理战术：打破常规，改变了自己的旧模式。于是，比赛前，他一次次迟到；比赛时，他故意走错棋、弃子投降、放弃第二局的出赛权……

对史帕斯基而言，费雪的这些行为很出乎他的意料，他猜不透自己的对手，于是他疑惑、恼怒，受不了对方给自己的一次次心理“折磨”，于是乱了方寸，最后导致自己发挥失常。

我们明白，人在正常的心理状态下，总是能发挥正常的水平，因为人总是习惯遵循一定的思维模式思考，遵循一定的方法行事。同时，也把别人的思维限定在这种正常模式中，这个“一定”就是所谓的“常规”。从心理学方面分析，如果对方的言行符合常规或者在自己的意料之中，则能保持一颗平常心，做平常事；如果对方的言行偏离常规或出乎自己的意料，就容易心神不宁，思绪混乱。发挥失常甚至无法发挥，费雪能战胜对手，就是打破了这种常规，在心理上占了先机。

古人行军打仗，常采用扰乱敌军军心的方法获胜，也就是这个道理，攻其军心，有时候可不伤一兵一卒，让敌军陷入混乱之中，然后趁其不备，便可大获全胜，扭转胜败的局势。

现代社会，人与人之间打的也就是心理战，“先下手为强”，也可理解为占心理的先机，但在这个过程中，要善于发现对方的软肋，这是最好的扰乱别人阵脚的方法，一旦掌握了“心理学占先机”这门工具，就能在社交中如虎添翼，如鱼得水！

降低对方的心理门槛，获得谈判的胜利

很多时候说话不是要表明什么观点，而是要表明自己的态度，或者试探别人的态度。这样的说话技巧是“放话”。

鲁迅先生曾于1927年在《无声的中国》一文中写道：“中国人的性情总是喜欢调和、折中的，譬如你说，这屋子太暗，说在这里开一个天窗，大家一定是不允许的。但如果你主张拆掉屋顶，他们就会来调和，愿意开天窗了。”这种先提出很大的要求来，接着提出较小、较少的要求，在心理学上被称为“拆屋效应”。

我们如何来解释这种现象呢？我们拿两种情况做一下对比，第一种是先提出一个不合理要求，再提出一个相对较小的要求；第二种是直接提出这个较小的要求，比较哪种情况下的要求更容易被接受。实验结果表明，在前一种情况下提出的要求更容易被人们所接受，而直接提出要求反而不容易被接受。通常人们不太愿意两次连续地拒绝同一个人，当你拒绝第一个无理要求后，你会对被拒绝的人感到歉疚，所以当他马上提出一个相对较容易接受的要求时，你会尽量地满足他，而不太愿意连续两次摆出拒绝的姿态，毕竟我们并不想因为自己的行为而让人觉得我们想拒绝这个人。

很多时候说话不是要表明什么观点，而是要表明自己的态度，或者试探别人的态度。这样的说话技巧是“放话”。这个办法用得很多，经常是以召开新闻发布会的方式，来表明自己的态度和试探别人的态度。

谈判是一场没有硝烟的心理博弈。在这场心理博弈过程中，你需要运用一定的技巧和谋略，来加强双方或多方的沟通，加深了解。在化解矛盾和分歧基础上达成共识，以实现交易或合作的目的。

拆屋效应也是在谈判中常用的和有效的技巧，有时候我们需要在谈判一开始就抛出一个看似无理而令对方难以接受的条件，但这却并不意味着我们不想继续谈判下去，而只代表着一种谈判的策略罢了。这是个非常有效的策略，它能让你在谈判一开始就占据着比较主动的地位，但记住这只是“拆屋”，如果想让谈判真正有所进展，不要忘记“开天窗”。所以，如果你提出的一个要求别人很难接受时，在此前你不妨试试提出另一个他更不可能接受的要求，或许你会有意外的收获。

巧妙利用最后时限，迫使对方就范

兵法有云“攻心为上、攻兵为下”，掌握对方的心理，就能以此为根据，采取具体的应对策略。

我们深知，现代社会时间的重要性，这是个瞬息万变的社会，尤其在与人谈判交涉的时候，最后一秒我们都有可能转败为胜、扭亏为盈，但前提是，我们要懂得如何巧妙利用最后时限，占尽心理上的先机，在关键时刻，让对方就范。

其实，关键时刻的心理较量更能体现一个人的胆量和智慧，但前提是，我们必须正确把握对方此时的心理，比如对方的软肋、喜好等。兵法有云“攻心为上、攻兵为下”，掌握对方的心理，就能以此为根据，采取具体的应对策略。当然，这也是在挑战对方的心理极限，但最后时限利用得好，就能立即转变整个交涉局势。电影《肖申克的救赎》中，安迪就是在命悬一线时利用警卫长哈德利对其所继承财产的贪心为狱友们争得了喝啤酒的特权。

当大家在屋顶粉刷沥青时，安迪听到那些看守们和警卫长哈德利的谈话，哈德利感叹自己继承的一大部分财产要上缴税务。安迪放下手中的活儿朝哈德利走来。然后他对哈德利非常温和地说：“你信任你的妻子吗？”这句话让在场的所有人震惊，因为安迪入狱前是位银行家，但被误判为杀害了出轨的妻子和情夫。

哈德利瞪着他。他的脸开始涨红，这是个不祥的信号。他在监狱是有名的置人于死地的警卫长。三秒钟内他就要抽出他的警棍狠狠地捅安迪的腹腔神经一下，那里是最大的神经束。对那里狠狠的击打是能够致命的，但他们仍一直打那里。就算没被打死，也能让人瘫痪好一阵子。

“小子，”哈德利说，“我只给你一次机会拣起刷子，否则就让你脑袋着地。”

安迪还是平静地盯着他看。他的目光冷峻，就像没听到这话一样。

安迪说：“也许我搞错了，你是否信任你的妻子无关紧要。问题是你是否相信你的妻子会在你背后搞垮你？”

哈德利站了起来，他的脸已经气得像灭火器一样红了，说：“你要数数你有多少根还没折断的骨头。你可以在医务室里数。”

其他看守们举起枪，而安迪的那些朋友们也只能默默为他祈祷。

“如果你能指望她，哈德利先生，”他用同样平静、沉着的声音说：“你就没理由不能保留你每一分的遗产。

一名狱卒已经开始把他往屋顶边缘拖了。哈德利却站住了。那一瞬间，安迪好像是在他俩拔河比赛中间的一根绳子。然后哈德利说：“等一下，小子你什么意思？”

“我是说，如果你能指望你的妻子，可以把钱给她。”安迪说。

“你最好说明白点，小子不然你就完蛋了。”

“政府允许一次性赠与配偶金额的上限是六万美元。”

哈德利气势汹汹地盯着安迪：“不对吧，免税吗？”

安迪说：“免税，IRS(美国国税局)一分也不能碰。”

“你怎么知道这事的？”

有人开口说道：“他以前是个银行家……”

“我想你在撒谎，”哈德利说，但他不是这个意思——你能看出他不是这个意思。他的脸上显出他的情绪在高涨，一个几乎很狡诈的表情显露在布赖恩·哈德利的脸上。那是有希望的表情。

“不，我没撒谎。同样你也可以不听我的，去找个律师……”

安迪耸耸肩：“那去国税局。他们会免费告诉你相同的事情。实际上，你不需要我告诉你。你可以自己去调查整个事情。”

“你个死囚犯。我不需要一个杀妻的聪明银行家来告诉。”

“你需要一个税法律师或一个银行家来安排你的赠予事项，但你会破费。”安迪说：“或者……如果你有兴趣，我很乐意为你干这些事，只要一点报酬。报酬就是给我的工友们每人三瓶啤酒。”

当然，安迪成功了，他的那些工友如愿以偿地喝到了警卫长送的啤酒。

那被称为杀人狂魔的警卫长哈德利，人人畏之三分，没有人敢冒犯他，但是安迪却有着过人的胆识，为工友争取利益，他的机智和聪明之处在于，他敢挑战哈德利的心理极限，他在关键时刻让哈德利认识到了利弊得失，认同了安迪的观点，安迪就因此占了先机，这场“不公平”的交易也就在安迪冒着生命危险的情况下达成了。

从这个故事中，我们能发现，巧妙地利用最后时限，转败为胜，就是要让交涉对方在最后时限内作出抉择，其实，这个时候，你不必干涉，而是要让对方自己产生一种“心理认同感”，让他自己得出结论，这往往比我们巧舌如簧的劝解更有效，而在此之前，我们需要做个心理引导，把对方的思路转换到预定的轨道上来，这样占尽先机的交涉也就可以让你运筹帷幄了。可见，在整个交涉过程中，心理策略贯穿其中，掌握一定的心理策略，能让我们在社交过程中掌握大局，立于不败之地！

对方欺软怕硬，显示你寸步不让的决心

弱者在强者面前，倘若表现出一副软弱之态的话，只会纵容对方的嚣张气焰。相反，据理力争、掌握心理优势，很多时候能转变在交涉中的地位。

不能不承认，现代社会存在这样一种人：强者面前，他们卑躬屈膝，使出浑身解数去讨好，可谓趋炎附势；而在弱者面前，他们却以强凌弱。总之，他们欺软怕硬，面对这种人，我们与之打交道的时候，一定不能妥协退让，而是要显示出我们寸步不让的决心。

这是一种心理策略，假如我们退让的话，只能以失败告终，外交辞令中的“弱国无外交”就是这个道理，给那些外强中干、欺软怕硬的人心理上的一击，让对方认识到我们的决心，然后主动示弱、退让，我们交涉的目的也就达到了。“完璧归赵”就说明了这种心理策略的作用。

战国的时候，赵惠文王有一块叫做“楚和氏璧”的宝玉，被秦国的昭王知道了，昭王便派了位使臣到赵国来，希望可以用十五座城池交换，可赵惠文王害怕秦国食言，在大家不知如何是好的时候，找来了蔺相如。蔺相如自告奋勇地说：“假如大王实在找不出合适的人，臣倒是愿意前往一试。秦国如果守信把城给我们赵国，我就把璧玉留在秦国；如果秦国食言，不把城给我们，我一定负责将原璧归还赵国。”

蔺相如到了秦国以后，见到了秦昭王，便把璧玉奉上。秦昭王一见到璧玉后，高兴得不得了。不断地把璧玉捧在手上仔细欣赏，又把它传给左右的侍臣和嫔妃们看，却都不提起十五座城池交换的事。蔺相如一看情形不对，马上向前对秦王说：“大王，这块璧玉虽然是稀世珍宝，但仍有些微小的瑕疵，请让我指给大王看看！”

秦王一听：“有瑕疵？快指给我看！”蔺相如从秦王手中把璧玉接过来以后，马上向后退了好几步，背靠着大柱子，瞪着秦王大声说：“这块璧玉根本没有瑕疵，是我看到大王拿了宝玉以后，根本就没有把十五座城池给赵国的意思。所以我说了个谎话把璧玉骗回来，如果大王要强迫我交出璧玉的话，

楚和氏璧和我自己的头，将一同撞向柱子，砸个粉碎。”蔺相如说完，就摆出一副要撞墙的样子。秦昭王害怕蔺相如真的会把璧玉撞破，连忙笑着说：“你先别生气，来人呀！去把地图拿过来，划出十五座城池给赵国。现在你可以放心把璧玉给我了吧！”

蔺相如知道秦王不安好心，就骗秦王说：“这块楚和氏璧，是天下人都知道的稀世珍宝，赵王在交给我送到秦国来之前，曾经香汤沐浴，斋戒了五天，所以大王在接取的时候，也同样应该斋戒五天，然后举行大礼，以示慎重！”。秦王为了得到璧玉，只得按照蔺相如所说的去做。蔺相如趁着秦王斋戒沐浴的这五天，叫人将那块璧玉从小路送回赵国。

五天过去了，秦王果真以很隆重的礼节接待蔺相如。蔺相如一见秦王便说：“大王，秦国自秦缪公以来，二十多位君王，很少有遵守信约的人，所以我害怕受骗，已差人将璧玉送回赵国了！如果大王真的要用城池来交换楚和氏璧，就请先割让十五座城池给赵国，赵王定当遵守誓约将璧玉奉上。现在，就请大王处置我吧！”

秦昭王一听璧玉已经被送回赵国，心里虽然很生气，却也佩服蔺相如的英勇果敢，不但没有杀他，还以礼相待，送他回赵国。

秦王百般刁难蔺相如，为的就是希望能强占和氏璧，用十五座城池交换只不过是一个借口，他之所以能以强凌弱，正是因为秦国强、赵国弱的道理，而蔺相如自然能明白其中的道理，所以，他以必死的决心保护和氏璧，而秦王对此便无可奈何，只能“完璧归赵”。弱者在强者面前，倘若表现出一副软弱之态的话，只会纵容对方的嚣张气焰相反，据理力争、掌握心理优势，很多时候能转变在交涉中的地位。

用假象声东击西，影响对方的判断力

当难题出现时，一般人都喜欢用正常的思维方式来思考该如何解决，而忽视了制造问题，而制造问题的一方往往处于双方较量中拥有主动权的一方，掌握了主动权，也就占了先机。

现代社会，社交场合中的一场场人与人之间的较量实际上也就是心理策略的较量和角逐,善于把握人心、占尽先机的人就能在这场较量中把握大局,获得胜利。而想要占尽先机,就必须主动出击,我们不妨制造假象,声东击西,这样对方的视线就会被扰乱,也就能影响对方的判断力。

声东击西,为三十六计中的一计,早已被历代军事家熟知,所以使用时必须充分估计敌方的情况。计谋虽是一个,但方法可以变化无穷。声东击西,是忽东忽西,即打即离,制造假象,引诱敌人作出错误的判断,然后乘机歼敌的策略。为使敌方的指挥发生混乱,必须采用灵活机动的行动,"本不打算进攻甲地,却佯装进攻;本来决定进攻乙地,却不显出任何进攻的迹象。似可为而不为,似不可为而为之",敌方就无法推知己方意图,被假象迷惑,作出错误的判断。

东汉时期,班超出使西域,目的是团结西域诸国共同对抗匈奴。为了使西域诸国便于共同对抗匈奴,必须先打通南北通道。地处大漠西缘的莎车国,煽动周边小国,归附匈奴,反对汉朝。班超决定首先平定莎车国。莎车国王北向龟兹求援,龟兹王亲率五万人马,援救莎车国。班超联合于阗等国,兵力只有二万五千人,敌众我寡,难以力克,必须智取。班超遂定下声东击西之计,迷惑敌人。他派人在军中散布对班超的不满言论,制造打不赢龟兹,打算撤退的迹象。并且特别让莎车国俘虏听得一清二楚。这天黄昏,班超命于阗大军向东撤退,自己率部下向西撤退,表面上显得很慌乱,故意让俘虏趁机脱逃。俘虏逃回莎车国军营中,急忙报告汉军慌忙撤退的消息。龟兹王大喜,误认为班超惧怕自己而慌忙逃窜,想趁此机会,追杀班超。他立刻下令兵分两路,追击逃敌。他亲自率一万精兵向西追杀班超。班超胸有成竹,趁夜幕笼罩大漠,撤退仅十里地,部队就地隐蔽。龟兹王求胜心切,率领追兵从班超隐蔽处飞驰而过,班超立即集合部队,与事先约定的东路于阗人马,迅速回师杀向莎车国。班超的部队如从天而降,莎车国士兵猝不及防,迅速瓦解。莎车国王惊魂未定,逃走不及,只得请降。龟兹王气势汹汹,追走一夜,未见班超部队的踪影,又听得莎车国已被平定,人马伤亡稍重的报告,见大势已去,只有收拾残兵,悻悻然返回龟兹了。

班超之所以能打败龟兹王,就是通过制造假象,声东击西,迷惑了对方,然后抓住龟兹王已经迷惑的、求胜的心理弱点,然后让敌军猝不及防,从而大获全胜。从心理学上来讲,当难题出现时,一般人都喜欢用正常的思维方式来思考如何解决,而忽视制造问题,而制造问题的一方往往处于双方较量

中拥有主动权的一方，掌握了主动权，也就占了先机，胜败之势也可见分晓。

利用制造假象、声东击西取胜的战事在我国古代比比皆是，但前提是我方要能抓住敌人不能自控的混乱之势，机动灵活地运用时东时西，似打似离，不攻而示之以攻，欲攻而又示之以不攻等战术，进一步造成敌人的错觉，出其不意地一举夺胜。郑成功收复台湾时也用过此策略。

台湾被荷兰殖民者统治数十年，民族英雄郑成功立志收复台湾。1661年4月，郑成功率二万五千将士顺利登上澎湖岛。要占领台湾岛，赶走殖民军，必须先攻下赤嵌城（今台南安平）。郑成功亲自寻访熟悉地势的当地老人，了解到攻打赤嵌城只有两条航道可选：一条是攻南航道，这条道港阔水深，船只可以畅通无阻，又较易登陆。荷兰殖民军在此设有重兵，工事坚固，炮台密集，对准海面；另一条是攻北航通，直通鹿耳门，但是这条航道海水很浅，礁石密布，航道狭窄。殖民军还故意凿沉一些船只，阻塞航道。他们认为这里无法登陆，所以只派少量兵力防守。郑成功又进一步了解到，这条航道虽浅，但海水涨潮时，仍可以通大船。于是决定趁着涨潮时先攻下鹿耳门，然后绕道从背后攻打赤嵌城。

郑成功计划已定：首先派出部分战舰，浩浩荡荡，装作从南航道进攻。荷兰殖民军急忙调集大批军队防守南航道。为了迷惑敌人，郑成功的部队声势浩大，喊声震天，炮火不断，非常成功地把殖民军的注意力全部吸引到了南航道。北航道上一片沉寂，殖民军以为平安无事。南航道激战正酣，在一个月明星稀之夜，郑成功率领主力战舰，人不知鬼不觉，乘海水涨潮时迅速登上鹿耳门，守军从梦中惊醒时，发现已被包围。郑成功乘胜进兵，从背后攻下赤嵌城。荷兰殖民军狼狈逃窜，台湾就这样回到了祖国的怀抱。

以上使用此计的两个战例，都告诉了我们善于运用心理策略的重要性，换一个角度思考问题，制造问题而不是解决问题，声东击西，制造假象，动摇对方的判断力，就能迅速转变交涉双方的地位。但需要注意的是，我们在使用此心理策略的时候，必须考虑对方的情况，对方心理已被扰乱，用此计必胜，如果对方头脑冷静，识破计谋，此计就不可能发挥效力了。当然，这些心理问题，我们也可从对方的举手投足之间获知，探其虚实，以便能更好更稳妥地使用此策略！

第 9 章

让他人主动帮忙的心理策略

——赢得好感，主动援助

生活中我们总有需要他人帮助的时候，别人自愿提供的帮助肯定比我们低声下气请求得来的援助要积极有效。要让对方心甘情愿地说“好”，必然要给予达到其满意程度的回报，这个回报可以是多种多样的，并非单纯的物质利益才是最好的，摸清对方的脉络，对症下药才是明智之举。

利用互惠心理，使其回报人情

在现实生活中，无论别人的恩惠是否是我们所需要的，只要收受了，这份人情债也就算欠下了。负债心理使人们不得不接受即使自己不那么想接受的请求。

我们常会有这样的心理："这事儿，反正力所能及，即使麻烦点也能搞定，不如送他个顺水人情，指不定咱将来也有要劳烦人家的时候。"由此看来，给人以人情，也是种善因得善果的行为。倘若能为，何乐而不为？这也是利用了人际交往中的互惠原理。

所谓互惠原理，即人们在收到对方好处时，会试图以相同的方式给予回报。比如替他人背了"黑锅"，对方会将这份恩情铭记在心，下次在适当的时候给我们以援手。比如结婚收了同事 500 元的礼金，下次对方结婚的时候，我会包 600 元以回赠。

互惠的情况常常来自于我们无意中受到了别人的恩惠，就会怀抱负债感，试图以后有机会回报给对方。可这负的是什么，要还的又是什么呢？这就是人情债。互惠原理也就是收了他人的人情，要还的就是这份"人情债"。我们常说的"知恩图报"，大致也有这层意思在里面。

雷根教授做过这样一个实验。在实验中同时邀请两个人参加一次所谓的"艺术欣赏"，然后让两人一起给一些画评分，实验的参与者还有雷根教授的助手乔，他参与两个实验状况的处理。第一种情况，乔在评分中间短暂的休息时间里，出去了几分钟，并带回来两瓶可乐，一瓶给真正的实验对象，一瓶给自己，并告诉实验对象，"我问他（主持实验的人）是否可以买一瓶可乐，他说可以，所以我给你也带了一瓶。"第二种情况，乔没有给实验对象任何小恩小惠，中间休息后只是两手空空从外面进来。但在其他方面，他的表现都一模一样。

稍后，当评分完毕，主持实验的人暂时离开了房间，乔要实验对象帮他一个忙。他说自己在为一种新车卖彩票。如果他卖掉彩票的数目最多，他就会得到50美元的奖金。乔想要实验对象以25美分一张的价钱买一些彩票："买一张算一张，但当然是越多越好了。"结果那些得过他好处的实验对象所购买彩票的数目是另一种情况下的两倍。平均下来，在这种实验条件下，乔做了一笔很合算的生意：他的投资回报率达到了500%。

在上述实验结束后，雷根教授让实验者填写关于是否喜欢乔的问卷，结果发现，在未接受乔的可乐的条件下，实验对象购买彩票的数量与对乔的喜欢程度成正比。但在接受了乔的可乐的情况下，这种正相关关系完全消失了，也就是说，不管他们喜不喜欢乔，他们都觉得有责任来报答他，因此都买了较多的彩票。

也就是说，在现实生活中，无论别人的恩惠是否是我们所需要的，只要收受了，这份人情债也就算欠下了，负债心理使人们不得不接受即使自己不那么想接受的请求。

老舍先生的《骆驼祥子》里有言："不但是出了钱，他还亲自去吊祭或庆贺，因为明白了这些事并非是只为糟蹋钱，而是有些必须尽到的人情。"可见，人情在人际交往中的重要性。《诗经·卫风·木瓜》中有云："投我以木瓜，报之以琼琚。投我以木桃，报之以琼瑶。投我以木李，报之以琼酒。"说的也是人际交往中的互惠情况。

牢记互惠原则，实际就是利用对方的负债感。没有人在收到他人若干好处之后，还能泰然处之，不思回报。而在现代社会，很多"投之以木瓜"的行为，就是期待着他日别人"报之以琼琚"。你不能说这种行为是错的，或者太过处心积虑，因为我们永远也不知道何时可能需要他人帮助，何不在该出手时就出手？可倘若对方不报会怎样呢？

2007年湖北襄樊市曾发生了"5名贫困大学生受助不感恩被取消受助资格"的事件。其事情的起因就是，在受助一年多的时间里，三分之二的大学生未给资助者写过信。有一名倒是写过信，但信中内容重在强调其家境如何贫寒，希望资助者再次慷慨解囊，通篇根本不见"谢谢"两个字，让资助者很是寒心。于是，部分女企业家表示"不愿再资助无情贫困生"，结果22名贫困大学生中只有17人再次获得资助，5人被取消资格。

这个例子足以说明人情和互惠原则在人际交往中的重要性。要想他人对你提供帮助，就要有回报的念头，哪怕是只言片语的言语反馈，也好过冷漠对待，不至于令人失望透顶。

在社会交往中，要想让对方主动对你提出帮助，就可以利用对方的负债感。但其前提是，我们曾在适当的时候，对对方施以了援手，这份人情让对方牢记于心。在我们需要帮助的时候，对方自然会想着尽可能地对我们提供帮助，即所谓："滴水之恩，当涌泉相报。"

头衔效应，令人自觉效力

在管理心理学中存在这样的现象：一个人一旦有了头衔，不管这种头衔是虚的还是实的，他往往都会努力去适应这一头衔的有关要求，这种现象就是头衔效应。

在美国，经专家研究发现：如果头衔利用得适当，其达到的效果相当于给这个人增加10%的工资。有这样一个例子：美国某工厂有个门卫，对工作颇有倦意。后来，工厂里来了位新经理，此后这个门卫就突然变得勤快起来。实际上，新经理没花一分钱作奖励，仅仅是把这位门卫的职称改成了"防卫工程师"而已。

可见，尽管头衔是虚的，我们却不能否认它非同一般的作用。门卫的工作与以前并没有两样，他也并没有多获得薪金，激发他工作热情的无非是不具有实际意义的职称。日本管理学家田中一郎发现，在管理心理学中存在这样的现象：一个人一旦有了头衔，不管这种头衔是虚的还是实的，他往往都会努力去适应这一头衔的有关要求，这种现象就是头衔效应。类似于管理学中的标签效应。人一旦被贴上一个看似职务重要的头衔标签，做起事来自然也希望自己能够"实至名归"，切切实实能跟自己的头衔相匹配。

一个诱惑的头衔在现代社会和职场中的作用是显而易见的。可为何头衔会有如此大的驱动力呢？它很大一部分来自于人们渴望被认可的心理。头衔是一个人被社会认可和肯定的直接标签，在与人交往时，凡是缺少头衔的或头衔较低较少的一方，总会被冷落。当大家在相互介绍时，往往也是头衔大的比较落落大方，头衔小的则比较容易自惭形秽。拥有高级头衔，等于向众人宣布，在别人眼中自己很重要。一个好的头衔，也等同于另一种方式的赞扬和认同。

在我们期望别人主动提供帮助时，不妨毫不吝啬地给予其一个恰当的头衔，一个既具有诱惑力又非盲目膨胀的不实职称。如此不但能增强对方的被信任感，也能让对方对我们期待其所做的事产生兴趣和向往。

《论语·子路》里记载，子路问孔子，如果卫国国君让他从政，他应该做什么准备，孔子提出首先应当“正名”。当子路笑话老师迂腐时，孔子义正词严地批评了子路，说道：“名不正，则言不顺；言不顺，则事不成；事不成，则礼乐不兴；礼乐不兴，则刑罚不中；刑罚不中，则民无所措手足。”大意是说，如果名分不正，说起话来就不顺当合理；说起话来不顺当合理，事情就办不成；事情办不成，礼乐就兴盛不起来；礼乐兴盛不起来，刑罚的执行就会不得当；刑罚执行得不得当，百姓就不知道该如何是好。

孔子认为，一个社会要能够走上正轨，做到井然有序，必先“正名”。放到现在，这“正名”也就是赋予适当的头衔了。

所谓“在其位，谋其政”，处于高位，必然期望自己是名正言顺的，也必定会向着这个方向靠拢。即使有人认为头衔不过是噱头，它利用的是人的虚荣心，我们也应该看到，这“虚荣心”这是促使人前进的动力。

杰出的军事家拿破仑，曾经毫不吝啬地将他制订的1500多个十字勋章授予他的臣民，优秀的士兵则被授予“大军”的称号，获得称号的士兵是何其荣耀！正是这轻而易举的口头嘉奖，令其麾下无数兵士热血沸腾，争做“想当将军的好士兵”。

玛莉在一次酒会上遇见了一位新晋设计公司的老总，老总告诉她最近公司首席市场官（CMO）的职位正在空缺，想请她独立担负起市场营销的职责。

于是在接下来的三年里，玛莉作为设计公司的CMO，虽然部门只有7名员工，却不但明显提高了公司的知名度及品牌形象，将公司的成果有效地推向市场，找到了良好的合作公司，同时在控制成本、提高产效及加强沟通上都做出了不错的成绩。

想要让他人主动对你提出帮助，头衔的作用是值得很好地利用一下的。与其说它利用的是人的虚荣心，不如说是它令人产生了使命感，这又成了促使一个人产生自觉的强大动力，去实现头衔所赋予的角色要求。虽然头衔是有限的，哪怕旗下的伙伴只有几名，一个人也会因为戴上某一稀罕的头衔

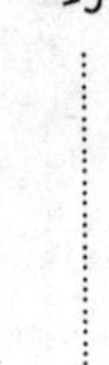

而自豪，为了对得起这一头衔而更苛刻地严格要求自己，以不负他人的期望。

头衔就如同英国皇家卫队头上的熊皮帽子，别人看着羡慕，自己也觉得荣耀，于是更是昂首阔步，凛凛向前。因此，在期望他人主动提供帮助的方法中，不妨有效利用适当头衔的吸引力。

心理暗示，让对方主动接受

心理暗示是一种启示、提醒和指令，它会在潜意识里告诉你该注意什么、追求什么、致力于什么和怎样行动，因而它能影响你的行为。

美国著名的企业家、教育家和演讲口才艺术家戴尔·卡耐基，被誉为“成人教育之父”。然而，谁又能想到他小时候竟是个不善言辞，甚至有些木讷的少年，他说自己的成功是从一次心理暗示开始的。

1903 年，少年卡耐基在瓦伦斯堡目睹了一次演说，演说者是位见多识广的旅行家。旅行家以雄辩的技巧、扣人心弦的故事深深地吸引了少年卡耐基。有几句演说词让卡耐基印象深刻：“一个农村男孩，无视贫穷，他甚至不顾眼前的一切而努力奋斗，他是一定会成功的！”演说者说完便问听众：“谁将是那个男孩呢？”接着他又自问自答：“各位先生、女士，你们正看着他呢？”演说者的手指顺便指了一个方向，正好指到了小卡耐基。面对听众投来的目光，卡耐基有些脸红，但更多的是兴奋和激动。从此，演说者优雅的风度、雄辩的技巧在卡耐基脑海中生根发芽，他梦寐以求地想当一名演说家。

后来，卡耐基做了一名推销员。在经历了数次失败后，他开始审视自己，他又一次想到了那位旅行家的话，他决定重新开辟一条适合自己的道路，于是他走上了演讲之路，最终成为一位名人。

卡耐基后来在总结成功经验时认为，他学到的人生最重要的一课就是：思想的重要性。积极的心理暗示能开发人的潜能，激励人的斗志，帮助人们走出困境。

社交生活中，想让他人主动对你提供帮助，心理暗示的作用不容小觑。

父母在孩子考试前对他说:“我们知道你能行”,领导告诉下属:“我左思右想,这件事也只有你办得到”,或者“这个项目如果做好,将会是个壮举,对你的晋升也大有好处”等,生活中的此类例子数不胜数。

再如众所周知的“望梅止渴”的典故。曹操在士兵口感难耐的时候,给他们描述了一大片梅林,被暗示的士兵在心中想象着这片梅林的时候,生理也受到了影响,不但口腔分泌出唾液,而且士气大振,不自觉地加快了步伐。在工作中,领导表现出对下属的期待和认可,下属自然会更加全力以赴,以不负上级的厚望。再如,有人向你描述这次项目顺利完成的话,你将能获得不菲的收益,于是你干起活来也会更加卖力,因为你的心中也有了“一片梅林”。

积极有效的心理暗示所带来的巨大作用已经被广泛地运用于管理和教育事业中,甚至我们生活的方方面面。期望对方的帮助,不妨暂时放下直白的言语和请求,采用委婉的暗示方式,让对方乖乖地对你说“是”。

摸清对方兴趣,创造前进的动力

做着没兴趣的事情,不耐烦和厌倦是迟早的事,自然个人所付出的努力以及所创造的价值也都将是十分有限的。

心理学上对兴趣的定义是:人们力求认识某种事物和从事某项活动的意识倾向。说白了,就是一个人更愿意认识和做自己感兴趣的事。

我国近代思想家梁启超曾这样描述兴趣的作用:“趣味是活动的源泉,趣味干竭,活动便跟着停止,好像机器房里没有原料,发不出蒸汽,任凭你多大的机器,总要停摆。……人类若到把趣味完全丧失掉的时候,老实说,便是生活得不耐烦,那人虽然勉强留在世间,也不过是行尸走肉。”此外,《论语·雍也》里说:“知之者不如好之者,好之者不如乐之者”,指的也是兴趣的重要性。

有人曾对美国的成功人士进行了一次调查,结果表明,他们之中94%以上的人都从事着自己喜爱的工作。也就是说,一个人做好某项工作是要以

喜好和兴趣为基础的。倘若做着没兴趣的事情，不耐烦和厌倦是迟早的事，自然个人所付出的努力以及所创造的价值也都将是十分有限的。

我国东晋著名书法家王羲之热衷书法，一次他写字时书童把饼子和蒜泥端上来，请他吃饭。他的夫人走进来，只见王羲之满嘴是墨。原来他是用饼子蘸着墨汁吃的，还不住地对夫人说蒜泥好吃。可见，一个人在做自己感兴趣的事的时候，可以如痴如醉到何种程度。

心理学家皮亚杰说，兴趣是能量的调节者，它的加入便发动了储存在内的力量，足以使工作变得有乐趣。兴趣是最好的老师和内在动力。

喜欢绘画的人在美术馆里，对各种画作进行细心观赏，精心品评；对邮票感兴趣的人，尽可能想方设法地收集邮票，然后拿着镊子小心翼翼地分类，害怕损伤分毫；热爱电影的人，对热门或评论绝佳的电影都不愿错过，甚至废寝忘食。

以上都是兴趣使然下的常见现象。人的兴趣是可以转化为动机的，成为激励人们进行某种活动的推动力。

《物种起源》的作者达尔文，出生在一个医生家庭，于是 16 岁时他就被父亲送到爱丁堡大学学医，因为家里希望他能继承家业。

因为实在无意于医学，因此在爱丁堡大学虚度过两年时光之后，他又被送到剑桥大学学习神学。可是达尔文并不信奉上帝，那些神学理论在他看来是那么不合逻辑。但是剑桥依然是改变达尔文一生的地方，在那里他结识了当时著名的植物学家亨斯洛和著名的地质学家席基威克，从此他一头扎进植物学和地质学的研究中不能自拔。

1831 年，达尔文大学毕业后，自费参加了一次环游世界的科学考察航行。正是在这次远航中，在远离南美大陆海岸千里之外的茫茫东太平洋赤道线上，在那里的加拉帕戈斯群岛，年轻的达尔文通过对生物物种的考察，得出了有关生物进化的最初理论，为举世闻名的进化论奠定了坚实的基础。

于是在航行结束后，达尔文于 1837 年 7 月开始撰写《第一本笔记》，其内容就是后来《物种起源》一书的原始事实材料。

1859 年，世人见到了开创人类思想新纪元的《物种起源》，从此结束了上帝造人的神话传说。

达尔文后来在他的自传中说，强烈的兴趣使他沉迷于自己感兴趣的东西，尤其热衷于了解任何复杂的问题和事物。可见兴趣给一个人带来的巨大推动作用，它使人的行为产生倾向性，会主动去探索和深入兴趣所在的领域。

《汉书·董仲舒传》中记载：董仲舒讲学授课，三年不出屋，无暇看园中景，他的弟子又收了弟子，后来的弟子有的居然没见过他的面。他治学专心到这种程度。这就是成语“目不窥园”的由来。因此有效利用兴趣对人的吸引力就会事半功倍，使事情朝着期望的方向发展。

对此，图缘文化公司的策划主编杨毅就深有体会。他说：“我研究生毕业后也面试了好几家公司，其中也有很不错的。可是最终选择这家新晋公司是因为，在最后面试的时候，总经理赵阳让我意识到自己真正想做什么，而他能给我这个平台和机会。”

其实，当时总经理赵阳也只是个有五年工作经验的创业新人，因为对中国传统文化的一腔热情而决定自主创业，做自己真正想做的事。在提到面试杨毅的情景时，赵阳说：“我同他随便聊了一下，大致说了我们公司的工作方向和侧重点，他以前学的是中文，也听出来他同我一样，对我国传统文化和历史都有极大的兴趣。我告诉他，我想要的不是个只会干活的员工，而是一个有理念和抱负的合作者，我希望我们能一起做好这个公司。最后我问了他几个问题，分别是：第一、你真正想做的是什么？第二、你在我这里可以获得什么？第三、作为我的合作者，你可以创造什么？我让他现在不用回答我，给他两天时间，想清楚了再告诉我。”

果然，第二天上午赵阳就接到杨毅的电话说：“我想图缘有我想要的东西和真正想做的事情，我愿意成为你的合作者。”

如今，图缘已经成为成功出版五十余本书籍的不大不小的公司，其出版作品中不乏畅销之作。杨毅始终坚信当初的选择是正确的，赞叹赵阳真的是个很懂得抓住他人兴趣，让人相信个人追求与工作目标具有同一性的人。

了解一个人的兴趣所在，于学生能因材施教，于员工则能正确安排职位和部门，合理分工。当一个人对某件事情感兴趣的时候，便会不自觉地花费更多的时间在上面。有效利用兴趣对人的驱动力和吸引力，自不必担心没有毛遂自荐者请愿向前。

强调事情难度，激起他人的挑战欲望

当我们面对一个目标时，如果觉得它比我们所熟悉的要多些难度的话，往往做起来也更有激情，付出的努力也会更多。

苏联心理学家、教育家维果茨基有个著名的“最近发展区”的理论，其基本观点是：学生的发展有两种水平：一种是学生的现有水平，另一种是学生可能的发展水平。两者之间的差距就是最近发展区。教学应着眼于学生的最近发展区，为学生提供带有难度的内容，调动学生的积极性，发挥其潜能，超越其最近发展区而达到其困难发展到的水平，然后在此基础上进行下一个发展区的发展。

换句话说，就是让任务难度稍高于学生的现有水平，利用学生的学习积极性和挑战欲望，使其获得进步。其过程就是不断把最近发展区转化为现有发展区，即把未知转化为已知，把不会转化为会，把不能转化为能。现代教育中一直强调突出学生的主体地位，调动其学习的积极性，主动迎接困难和挑战。将这个理论扩大到现实生活中的其他领域也同样适用。

“撑竿跳女王”伊辛巴耶娃，她是世界上第一个跳过5米的女撑竿跳运动员，并已23次打破世界纪录。每次比赛她的出场，都让人们感叹，只要看到她在赛场上，其他人都只有争银牌的份儿了。除了是撑竿跳运动上所向披靡的常胜将军，伊辛巴耶娃最为人津津乐道的还是她每次进步一厘米的赛场表现，她不急不慢，在跳高场上一厘米一厘米地刷新着自己的记录。她说她的目标是36次打破世界纪录的布勃卡。

如今，伊辛巴耶娃仍在撑竿跳领域为她的目标努力着，每次进步一点点，向自己心中更高的位置跳跃出自己的风采。

心理学中说，适当的挑战能激发人的潜能、勇气以及恒心。老师给学生出一道更难的题目，父母要求子女下次多考10分，上司让下属把方案修改得更完美，这些都是生活中随处可见的挑战任务。当我们面对一个目标时，如果觉得它比我们所熟悉的要多些难度的话，往往做起来也更有激情，付出的努力也会更多。

马斯洛的“需要层次理论”把人的需要分为生理的需要、安全的需要、归属和爱的需要、尊重的需要、自我实现的需要。其中，自我实现的需要是人的需要层次中最高层次的需要。它指的是实现个人理想、抱负、发挥个人聪明才智的需要。激起对方的挑战欲望，实际上利用的就是人渴望实现内在需要的动机。

有家玩具生产厂，最近有了笔很大的订单需求，只是生产时间很短，可回报颇丰。经营者在考虑要不要接下它。如果接了，将会给厂里创造一年的收益，可如果不接，这到嘴边的一块肥肉就会飞了。他犹豫再三，找来了生产部门的几个负责人，说：“我这里收到笔很大的订单，可还没有决定到底要不要签，我们研究一下吧。”

几分钟后，经营者说：“我知道咱们的员工工作起来都是很卖力的，你们带领下的团队我一直是很信任的，你们上次完成的订单足足提前了近一个月，说出去谁都佩服得不行。可咱这里从没接过这么大的订单，如果做得好，自然回报也是很可观的，咱厂的实力也会获得极大的提升。可我也担心这会大大加重你们各部门的负担，所以这次我想听听你们的意见。”

负责人们在经过一番讨论后，回答道：“我们讨论了一下，机不可失，只要把手头上的工作重新分配一下，抓紧时间，虽然辛苦些，可是应该能在期限内完工。所以这个单子我们要接。”

最终，该玩具生产公司成功地完成了订单，而经营者也将这笔巨大的收益用在了扩大生产规模和员工福利上，甚至还成立了自己的玩具设计部门。

每个人都有自尊心和自信心，都想超越自我，做得更好，最大限度地证明自己。在自我实现的创造过程中，享受一种所谓“高峰体验”的情感，这时的人是最能体现自己价值的。

第 10 章

化解他人敌意的心理策略

——把握位置，高人低就

这个世界不存在百分百受欢迎的人，即使做人圆通如薛宝钗，也有过不被林妹妹待见的时候，因此我们的周围总会有对我们不冷不热甚至心怀敌意的人。有时不友好的态度可能连当事人自己都说不出具体缘由，让你连解释和据理力争的机会都没有，这时该怎么办呢？是放任不管，还是委曲求全？都不是！化解敌意其实并没有那么难，找对方法自然轻而易举。

恰到好处的赞美，拉近彼此距离

当一个人获得赞美时，也正是他被认可和尊重的表现。恰如其分的赞美，会让人产生兴奋感和愉悦感，同时也能改善我们的人际关系。

法国名人拉罗什富科说："理智、美丽和勇敢的赞扬提高了人们，完善了人们。"从社会心理学角度来说，赞美是一种有效的交往技巧，能缩短人与人之间的心理距离。

有位企业家也说："人都是活在掌声中的，当部属被上司肯定，他才会更加卖力地工作。"当一个人被赞美的时候，他获得了极大的心理满足，会产生舒适和兴奋感，甚至影响他待人处世的方式、办事的效率等各个方面。喜欢被赞美是人的天性。

根据调查发现，2008 年经济危机以前日本的许多管理者都反映他们不习惯亲口夸赞下属，甚至"一句好听的话都不会说"，然而随着经济危机的爆发，为了振奋士气，重塑信心，日本兴起了"说好话运动"，甚至出现了不少"赞美"网站和"说好话"培训班。

在这些网站上，网友可以输入自己的相关信息，接着就会出现各种溢美之词。当然，假如你觉得这些话都太过笼统，并非真实可信的话，那不妨注册论坛，讲述某件自己做得不错的事情，不到几分钟，将会有几千个素不相识的会员对你的行为大加赞美。有网友反映，当工作结束后，觉得很累时，获得这样的赞赏，感觉真的很开心。

甚至有寿司店老板在接受完"说好话"培训后，要求店员每天要互相称赞对方，果然，一段时间后，不但店里营业额提高了，店员们的关系也变得融洽了。

赞美之所以会有如此神奇的效果，关键在于它满足了一个人的自我。当一个人获得肯定的时候，他就会受到鼓舞，从而有更积极的表现，做出能够维持乃至得到更多赞美的行为。

心理学家马斯洛的"需要层次理论"认为，荣誉感和成就感是人高层次的需要。当一个获得赞美时，也正是他被认可和尊重的表现。恰如其分的赞美，会让人产生兴奋感和愉悦感，同时也能改善我们的人际关系。

小李是公司的新职员，他性格外向，待人和气，办事认真，很容易赢得同事们的好感，除了同事小吴。小吴比她早两年进公司，作为前辈，却似乎对她有些敌意，她们的关系也一直比较生疏。于是小李决定主动接近小吴。

周一上班的时候，小吴穿了条新裙子，小李看见了，满脸羡慕地对小吴说："哇，你穿这条裙子真好看啊，显得你的气质特好！"

小吴先是一愣，然后也笑着答道："真的吗？谢谢。"

"当然了，要我穿肯定就穿不出这么好的效果，真羡慕你的身材啊。"小李继续说道。于是，从一句赞美开始，小李在认真工作之余，还不时地跟小吴套套近乎。没过多久，小吴也开始主动跟小李打招呼了。

这个例子告诉我们，赞美具有沟通与他人之间情感的作用。特别是当你们之间产生隔阂时，赞美是对他人的认可和肯定，是关心和注意对方的表现。恰到好处的赞美，有利于消除彼此之间的芥蒂，增进感情和提高信任度。

有学者这样提醒人们："努力去发现你能对别人加以夸奖的极小事情，寻找你与之交往的那些人的优点，那些你能够赞美的地方，要形成一种每天至少五次真诚赞美别人的习惯，这样你与别人的关系将会变得更加和睦。"

但是这里也要提醒人们，赞美一定要发自内心，违心和不合时宜的赞美并不能取得良好的效果，反而容易适得其反，让人以为你有心藏奸，居心叵测，尤其是在对我们有敌意的人面前。正如培根所说："即使是好心的赞美，也必须恰如其分。"

比如你可以赞赏一个长相不佳的女士气质好，却不能虚假地夸她漂亮；你可以在郊游的时候夸奖一个同事烧烤做得好，却不能在他把食物烤焦后也这样说；面对一个有明显不足的作品，你不能二话不说就将其夸得天花乱坠，这无意于自毁品味。诸如此类。赞美要诚心，避免空泛和夸大，罗丹说："生活中不是缺少美，而是缺少发现。"即使是不喜欢我们，或者我们不喜欢的人，只要认真观察，他们身上都有值得赞赏的地方。

歌德说过：亲切的态度是联系社会的纽带。而赞美无疑就是向人示好的有效手段。积极地去发现他人的优点和长处，大方给予肯定，将使我们的人际关系更加和谐。

及时伸出援手，让对方心存感激

生活中，如果想让他人对自己改观，不妨试试处处为别人着想，从小事着手，抓住对方的需要，及时伸出援手，凡能做到如此，定能起到事半功倍的效果。

《论语》有云："与其锦上添花，不如雪中送炭。""君子周济急需，而不给富人添富。"说的就是要给人以及时帮助的道理。

同样是帮助人，两者的作用效果却大有差别。锦上添花，别人可以一笑置之，而雪中送炭，则是旱林恰逢及时雨，会令对方将你的好铭记在心。尤其当你在此事上表现得毫不犹豫时，再有敌意的人也将转变态度。

保险推销员小林一心想做成张先生家的业务，并为此已经四次登门。直到张先生家现在在猫眼里看到是他就不开门了，只告诉他，他们家不买保险。张先生家除了妻子和女儿，还和父母住在一起，小林相信这家的购买潜力是很大的，假如做成了，他的提成也会不少。

这天，小林又在张先生家所在的小区推销业务。这时正看到一位提着菜篮的老太太忽然倒地，小林马上跑过去。这时有人围了上来，只听有人说："这是张家奶奶，估计是脑出血犯了，赶快打120。"人群一阵慌乱。

小林一听"脑出血"三个字，立马劝退人群，蹲下将老太太放平，解开她的衣领，还招呼人赶快拿冷毛巾过来。

直到老太太被送上急救车后，小林才松了一口气。只听旁边有人问："小伙子，真行啊，还知道怎么急救。"

"呵呵，我爸也有这毛病，希望大妈没事。"小林憨憨地说。

之后小林就将这件事渐渐淡忘了。两个星期后，小林却意外接到了张先生的电话，才知道原来救的人正是张先生的妈妈。张先生感激地说："医生说幸好你处理得及时，不然送到医院可能就来不及了，真是太谢谢你了。"后来张先生为了表示感谢，给全家都买了保险。

于是，小林在无意中签订了一笔不错的单子，也和张先生一家交上了朋友。

俗话说：“莫以善小而不为。”以上例子中，正是小林的热心行为，才“无心插柳”获得了不小的回报。

生活中，如果想让他人对自己改观，不妨试试处处为别人着想，从小事着手，抓住对方的需要，及时伸出援手，凡能做到如此，定能起到事半功倍的效果。

小汪和老陈是同事，可经过上次的分房事件，虽然小汪最后拿到了房子，却使两人关系急转直下，小汪知道，老陈就此记挂在心。在年终测评的时候，小汪获得的评分比去年低了很多，让他很郁闷。

他左思右想不明白到底有什么地方得罪了同事，忽然恍然大悟，这事估计跟老陈有关。虽然小汪是才来两年的硕士毕业生，可毕竟老陈是单位的老前辈，小汪这次急着跟前辈争房子无非是因为女朋友家催得紧，他也想赶紧把结婚的事落实。这次房子是拿到了，却不小心得罪了前辈，其他的同事自然也有些看不过去了。

小汪琢磨着，两人之间的这根刺怎么着也得把它拔了，拖下去肯定会影响以后的工作和发展，对同事关系也不好。

最近小汪听到老陈无意中对同事说，自家儿子还有一年就要高考了，成绩却不太理想，实在很忧心，如今请个家教又不便宜。小汪听后，马上有了主意。他主动找到老陈，告诉他自己以前做过家教，可以利用每周晚上的空闲给老陈家的孩子补习。老陈开始是拒绝的，估摸着要是答应了，面子上有些过不去，而且自己对上次的事挺介意的。可又一想，这是孩子的前途问题啊，而且小汪确实是正儿八经好大学出来的硕士生，干吗要拒绝呢？

果然，经过几个月的补习，老陈儿子的成绩明显提高了不少，老陈和他太太开心得不得了，对小汪也越来越喜欢，之前彼此之间的不快也慢慢烟消云散了，在单位提拔新人的时候，老陈还第一个站出来表示支持小汪。

以上是生活中很常见的化干戈为玉帛的故事。化解他人敌意，有效的方法之一就是表示你的友好。为他人提供及时的援助，解决燃眉之急和忧心之事，无疑是最直接有效示好的方式。所谓伸手不打笑脸人，你对对方好，对方是不可能完全无动于衷的。

有这样一个故事：战国时期，魏国边境靠近楚国的地方有一个小县，大夫宋被派往那里做了县令。楚魏两国交界地的村民种了一块瓜田。

不巧，这年春天天气有些干旱，魏国村民组织起来，往地里挑水浇瓜。不久，魏国村民的瓜的长势明显要比楚国要好。楚国人出于嫉妒，趁天黑偷偷去踩踏魏国人的瓜秧。不久，魏国村民发现了这件事，并向宋请求也去踩踏对方的瓜田。

宋听了之后，对村民说："如果我们那样做了，对方也不会善罢甘休的，最后我们谁都别想收获一个瓜。"于是村民问："那我们该怎么办呢？"宋答道："你们每晚帮他们浇地，看看会发生什么事。"村民按宋的意思，开始帮楚国人给瓜地浇水。楚国人发现后，对于魏国人的以德报怨惭愧不已。

后来有人将此事报告给了楚王，楚国原本对魏国虎视眈眈，一听说这事，楚王大受震撼，便派人带着丰厚的礼品来向魏国道歉，并主动要求交好。自此，楚魏两国关系也变得融洽起来。

诸如此类的例子还有很多。在这个世界上，善意总比恶意多。只要换个角度，站在对方的立场思考一下，以友好的态度去对待那些对我们有敌意的人，哪怕举手之劳的协助，只要及时付出，对方必定会有所感恩，自然能够慢慢化敌意于无形。

谦卑的态度，让人另眼相待

对于职场新人而言，争取表现固然是好的，可也要拿捏好尺度，比你经验丰富的前辈们一定有很多你值得学习的地方，同级之间也一定有令人赞赏的优点。

东晋道教学者葛洪有言："劳谦虚己，则附之者众；骄慢倨傲，则去之者多。"意思是说，谦和的人，身边的朋友和追随者就多，而傲慢的人则相反。

没有人喜欢处处表现比自己优秀的人，尤其当你的表现让对方觉得对他实现自我造成障碍时。人们都希望自己处于主动的位置，当你向人示弱时，对方便会产生优越感，自会让人感受到自己是被重视和认可的，如此便可消除对方的敌意、赢得认可和尊重。

徐明进公司两年就被升为了部门经理，着实在朋友面前风光了一把。

可是最近徐明发现，他布置完的工作总有拖拉和敷衍的现象，在他非常严肃地批评了几个人之后，也没完全杜绝这种现象，下属就像故意跟他做对似的，不时地来那么一下，借口还颇多。下属工作不认真，积极性不高，让徐明也很无奈，可又找不出原因。

一次在公司食堂独自吃饭的时候，他无意中听到背对着他的两个同事的聊天，这才恍然大悟。原来，徐明虽然是经理，可并没比下属们年长多少，甚至有些人进公司的时间比他还早一些。可自从当了经理之后，他自觉职位比以前高了，自然说话的时候也时不时就会很大声，批评人的时候也丝毫不留面子，难怪跟同事的关系越来越疏远。

没过多久，人们开始发现他们的徐经理有了些变化，变得比以前虚心好学了，整个人都平易近人了很多。他会对设计小张说："小张，你这个方案做得很好，我有几个地方还需要理一理，你给我讲讲吧。"他对秘书小马说："小马，你那份材料总结得还是很不错的，只是有个别地方还需要修饰一下，我看的时候顺手帮你圈出来了，你看怎么改最好。"诸如此类。

可见，一个人想改变他原本给人的不好印象其实并不难，尤其是在上下级的关系中。例子中的徐明并没有做出什么为人称道的大事，只是改变了他平时做人的态度，放低了姿态，让别人感觉到被重视和尊重，自然对他的印象比以前好了，办起事来也不再推三阻四了。

古人云："满招损，谦受益。"一个人总是表现得自己无所不能，自满得意，必定会让别人有压力，也会引起对方的反感。尤其对于职场新人而言，争取表现固然是好的，可也要拿捏好尺度，比你经验丰富的前辈们一定有很多你值得学习的地方，同级之间也一定有令人赞赏的优点。作为上司，适当把姿态放低，让下属有被肯定和器重的感觉，做起事来自然也会更卖力。

《周易》中说："六三，不显露、炫耀才华，固守柔顺之德，即使辅佐君王，亦不居功自傲，会有善终。"告诫的就是做人要懂得低调，而对这个道理，最懂的人恐怕莫过于越王勾践了。

越王勾践兵败之后向吴王求和，做了吴王夫差治下的小小马前卒，地位低下，不可同日而语。喂马除粪，清扫劳作，甚至在吴王病时亲尝粪便，以观病情，其坚持和卑微的姿态令夫差都敬佩不已，最终放他们归国去了。这才有了之后卧薪尝胆，一举灭吴的佳话。

从一国之君到贱仆卑奴，勾践之所以取得了后来的成功，其最重要的一

点莫过于懂得适当放低姿态，能屈能伸，此之谓大丈夫。夫差轻信了勾践表现出的低姿态，甚至为之赞赏、动容，最终动了恻隐之心而放虎归山，落得最后被亡国的下场。

法国哲学家罗西法古说："如果你要得到仇人，就表现得比你的朋友优越吧；如果你要得到朋友，就让你的朋友表现得比你优越。"可见，懂得表现谦卑的人是最能化解他人敌意的人。

齐桓公是古时出名礼贤下士的君王，据《新序·杂事》记载，齐桓公听说小臣稷是个贤士，想与之见面交谈一番，可是一天去了三次对方都托故不见。身边的随从说："主公，您贵为万乘之主，他一个平民，您一天跑了三次都没见着，不如就算了吧。"齐桓公说："不是的，贤士轻视钱权者，当然也轻视君主；如果君主轻视霸主，也会轻视贤士。即使贤士轻视钱权者，我又怎敢轻视霸主呢？"终于，在接连五次拜访之后，齐桓公才见到了小臣稷。后来各国君主听说此事后，对齐桓公恭敬待人的态度十分钦佩，便一同前往朝拜齐桓公。

以上例子说明，一个懂得谦卑的人是有无穷魅力的，他不但尊重了他人，也获得了他人的尊重，这是双赢的收获。

泰戈尔说："当我们最为谦卑的时候，是我们最接近伟大的时候"，孔子说："三人行，必有我师焉。"何不睁大双眼，努力去发现别人的优点和长处，适时地"不耻下问"，一定会受益匪浅的。

寻找共同话题，引起对方的好感

一个成功的交谈过程应该是让对方能在你们的对话时侃侃而谈，此时重要的不是你是否对谈话内容感兴趣，重要的是你的听众是否感兴趣。

卡耐基说，如果想要交朋友，并成为受人欢迎的说话高手的话，就要用热情和生机去应对别人。我们都知道，在与人交谈时最好能找到他们最感兴趣的话题，可是每个人最感兴趣的话题是什么呢？是他们自己。

一个成功的交谈过程应该是让对方能在你们的对话时侃侃而谈，此时重要的不是你是否对谈话内容感兴趣，重要的是你的听众是否感兴趣。心理学家说，情感影响人的行动。积极的情感，比如快乐、愉悦、兴奋等，将会引发良好的行为效果。一次对话中，能够成功引导对方谈论自己，让他们觉得愉快，就是具有积极意义的，也就会为接下来的交流和行为打下有益的基础。

在与人谈话时，先找准对方感兴趣的事物，没有人会抗拒参与一个他十分感兴趣的话题的。敲开语言的大门，自然也能使交际向更进一步的方向发展。

据说罗斯福总统有个习惯，在每个拜访者来之前的一个晚上，他都为对方感兴趣的话题做准备。因此每一个拜访者在乘兴而归之时，也会对他渊博的知识表示赞叹。

查尔斯·西莫说："罗斯福总统的白宫大门永远欢迎能使总统提起兴趣的人。无论是各领域的专家，还是其他的访客，他总能立即找到一个双方都感兴趣的话题。"哥马利尔·布雷佛也写道："无论是一名牛仔或骑兵、纽约政客或外交官，罗斯福都知道该对他说什么话。"

罗斯福主动学习并非为了在与他人的对话中侃侃而谈，而是为了能及时给予对方反馈，比如及时发问。当一个人发现你对他所熟知的问题很感兴趣的时候，自然也会说出更多的话，愉快的气氛也随之产生。

杰弗里·H.基特玛说："如果你找到了与潜在客户的共同点，他们就会喜欢你，信任你，并且购买你的产品。"其实无论是商品营销，还是人际交往中，"套近乎"都是拉近彼此距离的好方法。

一位日本议员在拜访埃及总统纳赛尔时说："尼罗河与纳赛尔这两个名字，在日本是妇孺皆知，今天这次谈话，我与其称您为总统，不如称您为上校吧。因为我以前也做过军人，也同英国人打过仗。英国人骂您是'尼罗河的希特勒'，他们也骂我是'马来西亚之虎'。我读过阁下的《革命哲学》，我曾把它同希特勒的《我的奋斗》作比较，我发现希特勒是实力至上的，而阁下则充满幽默感。"

纳赛尔听完很高兴，说："我写的那本书，是革命之后三个月匆匆写成的。您说得对，我除了实力之外，还注重人情。"

日本议员说："对呀，我们军人也需要人情。我在马来西亚作战时，一把短刀从不离身，并不是为了杀人，而是为了保护自己。阿拉伯人现在为独立

而战，正是为了防卫，正如我那时佩着短刀一样啊。”

纳赛尔更高兴了，说：“阁下说得对极了，以后欢迎您每年来一次埃及。”

接着，议员顺势转入正题，谈起了两国关系和贸易，并在愉快和谐的氛围中，很快达成了一致。

从上述的例子中，我们看到，议员因提前做好了准备，称呼军人出身的纳赛尔“上校”以表示对他的尊重，表示读过纳赛尔的著作，并持敬重和赞扬的态度，称其独立战争是正义的防卫之战。议员的话句句说到了纳赛尔的心坎儿里，叫他怎能不欢喜？

现实生活中，在与人交谈前，先寻找共同点，引发共同语言，引导对方主动谈论他们自己，有利于为我们的交际创造良好的氛围。彼此的愉快交流多了，对方的敌意自然也就少了。

收敛锋芒，不引起他人敌意

在关键的时候让人见识到自己的才学智慧，平时则要收敛锋芒，将可能引起他人敌意的负面因素都掩饰起来，不但能在为人处世上赢得好感，能力也同样会被认可。

从“人之初，性本善”我们知道，富有同情心是人的一大优点，然而达尔文“物竞天择，适者生存”的自然规律，又决定了人争强好胜的本性。

现实中，每个人都希望得到他人的赞扬和敬佩，当他面对一个滔滔不绝，处处表现出自己优越感的人时，会本能地产生排斥心理，从而感到厌烦。在社会集体和人际交往中，当我们面对一些夸夸其谈、不懂得谦虚和收敛的人时，会自然而然地敬而远之。

张小姐是公司新来的同事，长相漂亮，善于装扮，性格活泼外向，喜好与人交流，可是没过多久，张小姐就发现她跟同事的关系依然很疏远，有时甚至当她准备主动上前与人攀谈一番时，那人竟然点头示意之后就急匆匆走开了。张小姐对此很困惑，她特意请教了一位稍微年长的前辈。

前辈看了她一会儿说：“你真的想知道？”

"嗯。"张小姐很虚心肯定地答道。

前辈说："那好，我问你，你有注意过你平时与人聊天时谈论的内容吗？"

她想了想后，说："呃……聊过我以前的学校、家人的情况，跟女同事聊过服饰、美容、提过男朋友……"说到这里，张小姐茅塞顿开。她看似平常的话题完整说出口后是什么呢？她以前的学校怎么怎么好，校园多么多么漂亮，国内很少有大学能比得上；她爸爸是某局局长，她妈妈是医院主任；她新买的名牌包多少钱，她的这套化妆品肯定比对方说的那套好……

张小姐忽然意识到，原来在与人交流的时候，她所有话的开头几乎都有一个"我"字，她所有的句子里都有一个词是比较级。每个人都有自尊，内心里都希望自己是优秀的。可当一个人面对你时，在不断地说她自己的事，讲她如何辉煌的过去和人生，即使说话者本人没有恶意，久而久之，大家也会退避三舍。

此后，张小姐在与人谈话时嘴变得"拙劣"了许多，她把更多的时间用于倾听对方的讲话，只在必要时附和或加以提问。她发现，只要这样，对方便会更加愉快地将话题进行下去，说出更多的话来。

在与人交流时，故意表现出笨拙的一面，不失为一个让对方产生优越感和拉近距离的好方法。当然，这里所有的聪明和笨拙都是相对而言的，它是根据场合而定的。真正的聪明人是大智若愚，在关键的时候让人见识到自己的才学智慧，平时则会收敛锋芒，将可能引起他人敌意的负面因素都掩饰起来，不但能在为人处世上赢得好感，能力也同样会被认可。

《清新格言》中说："不责小人过，不发人隐私，不念人旧恶。三者可以养德，亦可以远祸。""誉我则喜，毁我则怒"，亦是人之本性。因此，即使是在指出他人错误的情况下，也不可让对方有被轻视的感觉。适时让自己变笨，无疑会让人产生"同类"的感觉，让他们承认并及时纠正错误也变得更加容易。

约瑟芬在给卡耐基当秘书时只有19岁，那时她也才中学毕业三年，也就是办事经验比同龄人稍多一些，在卡耐基身边的日子，她学到了很多，直到成为一个完全合格的秘书。

卡耐基后来在《人性的弱点》一书中披露了他怎样把一个职场菜鸟培养成一个令雇主满意的员工的。当他要使约瑟芬注意一个错误的时候，他常说："你做错了一件事，但天知道这事并不比我所做的许多错误还坏。你不是生来具有判断能力的，那是由经验而为；你比我在你的岁数时好多了。我自己曾经犯过许多愚鲁不智的错误，我有绝少的意图来批评你和任何人。但是，如果你如此如此做，你不觉得更好吗？……”

从这个例子中我们看到，卡耐基在指出约瑟芬的错误时，并非大加指责，而是先从点名自己犯过更糟糕的错误开始。当一个人在听说对方犯过比自己还严重的错误时，对于批评也就变得更容易接受了，尤其是在面对一个自己尊重和敬仰的人时，会更加虚心地接受对方诚恳的批评和建议。

设想一下，作为对方的长辈和上司，倘若卡耐基不是开始就以自己的“不完美”让约瑟芬有了亲切感，而是直接指责对方的过失，想必就是另一番情况了。也许约瑟芬同样会接受批评，只是会心不甘情不愿，甚至对这位上司的“不近人情”大为恼火和怨恨，势必会给今后彼此的相处带来更多不必要的矛盾。

“笨小孩有糖吃”，真正的聪明人都是大智若愚的，适当扮扮“笨小孩”，才会让人产生同情和关照的心理。让自己变得笨拙一点，令对方有强于我们的优越感，自然也会拉近彼此的距离，赢得更多的好感。

表现你的涵养，让他自讨没趣

相信自己和自己所做的事，对莫须有的诋毁和敌意皆抱着坦然无惧的态度，最终会令人折服于自己的涵养之下。

所谓涵养，即人能控制自身情绪的修养功夫。美国作家爱默生说：“涵养，可归结为道德情操问题，是人修养的本质。”

宋代学者朱熹也有言：“平日庄敬涵养之功至，而无人欲之私以乱之。”这是朱熹以静制动的说法，意思是只要平时庄重恭敬的功夫做到家了，就没有人能左右你的情绪，就是告诫人们要以静制动，以泰然的态度化外界的干扰于无形。

陈女士是同事中出了名的好人缘、好脾气，她以前可不是这样。

她说：“以前自己是个脾气很暴躁的人，时常因为压力和不顺心而大发雷霆，即使在家人和同事面前，也都像个定时炸弹，这让我自己和身边的人都很痛苦。”

“那是什么改变了你呢？”

“是我经历的一件事吧。”陈女士娓娓道来，“我曾经因为觉得已经无法负荷生活和工作的重压而决定去旅行。然后我来到一个很美的欧洲小镇，在一个小酒馆里，我见到了这样的一幕：一个服务生因为一位阿拉伯女士而不小心打翻了盘子，在当地，人们对阿拉伯人是有歧视的，因此服务生将错误都推到了那位女士身上，怒气冲冲地对她大加斥责。

可是在整个过程中我注意到，那位被横眉怒指的女士始终没有还口，而是静静地看着服务生，凛然之气有目共睹。在这种气场之下，服务生终于渐渐闭了口，随即因自知理亏而面红耳赤。虽然是一件小事，却让我见识了什么才叫真正的涵养。

重新回到工作中以后，每当濒临失控边缘的时候，我都会提醒自己想想那位阿拉伯女士，她是我的榜样……”

《道德经》中有云：“上善若水，水善利万物而不争。处众人之所恶，故几于道。”在上述故事中，我们看到一个人在面对敌意时，其泰然处之的态度是最具有震慑力的，这就是个人涵养的力量。

法国作家拉罗什富科所说：“一个人如果内心总不平静，他到哪里也得不到安宁。”平静是种对事物的温和态度，无论对方如何挑拨和诋毁，我们都不为所动，内心坚定，“以柔克刚”如太极之精妙。

传说释迦牟尼在世间传法时曾遭到众多污蔑。一个婆罗门的女人在自己的肚子上绑了个盆，将它藏在衣服里，接着她看见僧侣团在市集上，趁机当众诽谤释迦牟尼，说他使自己怀孕了。当时很多人相信了此事，佛家弟子想要反击，被释迦牟尼阻止了，他坦然面对这一切，面含慈悲。然而当这个女人在经过城门的时候，肚子里的盆不小心掉了下来，一时间谎言不攻自破。

通过以上的例子我们看到，坚定泰然的人在面对敌意时，往往不为所动，正如美国心理学家科胡特所说“不含敌意的坚决”。能做到这一点的人往往是自信强大的，他们有自己的原则和信仰，相信自己和自己所做的事，对莫须有的诋毁和敌意皆抱坦然无惧的态度，最终会令人折服于自己的涵养之下。

明代哲学家、军事家王阳明一生最大的军事功绩是平定宁王宸濠之乱。

然而，更严峻的考验却是在平叛之后。当时，汉奸江彬为了滋事，命爪牙张忠领军去王阳明属地，每天派人在其家门前大肆辱骂，企图激怒王阳明。

然而王阳明并没有与这支队伍对战，反而极尽善待，衣食看病，样样都不含糊。最后这支队伍拒绝了张忠的指使，化解了对王阳明的敌意。

王明阳有句名言："此心不动，随机而动。"意思就是说，我的心不被外界影响，能够不为所动，但是我能理解外界所想，于是能采取相应的行动。

人际交往中，面对挑衅和恶意能够不为所动自然是好事，然而，好的涵养并不代表就要一味退让。涵养还表现在，面对敌意和侮辱时能够拿捏得当，不畏缩、不妥协、也不口出恶言。

周总理的外交生涯中有不少为人称道的故事。一次，有个美国使团访华，其中一名官员当着总理的面说："中国人很喜欢低着头走路，而我们美国人却总是抬着头走路。"此语一出，语惊四座。只见周总理不慌不忙地微笑道："这并不奇怪。因为我们中国人喜欢走上坡路，而你们美国人喜欢走下坡路。"

何其精妙的回答！温和儒雅的周总理以"以柔克刚，借力打力"的方式给了美国人有力的还击，维护了我国人民的尊严。

泰然处之的涵养，并非刻意忍让，而是表明一种态度，正气凛然，不可侵犯。心理学上说，当你被他人的敌意影响时，你可能本身也对对方有了敌意。因此，真正的泰然是无畏则刚，是内心自有坚持。以我之微笑还他人之怒目，令对方感到无趣和自惭形秽，才是不战而胜的上上之法。

看眼小事，化敌意于无形

当你的恶意收到的是对方善意的反馈时，敌视的心意也会被对方的善意感染，消极的情绪也会逐渐烟消云散。

曹雪芹说："世事洞明皆学问，人情练达即文章。"荀子《劝学》中也有"不积跬步，无以至千里，不积小流，难以成江河"的说法，讲的都是与细节相关的道理。

关于细节的事很容易就被误解为是小事，可如老子言："天下难事，必作于易；天下大事，必作于细。"可见，"小事"从来都不小。无论是日常交往，还是工作学习中，细节有时可以引起整个质的飞跃或改变。卡耐基说："一个人的成败有85%是由人际关系决定的。"而人的成败大事又都是由小事情组合起来的，因此我们可以得出结论：细节在人际交往中的作用十分值得关注。

同部门的小钟和小马最近关系有些僵，全因为上次公司会议上，两人为了各自的方案针锋相对。小钟的提案创意好，可实施性有限，而小马则相反，在技术层次上比小钟的方案有保障得多。于是上司决定让他们发挥各自所长，两人合伙搞好小钟的方案，小马提供技术建议和支持。

虽然是这样的安排，可也并非平分秋色的结果。毕竟为了各自的方案，两人都是加班加点，废寝忘食，虽然小马最后也参与进来了，可自己原本的方案就算打了水漂，如今还要为他人做"嫁衣裳"，他心里是着实不愿意。

因此在接下来的合作里，小马时不时会利用小钟技术上的缺陷来给他出难题，甚至有时给了提案后自己就不管了，让小钟自己去琢磨。小钟对于小马的建议通常都会经过认真思考和整理之后，对不懂的问题再向小马请教。小马也不是那么小气的人，见小钟那么虚心，倒也的确教了他不少东西，原本拒绝合作的心也淡了。

在工作进度的汇报会议上，小钟非常感谢小马的帮助，并表明这次如果没有小马，他的点子是不可能实现得这么顺利的，此项工作成果将是他们共同的作品。

会议结束后，小钟很明显感觉到小马比以前积极了，对他的态度也不再那么充满敌意了，两人在工作中的默契也得到了上司的赞赏。

从上述例子我们可以看到，小钟最后能够获得小马的支持，归功于他抓住了几个细节：其一，不放过任何一个疑问虚心好学；其二，主动认可小马的贡献，不贪功。

化解他人敌意往往并没有我们想象的那么难，一个动作、一句话、一件小事……都能在无形中将对方的敌意软化、消磨。心理学家说，当人们面对他人的微笑时，神经会受到直接的刺激，也本能地想要回以微笑。换个说法就是，当你的恶意收到的是对方善意的反馈时，敌视的心意也会被对方的善意感染，消极的情绪也会逐渐烟消云散。

日本首相田中角荣每天都很忙碌，那些对首相有所求的人都要提前预约。田中角荣有个习惯，他会在谈话结束后，根据事情的结果来决定自己是否要亲自送客。例如：对那些达成愿望的来访者，田中角荣会看着他们带兴而去；而对于那些请求未被接受的客人，田中角荣则会亲自将客人送出门，并同对方握手。

当被问到这样做的原因时，田中角荣说，那些目的达到的人已经很开心了，于是我直接让他们离去，可那些未被满足的人心情则是沮丧的，而我不希望他们因这件事感到愤怒或仇恨，所以亲自起身送客。这样即使那些人没有办成事，他们也不会那么恼怒了。

为了减少或者杜绝他人产生敌意，田中角荣对送客这个细节的关注无疑是未雨绸缪的好方法，早早将对方的负面情绪化解在萌芽里了。

在平时的工作生活中，发生摩擦是不可避免的，重要的是如何及时处理这些矛盾。前面我们提到，微笑是相互的。不需要赴汤蹈火、舍生忘死，也没必要大吵大闹、据理力争，从小事着手，让对方在细节处获益，或感受到你的诚意，必可如明矾进水，还彼此以清澈。

第 11 章

处理他人反对意见的心理策略

——抚顺人心，对症下药

我们都知道，从来没有能赢得所有人支持的改革和主张，任何新事物的出现必有质疑和反对之声。面对反对者的意见和建议，是全数接收，还是强制驳回？处理不当，必定会给我们接下来计划的实施造成阻碍和麻烦。正确处理反对意见，即使不能让对方心服口服地表示支持，也要将驳斥之声降到最低。

耐心听进意见，沉着应对

一个人要想不断修正自己的缺点，就要多听取别人的意见。因为无论一个人有多么优秀，他的智慧都是有限的，只有能够集众之所长者才是成功的决策者。

在现实生活中，我们做任何事都可能听到来自不同方面的声音，有支持的，也有反对的。前者的声音闻之悦耳，后者的言语可能犀利尖锐，可这并不能成为我们片面听取意见的理由，有时多听听反对意见也能令人受益匪浅。

《三国演义》中，关羽仗着自己的快马，连续偷袭袁绍手下名将颜良、文丑，成事后声名大噪，然而成名后的关羽自负傲慢、刚愎自用。

关羽守卫荆州之时，吕蒙称病，让东吴书生陆逊暂代自己都督的职位，关羽对此人颇为不屑，不但没有亲自守城，还把荆州的守兵抽出攻打樊城。

关羽的副将司马王甫、赵累都认为东吴必有阴谋，力劝关羽不要轻易撤走荆州的守兵。然而关羽却臆断东吴胆怯，不敢有所作为，于是放心大胆地撤走了荆州的兵力，其结果就是众所周知的“大意失荆州”的典故了。最后他也只能对司马王甫叹道：“悔不听足下之言，今日果有此事！”

经过痛失荆州的事件，关羽也并未吸取教训。当日困守麦城，关羽决定弃城去西川。然而在选择道路上，不听司马王甫的劝告，一意孤行地走了小路，结果为东吴擒获，父子皆被杀害，一代大将就这样不但英明尽失，还落了个身首异处的下场。

关羽的溃败与他的不听劝和自大轻敌是分不开的。白居易在《与元九书》中说，“闻‘五子洛汭之歌’，则知夏政荒矣。言者无罪，闻者足戒，言者闻者莫不两尽其心焉。”也就是说，一个人要想不断修正自己的缺点，就要多听取别人的意见。因为无论一个人有多么优秀，他的智慧都是有限的，只有能够集众之所长者才是成功的决策者。

英格拉姆计算机批发公司是美国100家最受欢迎的公司之一，据说其董事长有一个专用的24小时畅通的800免费电话，欢迎员工随时与他交流。

英国大出版家诺斯克利夫爵士不但在办公室，即使伦敦的家里也设立了能接听员工来电的固定电话，并且会优先处理下属信件，以便能及时反馈。

海尔的员工都有一张“合理化建议卡”，无论是对制度、管理、工作、生活等任何方面都可以提出建议。如果建议被采纳，会得到奖励；即使不适用的建议，也会给予积极的回应。

有记者问三峡大坝的总设计师：“谁是对三峡贡献最大的人？”总设计师答：“是那些反对建设三峡大坝的人。”记者很困惑地问为什么。总设计师答：“如果没有他们提出反对意见，三峡大坝的设计就不会那么完善，将来就可能出大问题。”

生活中也时常这样，当我们以为对一件事的考量已经万全时，可能别人的一句话或一个提醒就能让我们恍然大悟、茅塞顿开。

日本企业家堤义明说：“如果全体一致同意，事情就不妙了。全体一致的主张，时常有毛病。”其父亲堤康次郎也说：“全体领导赞成之日，早已时过境迁；全体领导反对之时，正表明尚不为人所知。”当我们面对他人的反对意见时，不要一意孤行、我行我素，耐心听完他人的意见，未必没有启示。

当然，广收言论并不是说面对反对意见我们一定要采纳，作为一个有涵养，有德才的人，是懂得集百家之言的。能够认真倾听他人的反对意见，也是自身修养的表现。

纽约电气事业的“沙皇”菲德舒兹是这样处理劳工纠纷的：他会召集争执不休的双方，让他们各自说出不满，且从不加以干涉。在倾听他们争论的过程中，他也早有了裁决。可是无论采用哪种处理方式，他都是先让员工把不满讲完，然后再说出自己的决定。这时员工们也因为已经跟上司抱怨了一通而变得更容易接受仲裁的结果了。

从这个例子中我们注意到，有些时候人们大肆抱怨和表示反对，并非是真的不认同到什么地步，他们可能只是需要一个发泄渠道和一个好的倾听者，以证明他们是被关注和尊重的。一个公司在接到员工反对意见时，如果不能合理过滤，而是全数接受，那无疑会让事情变得更复杂，员工在获得向上司表达不满的机会时，通常就可以让其被夸大的愤怒平息了不少。

美国销售之父约翰·帕特森说：“我总是喜欢让他人先把他们的反对意

见说出来”，当然，这不意味着他一定会按对方的意思去做，处理问题的方法他是视情况而定的。可见，当反对意见来袭时，聪明人永远知道，倾听是正确应对抗议之声的第一步。

先退后一小步，再前进一大步

有些时候，适当作出让步，反而能让我们控制反对意见，化被动为主动，将自身从众矢之的的困境中解救出来。此谓之“退一步海阔天空”。

管理学上有个“以退为进策略”，是指以退让的姿态作为进取的阶梯，退是一种表面现象，由于在形式上采取了退让，使对方能从己方的退让中得到心理满足，不仅思想上会放松戒备，而且作为回报，对方也会满足己方的某些要求，而这些要求正是己方的真实目的。这个策略表现出来就是：我让你一尺，你还我一丈。

以退为进是大智慧，先让对方一步，然后争取主动、反守为攻，能将这一策略应用好，将使人受益匪浅。

美国南北战争时期的名将斯坦东十分瞧不起林肯，曾声称：“我不愿意同那个笨蛋、老憨、长臂猴为伍。”他常在公开场合讽刺林肯，甚至说：“我们为什么非得到森林里去看大猩猩呢？白宫就有一个，正在抓耳挠腮。”

虽然被如此对待，林肯却很欣赏斯坦东，因为除去对总统的偏见，斯坦东的确是个对国家忠心耿耿、工作卖力的军人。因此在一次会议上，林肯说：“我决定牺牲自己的一部分尊严，让斯坦东担任陆军部长。”

斯坦东任职后并未停止对林肯的谩骂，有时甚至拒绝执行林肯的命令。

一次，一位官员带着林肯的命令去给他下指示，结果斯坦东拍桌大骂道：“谁下的这种命令，他就是十足的笨蛋！”官员原本以为斯坦东会被撤职，可林肯听了他的话后却说：“既然他认为命令是错的，肯定就是错的，因为他在一线，了解情况。而且斯坦东的判断经常是正确的。”

斯坦东听说了这件事后十分感动，马上到林肯跟前道歉。

这个例子里，林肯正是以自己的小忍让斯坦东获得了尊重，不但令其收回了对自己的侮辱言论，更是赢得了一位得力属下的支持。

聪明人在面对反对意见时，会懂得如何合理地作出让步，既不过分损害自身的利益，又能掌握主动权。在小处让步，让对方的“自尊心”得到满足，我们却能争取到大局的胜利，此为明智之举。

米开朗琪罗举世闻名的大卫像曾经遇到这样的小插曲：当大师刚雕好大卫像的时候，主管的官员观看后表示不满意。

“有什么地方不对吗？”米开朗琪罗问。

“鼻子太大了！”官员说。

米开朗琪罗疑惑地站在雕像前看了看，大叫一声：“可不是吗？鼻子是大了一点，我马上改。”说着就拿起工具爬上架子，叮叮当当地修饰起来。

随着米开朗琪罗的凿刀，掉下好多大理石粉，那官员不得不躲开。

隔了一会儿，米开朗琪罗修好了，爬下架子，请那位官员再去检查。官员看完连连称赞，满意地离开。

米开朗琪罗真的那么轻易地就修改了自己耗时4年的伟大作品吗？当然不可能！为了满足官员小小的“自尊”，他只是偷偷抓了一小块大理石和一把石粉，在官员面前做做样子罢了，从头到尾他都没有改过自己已经满意的作品。

在与人交往的时候，聪明人会着眼大局，懂得利用小让步赢得自身的大胜利。

何必与其争辩，尝试以柔克刚

真正的聪明人，懂得关键时刻施以迂回，不盲目自信、以硬碰硬。利用以柔克刚的做法，无异于将巨石投在棉花上，逐令冲去力骤减，避免了两败俱伤。

卡耐基在《人性的弱点》一书中曾说：“与人争辩无赢家。”《古兰经》中也说：“人们得正道之后，再不会迷路，唯有出现无益的争辩时。”

人生在世，与人意见不合的情况非常多的，此时要难免出现在语言上一

较高下的时候。然而，争论的双方往往在争论局势激烈时不能理智地把握自己的言行，尖酸辛辣的语言、粗鲁叫嚣的举止很容易就不受控制地出现了，这时不但不能起到说服对方的作用，反而会将“战局”激化，伤害了对方，也令自己歉意倍生，问题也没有得到有效的解决。因此，当我们面对反面建议时，明智的选择应当是避免争辩，以柔克刚。

春秋末期的郑国，国小兵弱，在各大国的夹势中岌岌可危。宰相子产主张新政，发起变革。他提倡振兴农业，兴修农事，同时征新税，以供加强军事。

新税征收伊始，朝中反对声众，民间更是怨声载道，甚至有人扬言要杀死子产。可子产毫不理会，也不多做解释，只说：“国家利益为重，必要时自然要牺牲个人利益，服从国家利益。我听说做事应当有始有终，不能虎头蛇尾。有善始而无善终，那样必然一事无成，所以，我必须将这件事做完。”

有人在子产设立的乡校进行政治活动，担心会影响统治的人建议取缔乡校。子产说：“这是没有必要的，百姓劳累一天，到乡校中发发牢骚，评谈政治很正常。我们可以作为参照，择善而从，鉴证得失；若强行压制，岂不如以土塞川，暂时或许会堵住水流，但必将招来更猛的洪水激流，冲决堤坝。那时，恐怕就无力回天了，若慢慢疏导，引水入渠，分流而治，岂不更好？”

于是，随着农业振兴，广开言路，国民切实体会到子产新政的好处，一时间赞扬声不止。

面对众人的怀疑和反对，子产正是采取了以柔克刚的策略，才使民怨得到了有效的控制，并用事实证明了自己是正确的，后来天下大和，国运昌隆。

真正的聪明人，懂得关键时刻施以逶迤，不盲目自信、以硬碰硬。利用以柔克刚的做法，无异于将巨石投在棉花上，遂令冲击力骤减，避免了两败俱伤。

伊斯兰教教义学家艾布·哈尼法禁止自己的儿子与人辩论。其子问：“父亲啊，我发现你讲论这门学问，为何又禁止我呢？”艾布答：“我的辩论与你们的辩论不一样。我同别人辩论时特别谨慎，就像有一只鸟落在头上，害怕它飞走似的。现在人们的辩论是欲运用证据，扳倒对方。谁若以此而辩论，就意味着判对方为逆徒。谁意欲这样，谁就已先于对方成为逆徒了。”

艾布的话警示我们，对一般人而言，在言语的争辩中很难实事求是、适可而止。人人都喜欢论个理，并企图在这方面压倒对方，但是争论的尺度其实很不好拿捏，在追求真理的过程中激烈的争辩，往往容易口出恶言，就算取得了表面上的胜利，实际上对方的心里也是依然不服的。因此，在争辩中，是没有真正胜利的人的。正确的做法应当是：避免争论，宁可让对方觉得自己胜利了，也不做无意义的口舌之争。

《孙子兵法》“军事篇”中有“以迂为直”的策略，意思是：看似最漫长的道路，有时恰是达到目的最短的路途。以迂为直，必然要以柔克刚。避免争端，看似是让步，实则是争取时间和更充分的准备，让事实来证明一切。当年列宁不惜同德国签订屈辱的《布列斯特和约》，割地赔款，忍一时之痛，这才拯救了苏维埃政权，即是采用的迂回之法，不拿鸡蛋去碰石头。

心理学家说，在争辩的过程中，如果其中一方发言比较有挑衅性或者说话很生硬，极易引起对方的还击，特别是谈到敏感话题的时候。但是如果其中一方可以保持宽容的态度，则可以不用通过争吵解决问题，而且争辩是不明智的解决问题的方法。

这里我们要强调，争辩与讨论是不同的。在氛围紧张的情况下，争辩易诱发恶毒、辛辣的激烈言辞，是主观性的强调自我主张，并试图让对方屈服，即使对方最后表示认输，也并非心甘情愿。而讨论则是在双方心平气和的情况下，就某个问题进行分析，最终大家心悦诚服地达成共识的，其本质还是以柔克刚。

明武宗朱厚照南巡，提督江彬率领西北地区的壮汉，随行护驾。兵部尚书乔宇看出其有谋反之心，却并未挑明，而是从江南挑选了一百多个矮小精悍的武林高手随行。

乔宇提议，让这批江南拳师与西北壮汉比武。江彬自负傲慢地答应了，却不幸屡战屡败，一时间颓然沮丧，谋权篡位的心思也被击退了。

上面的例子中，乔宇用的就是以柔克刚的方法。假想一下，倘若一开始乔宇就将事情挑明、做大，保不准不会激怒江彬，做殊死抵抗，困兽尚且可怕，更何况是有备而来的预谋弑君之人呢？

诗人兰德写道：“我与谁都不争，与谁争我都不屑。”避免争辩是种气度，它并非是指要一味地退缩忍让，而是一种发自内心的自信和涵养。避免争辩，倘若讨论无果，则宁可退让，让对方以为胜利，最后让事实逻辑来证明自己的正确。当然，若能采用以柔克刚的迂回方法令对方认可，则是上上之策。

借力打力，用对方的观点说服对方

通过换位思考，站在对方的角度，巧妙地借力使力，将对方的观点融入自己的观点之中，令其心服口服。

我们时常在武侠小说中看到“乾坤大挪移”“以彼之道，还施彼身”等诸如此类的武功，其实它们的本质都是太极拳中借力使力的招数。借力使力，即非主动出击，而是以反作用力使进攻者受挫，真正的太极拳是永远不打人的。

把这个概念拿到现实生活中，就是当我们在面对攻击和反对意见时，可以换位思考，借助对方的观点来说服对方。

在某个关于“为何在校生近视眼发病率高”的辩论中，医生甲认为主要是用眼不卫生引起的，医生乙则认为其根本原因是教育问题。

甲：“近视眼大多是由于看书时间过长。看书姿势不正确等用眼不卫生引起的，自然是个卫生问题。”

乙：“你想过没有，如果学生压力不重，学生会长时间看书吗？”

甲：“也会呀，他们也许会长时间看课外书。”

乙：“既然这样，学校又为什么不加强用眼卫生教育呢？”

甲：“可能教育了没起作用嘛。”

乙：“教育居然不起作用，这难道还不是一个教育问题吗？”

在这场辩论中，我们看到，医生乙正是巧妙地利用了医生甲的观点来令其哑口无言的。既然教育不起作用，那首先还是教育问题，其次才是卫生问题。

《孙子兵法》有云：“知己知彼，百战不殆。”通过换位思考，站在对方的角度，巧妙地借力使力，将对方的观点融入自己的观点之中，令其心服口服。

《晏子春秋》里有这样一个故事：齐景公喜欢射鸟，派烛邹管鸟，然而烛邹办事不力，令鸟跑掉了。齐王大怒，欲昭告官吏杀掉烛邹。晏子说：“烛邹的罪有三条，我请求列出他的罪过再杀掉他。”

齐王同意了。于是晏子当着齐王的面对烛邹说："烛邹，你有三条罪：一罪，你为国君掌管鸟而令其丢失；二罪，使国君因为丢鸟的事情而杀人；三罪，使诸侯们知道了这件事，以为我们的国君重视鸟而轻视士人。"说完，晏子请求齐王下旨杀烛邹。这时，齐王却摇头了，说："不要杀了，我明白你的意思了！"

以上例子中，晏子虽然不赞同齐王为鸟杀人的举动，可也没有直接表示反对，反而是顺着齐王的意思，认为烛邹有罪，最终借用齐王"烛邹该杀"的观点，不费吹灰之力地让其意识到自己的错误，收回了旨意。

上一节中，我们强调要避免争辩，因为争辩是一种以硬碰硬的，容易两败俱伤的做法，而这里所说的"用对方的观点说服对方"则并非争辩，而是一种巧力。它柔和不带侵犯性，表现出来的是赞同对方观点之后得出的结论，令对方自相矛盾，不得不服。

所谓用对方的观点来说服对方，从潜在心理学来看，有两个原因：其一，人们往往在自身意见被压抑时，才能发现自己真实的想法，从而反过来相信对方；其二，虽然是被对方诱导出来的结果，可主观上仍相信这是自己深层的意思，改变想法也变得自然而然。

德国著名抒情诗人海涅是犹太人，一次他遇见了一个旅行家，旅行家向他描述了一个小岛。

他说："你猜猜看，在这个小岛上有什么现象使我感到好奇？"

"什么现象？"海涅问。

旅行家诡秘地笑说："在这个小岛上竟然没有犹太人和驴子！"

海涅立刻明白了旅行家把犹太人和驴子类比的意图，他镇定地说："如果真是那样，那么，我和你到小岛上走一趟，就可以弥补这个缺憾了！"

这个故事里，面对旅行家的羞辱，海涅并没有恼羞成怒，而是借力使力，顺着旅行家的意思往下说，最终令其搬起石头砸了自己的脚。

《红楼梦》中有言："好风凭借力，送我上青云。"说的就是凭借外界的力量来达到自己的目的，此时更有利于事情的解决。当我们面对反对意见时，一味地说服和争辩都是不可取的，能够借力打力地化力于无形才是聪明人的选择。

一次，一位女议员对丘吉尔说："如果我是你的妻子的话，我就会在你的咖啡里放上毒药。"丘吉尔回答："如果我是你的丈夫的话，我就把它喝下去。"丘吉尔机智地利用了女议员的不善言辞，令对方哑口无言。

借力使力，必然要找准对方的软肋，由此入手，把对方也绕到这个破绽上来。具体做法是：倘若他们认为自己正确，那我们就先承认他们是正确的，并依此发问，最终令其自食其果。

把握主动权，让对方无法说“不”

没有人乐意接受被强加的选择，哪怕是额外的赠予，他也得确定自己是心甘情愿的。换句话说，要让对方同意你的观点，就必须让他们觉得自己处于主动地位。

戴尔·卡耐基曾经说过，人是不可能被说服的，天下只有一种方法可以让任何人去做任何事，那就是他自己想去做这件事。也就是说，假如我们想要一个人主动去做某件事，则必然要让他认为这件事是对的，这件事是在他自身肯定的基础上才去做的。

没有人乐意接受被强加的选择，哪怕是额外的赠予，他也得确定自己是心甘情愿的。换句话说，人人都想要主动权。要让对方同意你的观点，就必须让他们觉得自己处于主动地位，让他们主动说“是”。

有个年轻人走进格林尼治储蓄银行，他要开个户头。在这里工作的詹姆斯·艾伯森递给他几份表格让其填写，但对方断然拒绝填写某些方面的资料。

艾伯森并没有选择告诉对方，假如不填写一份完整的个人资料，银行是很难给他开号的，而是说：“是的，你所拒绝回答的资料其实并不是非写不可的。”

“可是，假定你碰到意外，是不是愿意银行把钱转给你所指定的亲人？”艾伯森接着问。

“是的，当然愿意。”年轻人答道。

面对态度已经缓和的年轻人，艾伯森这才告诉他，这些资料并非仅为银行而留，而是为了他个人的利益。

最后，年轻人不仅填写了所有资料，还在艾伯森的建议下，开了一个信托账户，指定他母亲为法定受益人。当然这位年轻人还填写了所有他母亲的有关资料。

艾伯森在遭到顾客拒绝合作时，并没有直言这是银行的政策规定，而是从对方的立场出发，告诉他这样做的好处，令对方说“是”，从而挽回了一个差点失去的顾客。对方以为是自己临时改变了想法，实际上处于主动地位的恰恰是诱使其改变想法的艾伯森。

奥福斯特在《有影响的人类行为》中说：“我们得到他人越多的‘是’，我们就越能为自己的意见争取主动权。”对方对我们说“是”，正是我们逐渐接近他的信号，这说明我们的建议正是他们想要的。说“是”的另一层意思，就是让对方无法给出否定的回答。

某市一家大电器厂招工，中专生小陈前去应聘，并表示任何工作都愿意干。人事部主管见他身材矮小，学历又低，托词道：“我们现在不缺人，过一个月再说吧！”

没想一月后，小陈真的又来了，主管继续推脱此事。过了几天小陈再去找他，就这样反复几次，主管吃不消了，便说：“你这一幅衣衫不整的样子，怎么可以进厂呢？”听罢小陈就去借钱买了身新衣服，好好整理了一番，又去了。

主管很无奈，就说：“你不懂电器知识怎么行？”不想两个月后，小陈又来了，并说：“我已经学了两个月的电器相关知识，你看我哪些方面还不够？我一定认认真真补！”

这下小陈的执拗劲儿终于起作用了，主管不得不投降地说：“我做了几十年的招聘工作，头一回碰到像你这样来找工作的，我真佩服你有这样好的耐心与韧性。”

小陈终于凭借其“精诚所至，金石为开”的劲头儿得到了渴望已久的工作。

故事中的小陈将主管的推托之词反作用于主管，成功获得了主动权。当他在面对质疑和拒绝的时候，并没有强词夺理，急于毛遂自荐，而是按照主管的要求一点点地提高自己。顺着对方的意思，给他想要的，虽然最初得到的是拒绝的答案，可后来也令对方说不出否定的话来。

心理学上说，当一个人说出“不”时，他的意念会使所有的内部器官都集合起来，呈现一种“拒绝”的状态，而反过来，当他回答“是”的时候，体内那些

器官，没有收缩动作的产生，组织处于前进、接受、开放的状态。所以，在一次谈话中，如果能够诱导对方说出更多的“是”，那我们就把握了主动权，我们之后的建议和意见，也比较容易获得对方的认同。

某个被单独监禁的犯人，通过铁门上的小窗口，看到无聊的守卫正独自抽着万宝路香烟，他忽然也很想要一根。

于是，他用手指关节客气地敲了敲门。

守卫慢慢地走过来，傲慢地哼道：“想要什么？”

囚犯回答说：“对不起，请给我一支烟……就是你抽的那种——万宝路。”

守卫嘲弄地哼了一声，转身走开了。

囚犯并没有放弃自己的欲望，他又用指关节敲了敲门。

守卫恼怒地扭头问道：“你又想要什么？”

囚犯严肃地说：“对不起，请你在30秒之内把你的烟给我一支。否则，我就用头撞这混凝土墙，直到弄得自己血肉模糊，失去知觉为止。如果监狱当局把我从地板上弄起来，让我醒过来，我就发誓说这是你干的。当然，他们绝不会相信我。但是，想一想你必须出席每一次听证会，你必须向每一个听证委员证明你自己是无辜的；想一想你必须填写一式三份的报告；想一想你将卷入的事件吧——所有这些都只是因为你拒绝给我一支劣质的万宝路！就一支烟，我保证不再给你添麻烦了。”

结果守卫乖乖地给了囚犯一支烟，并为他点燃了。

作为被看管的犯人，囚犯虽处于被动的位置上，可他并没有固执地强调作为一个囚犯也拥有抽烟的权利，他只是站在守卫的立场，替他分析这种拒绝可能带给他的麻烦，迅速化被动为主动，即使所有人都知道囚犯在说谎，可麻烦的听证程序还是令守卫妥协了。

在以上囚犯和守卫的故事中，也许没有达到我们前面多次强调的，令对方心甘情愿地说“是”的程度，可是也要认识到，在某些特殊境况中，倘若不能令对方心悦诚服地接受，那么取得主动权也会达到让其收回反对意见的目的。

识别对方意图，对症下药

当我们面对那些不利于自己的言辞和诋毁时，假如能准确摸清对方的心脉，及时采取应对措施，有利于化被动为主动，让对方遭遇意想不到的挫折。

例一：一位男导演成名前，追求过一位女影星，但是遭到了拒绝。这位导演成名后，所导演的几部影片中的女主角都和他追求过的那位女影星很相像。

于是有娱乐记者抓住这个问题问导演："为什么您所选择的女主角都有一张相似的脸？"导演一本正经地解释道："因为这种脸型最容易上镜。"

例二：一位西方外交人士挑衅性地对我国代表说："如果你们不向美国保证：不用武力解决台湾问题，那么显然就没有和平解决的诚意。"我国代表义正词严地回答："台湾问题是中国的内政，采取什么方式解决是中国人民自己的事，无须向他国作什么保证。请问：难道你们竞选总统也需要向我们作出什么保证吗？"

以上两个都是有力驳斥对方敌意问话的例子，例一中的导演自然知道对方真正想问的是什么，但他选择了从另一个角度来回答对方，既显得专业、客观，也足见导演的机智；例二中，面对西方记者的挑衅问题，我国代表拒绝给予正面回答，而是用一句反问，让对方哑口无言。例子中的二人都是及时察觉了对方的意图，机敏睿智地作了回应，才没令事情向着不利于自己的方向发展。

现实生活中，当我们面对那些不利于自己的言辞和诋毁时，假如能准确摸清对方的心脉，及时采取应对措施，有利于化被动为主动，让对方遭遇意想不到的挫折。

美国前总统肯尼迪在竞选美国参议员的时候也曾陷入困境，他的竞选对手在最关键的时刻抓到了他的一个把柄：肯尼迪的学生时代，曾因欺骗而被哈佛大学退学。这类事件在政治上的威力是巨大的，它关系到肯尼迪作为一个国家议员的道德问题，对方只要能充分利用这个证据，肯尼迪的止

直、诚实、信誉等品质将受到质疑，这无疑将给他的政治前途蒙上一层阴影。

肯尼迪自然知道对方是想让他成为一个人民面前的欺骗者，他的诚信度受到了威胁，于是肯尼迪很爽快地承认了自己的确曾犯了一项很严重的错误，他说："我对于自己曾经做过的事情感到很抱歉。我是错的。我没有什么可以辩驳的余地。"

面对这件事，肯尼迪并没有极力否认，澄清自己，反而非常惭愧地向美国人民承认自己曾经犯过的错误，等于是说：那已是过去的事了，你们看现在的我，已经是个勇敢面对自己过去的诚实者，我对所有人都是坦诚的。

这下，肯尼迪不但赢得了人民的理解和同情，而对手反而意外地帮了肯尼迪一把。

在这个例子里，肯尼迪被对手挖掘出的事打得措手不及，然而他能准确分析得知对方的意图，并顺水推舟，重新回到了主动地位。

我们可以看出，要想准确识别对方的意图，对症下药，就必须站在对方的立场考虑其目的和下一步可能的方向，聪明人永远不会让自己处于被动挨打的地位。

律师A为一个有杀妻嫌疑的人辩护，被告曾向原告律师B提出过离婚帮助，因此B推测被告是因为离婚未遂而有了杀妻之心。那么律师A是怎样为被告辩护的呢？

A：您知道，我对离婚的案子是外行，您是不是为了那些离婚的案子而非常忙碌呢？

B：我可是处理离婚案的权威，每年要我处理的案子至少200起。

A：一年200起，光那些文件都够您忙的了。

B：……可是，其中有些人，因为这样那样的原因而改变了主意。

A：那就是有重归于好的可能了，这个比例有10%吗？

B：事实上要更高一点。

A：那是多少呢？11%还是12%？

B：接近40%。

A：您是说去找您离婚的人中最后有近一半都决定不离了？

B很无奈：是。

A继续问：他们不会是对你的能力有所怀疑吧？

B马上否认道：当然不是，他们常常一时冲动跑来离婚，可真的到那一刻的时候，又往往……

A 很满意地转身对法官说：法官大人，您也听到了，原告律师说有近一半的人是一时冲动跑去离婚的，那谁又能说被告不是这样呢？

最后律师 A 赢了官司。

律师 A 正是摸清了律师 B 试图以被告离婚未遂为由，认定被告有重大杀妻嫌疑，而律师 A 则顺着律师 B 的意思，以“离婚”话题为突破口，让律师 B 亲口证实自己的观点是片面和偏颇的。

汽车大王亨利·福特说：“从我和他人的很多经验中可以看出，那个所谓的成功策略就是：从他人的角度去考虑问题，用‘推己及人’的思维去看待各种事物。”在人际交往中，难免会出现与人意见相左的时候，此时要想说服对方，就要看透对方的心思，知道对方想做什么，接下来可能采取什么行动，那么就能对症下药，及时抓住主动权，让对方对你无能为力，只好束手就擒。

果断坚定，该出手时就出手

一个好的决策者懂得：在异中求同，综合多方意见，也不固执，即便最后力排众议，也必定是因为心里已有了明确的打算和计划，绝不会单凭一腔热血肆意而动。

法国社会心理学家托利得的托利得理论认为：测验一个人的智力是否属于上乘，只要看他脑子里能否同时容纳两种相反的思想，而无碍于其处世行事。

换言之，一个有所成者必是有坚定的原则和立场的人，他可以听取和采纳他人的意见和建议，但对自我主张一定不会轻易放弃，聪明人懂得如何在自我和外界的声音之间取得平衡。

亚洲第一女首富龚如心，是个出了名果断、坚定、雷厉风行的女人。投资英国切尔斯菲尔德房地产公司的时候，她看到机会，立马行动；中央政府开放大陆公民赴港个人游之前，她预瞻到酒店业的前景，就迅速大力投资酒店业；1994 年，她宣布要在荃湾杨屋道投资 100 亿元，兴建高 518 米、108 层

的如心广场时，几乎所有人都认为这是个近乎疯狂的做法，可龚如心有自己的逻辑，荃湾虽然地处偏僻，但一旦在这里建起"世界最高的大楼"之后，必定会引起广泛关注，带动荃湾的经济。虽然最后因为影响飞机航道的问题，"世界最高的大楼"没能建起来，可将地盘一分为二建起的纯酒店和商业酒店的两用大厦，依然证明当初龚如心的大胆、果敢、排除众议的决策有多么正确。

一个成功的企业家，必然是能在众人的争辩声中找到最好的处理方式的人，他们自信、决断、拒绝人云亦云，在众人的喧哗争吵声中早已明确了自己的想法和决策，他们做自己认为正确的事，决不轻易妥协。

这里我们也要注意到，果断坚定并非刚愎自用，自信者与自负者之间也只有一线之隔，面对反对意见，智慧的人懂得如何审时度势，客观分析，绝对不自以为是，否则必将招致败北的结局。

东晋十六国时期，前秦世祖苻坚自恃强盛，决定灭掉东晋。他召集群臣，提出亲率百万大军一举灭晋。臣僚多不赞成，有的还极力谏阻，但他执意不从。

自下诏进攻，苻坚先后率八十万大军去攻打晋国。晋国派大将谢石、谢玄领八万兵马迎战。兵力悬殊如此之大，苻坚也更加不把晋军放在眼里，傲慢非常。在他看来，灭晋之事，小菜一碟。

可谁想，先头先锋部队不幸战败，苻坚自乱阵脚。他连夜去前线视察，见晋军阵容严整、士气高昂，连晋军驻扎之地八公山上的草木都似兵士，这下苻坚更慌了。

接着，淝水决战，秦军被彻底击溃，损失惨重，秦王苻坚受伤，仓皇逃跑间，连风声鸟声都以为是敌军到来。这就是成语"风声鹤唳，草木皆兵"的史实，"淝水决战"也是我国古代著名的以少胜多的战役。

苻坚的失败与他自身的自大轻敌是分不开的，他认不清形势，一意孤行，贸然进攻，败得一塌糊涂也是必然。

一个好的决策者懂得：在异中求同，综合多方意见，也不固执，即便最后力排众议，也必定是因为心里已有了明确的打算和计划，绝不会单凭一腔热血肆意而动。

商鞅变法之时，为了保证变法的顺利进行，坚定变法的信念，商鞅向秦孝公反复强调，不能疑惑，不能讨论，即所谓"疑行无名，疑事无功"。在商鞅看来，尤其不能让下层老百姓参与关于变法的决策，他坚持“论至德者不和于俗，成大功者不谋于众”的想法。

尽管朝中有大臣甘龙、杜挚同商鞅争论，但是，这些争论对商鞅和孝公而言皆不具有讨论意义，最后，孝公一声令下，封死了反对者的口，变法开始推行。

商鞅变法确实起到了强国效应，秦国也在其后崛起。然而，我们应当注意到，商鞅力推变法是可取的，可他力荐孝公完全视众议于不顾，秦国是得到了发展，可他自己最终却被五马分尸而死，不得善终。

一个人做事果断坚定固然好，可在“该出手”之前也要处理好各方的关系，理清形势，否则必然会给决策的后续带来隐忧。我们强调，果断但不臆断。

在不断求新求变的呼声里，1985 年 4 月 23 日，可口可乐公司宣布改变他们已经使用了 99 年之久的秘密配方，推出新配方制成的可乐。然而，新可乐一经推出，那些曾经要求变革的声音消失了，更广大的传统可口可乐的支持者站了出来，指责可口可乐不尊重老顾客的做法，其销量一落千丈。

最后，可口可乐不得不沿用老配方，新配方计划在蒙受了重大损失之后以失败而告终，《纽约时报》将可口可乐更改配方的决策称为美国商界一百年来最重大的失误之一。

在可口可乐的例子中，其公司力排众议，坚决推出新配方，在于其仅凭片面的调查而盲目地预测了新配方的前景，它忽视了占大多数的老顾客的意见，臆断了市场，最终导致了计划的失败。

因此，当我们在面对多方意见时，一定要搞清自己的真实想法，不盲从臆断，也不畏首畏尾。智者知道如何在坚持主张的同时又能异中求同，争取利益的最大化。

第 12 章

避免与他人积怨的心理策略

——少点计较，大智若愚

所谓人不犯我，我不犯人。人若犯我，我是否一定要犯人呢？众所周知，处世之道，当以和为贵。与人积怨，并非是“打一巴掌给个枣”就能解决的事情。为避免积怨带来的连锁负反应，最好的方法就是不要结仇，甚至不惜以德报怨来消解对方的敌意。可是对方的仇恨是说消就能消的吗？当然不是！但若学会必要的心理策略，解决这个问题就容易多了。

放低姿态，示弱拉近距离

聪明人懂得暴露自己的缺点，宁做温润淡雅的璞玉，不做炫目耀眼的钻石。

示弱并非怯懦、逃避、任人宰割，相反，示弱既是种策略，也是种修养。老子有云："故贵以贱为本，高以下为基。是以侯王自称孤、寡、仆。此其以贱为本耶，非乎？"意思是说：由于贱是贵的根本，下是高的基础。因此侯王自称孤、寡、仆，以示谦下，那这不是以贱为本吗？所以说，聪明人懂得暴露自己的缺点，宁做温润淡雅的璞玉，也不做炫目耀眼的钻石。

"美国之父"富兰克林，将他的成功之道都归结于一次年轻时的拜访。当时一位长辈请他到一座低矮的小茅屋中见面，富兰克林来了，他挺起胸膛，大步流星，一进门，"砰"的一声，额头重重地撞在门框上，顿时肿了起来。那位长辈看着他哭笑不得的样子，笑着说："很疼吧？你知道吗？这是你今天最大的收获。一个人要想洞察世事，练达人情，就必须时刻记住低头。"

人要懂得谦卑地低头，这是富兰克林此次拜访顿悟的箴言，也成为他一生的行事准则。

俄罗斯心理学家库斯洛指出：示弱，其主旨就是自曝缺陷和弱点。富兰克林的谦卑姿态也正是示弱的表现，但示弱并非软弱、退缩、畏首畏尾，而是一种礼让和谦和，是对人事物的宽容态度，正如一位研究古代文学的学者所言："人不应该示强，而应该示弱，这才是最高的做人境界。"

我们常说"枪打出头鸟"，在竞争日益激烈的现代社会，人人都想表现自己，展现出比他人更优秀的一面，然而也应当意识到，能力表现固然重要，人际交往也是不可或缺的关键因素。在我们的社会群体中，无论是强者还是弱者，都有被人需要、被人尊重的需求，都有超越别人获得心理优越感的需求。而示弱往往可以使他人感觉到自身的重要，给人一种心理平衡，对示弱者表示出好感。

小张是一家公司市场营销部的老员工了，业绩一直独占鳌头，然而近几个月他的“擂主”位置被小辈小李取代了，这让他心里很不舒服，也很不服气。他自认资历比小李高，人脉比小李广，没理由会落于他之后。

好胜心严重刺激了小张，这让他做起业务来有些不管不顾了，甚至去挖小李的墙角。没多久，小张的业绩是上升了，可原本颇被同事敬重的他此时却被闲言闲语给淹没了，鄙夷的目光让他抬不起头来。季末的“员工互评”分也是出乎意料的低。

于是小张认真反思了自己之前的行为，懊悔不已。他一个老员工何必跟一个小辈争这种气呢？工作本身就是各凭本事嘛。现在可好，虽然搞好了业绩，却失了人心，而且不要说别人，连自己都觉得胜之不武，有什么意义呢？小张决定改变自己。

首先，他主动找到小李，非常诚挚地跟对方道了歉，坦言自己是因为感觉被小李比下去才这样的，现在发现自己还有很多不足，也认识到之前做法的不妥，并表示要向小李好好学习。面对小张忽然的低姿态，小李倒有些不好意思了。不过，小李是个直爽的年轻人，很快便冰释前嫌了，并和小张真的互通起自己的营销经验来。

在以后的工作中，小张和小李都把从对方那里取来的经用到了工作中，两人的关系也更加和谐了，还不时地就工作上遇到的问题互通意见和建议，两人的业绩自然也越来越好了，颇得领导和同事的认可。

小张正是通过放低姿态，以虚心学习的态度重新获得了大家的肯定。由此可以看出，有的时候，坦然示弱，暴露自己的弱点比故作强大更能赢得他人的好感。

俗话说：“大树易折，弱草坚韧”，人类会本能地对表现强势的力量抱有敌意和戒备，要想避免成为众矢之的，就要学会谦和做人，以中庸的低姿态消除对方的抵触情绪，化解敌意。

委婉表达，维护他人自尊

只有尊重他人，才能既不造成对方反感，又能令其接受你的建议和批评，达到双赢的效果。

美国心理学家马斯洛的需要层次理论，将人的需要分为五个层次，其中尊重的需要属于人的高级需要范畴，包括自尊、自重、被别人尊重的需要，具体表现为希望获得实力、成就、独立和自己，渴望得到他人的赏识和高度评价。也就是说，人皆有维护自尊的基本需要。

生活中，我们总免不了跟人意见不合，需要表示拒绝或指出别人错误的时候，这时如果直言不讳地加以指责，必定会令对方不舒服，也会伤害到他的自尊，因此，不妨采用委婉的表达方式，这样不但尊重了他人，也消除了令对方产生敌意的可能。

《战国策·魏策四》里记载了这样一个故事：战国后期，一度称雄天下的魏国国力渐衰，可是国君魏安厘王仍想出兵攻伐赵国。谋臣季梁本已奉命出使邻邦，听到这个消息，立刻半途折回，风尘仆仆赶来求见安厘王，劝阻其伐赵。

季梁对魏王说："今天我在来此的路上，遇见一个人坐车朝北而行，那人告诉我他要去楚国。我问他：'楚国在南方，为什么要朝北走？'那人说：'不要紧，我的马好，跑得快。'我提醒他：'马好也不顶用，朝北不是到楚国该走的方向。'那人说：'我的路费多着呢。'我又跟他说：'路费多也无济于事，这样是到不了楚国的。'那人还是说：'不要紧，我的马夫很会赶车。'诚然他具备了所有条件，可他却犯了方向性的错误。楚在南，他却向北，因此，他的条件越好，离楚国的距离就越远。而今，大王此番的目的是想要成就霸业，欲在天下取得威信。但是赵国并非弱小，若进攻不利，反而会削弱魏国，这样就离建立王业越来越远了啊。这不就和那个欲去楚国，却偏往北走的男子一样了吗？"

魏王听完，若有所悟，这才放弃了伐赵的想法。这也是成语"南辕北辙"

的由来。

季梁为了说服魏王，现身说法，讲述了自己的亲身经历，让魏王意识到自己的行动与目的是背道而驰的，其结果有害无利，终令魏王断了伐赵的念头。我们看到，季梁在整个劝谏的过程都未吐出任何带有指责和批驳的言语，而是以说故事为名，行了讲道理之实，让魏王自知此行不智，主动收回了成命。

试想，假如季梁不是采取迂回委婉的方法，而是义正词严、苦口婆心，一副为王堪忧、为国冒死觐见的样子，魏王还能那么轻易地接受他的建议吗？想必那时他离以下犯上、罪大当诛不远了吧。

常言道："金无足赤，人无完人。"是人都会犯错误，所以，我们在与人共事时，绝不能揭人短处，置他人面子和自尊于不顾。只有尊重他人，才能既不造成对方反感，又能令其接受你的建议和批评，达到双赢的效果。

著名作家、翻译家梁实秋，晚年很喜欢到一家名叫"渔家庄"的饭店用餐。因为这里不仅饭菜物美价廉，海鲜烧得极好，而且主人做事殷勤，服务员也体贴周到。

一次，梁实秋的幼女文蔷自美返台，他们便邀了亲朋去"渔家庄"欢宴。然而，酒菜上桌多时，唯有白米饭久等不来。几番催促之后，仍不见米饭的踪影。梁实秋无奈，趁服务员上菜之际，开玩笑地问道："怎么饭还不来？是不是稻子还没收割？"

服务员马上明白了梁实秋的意思，顺着答道："还没插秧呢！"

一个原本可能会令双方都不愉快的场面，经服务员的妙语，举座齐乐。当然，服务员也迅速地把米饭送了上来，并表示了歉意。

以上是两个聪明人的对话，在这个故事里，梁实秋并没有指责服务员招待不周，让客人久等，而是以一句"是不是稻子还没收割"幽默婉转地表明了自己的意思，而服务员也懂得顺势而下，回以妙答，博得顾客一笑，化解了对方的不满。

中国有句古话："成人之美，不送人之恶。"委婉含蓄，不送人激烈言辞，它是一种艺术和修养，既能帮助我们避免为难，维护了对方的自尊，又能巧妙地表达本意。

林肯曾经对天天送到白宫办公桌上的那些冗长的、复杂的官式报告，感到非常厌倦。于是他对下属说："当我派一个人出去买马的时候，我并不希

望这个人告诉我这匹马的尾巴有多少根。我只希望知道它的特点在哪里就可以了。"

林肯以委婉的语言令众人意识到报告的问题所在，并传递出总统先生对此已有些不满的信息，促使他们改进。

我们都知道，人的心理是极其微妙的，其中自尊心往往起着重要的控制作用，触及它，就有可能产生不愉快。因此，对一些只可意会，不可言传的事情、人们回避忌讳的事情、可能引起对方不快的事情，不能直言陈述，只能采取委婉、含蓄的方式去表达。

公元前613年，楚庄王熊旅继位，当时朝政由斗克和公子燮把持，庄王做着傀儡君王。在即位的头三年里，庄王日夜饮酒作乐，不思朝政，并下令：劝谏者死。眼看朝廷政事混乱不堪，国势日益衰微，大臣成公贾冒死觐见。

庄王怒道："你难道不知我禁止劝谏的命令吗？"

成公贾故作惊惶，答曰："大王之令我岂会不知？我是来出谜语为大王助兴的。"

庄王一听，起了玩心，说："你说说看吧。"

成公贾说："南山上有一只大鸟，三年里站在大树上不飞不动也不叫，不知道这是什么鸟。"

庄王沉思了一会儿，道："三年不飞，一飞冲天；三年不鸣，一鸣惊人。这是只不同凡俗的鸟。你的意思我懂了！"

自此后，庄王一改往日颓靡之态，亲理朝政，拔贤能，除奸佞，遂令国势蒸蒸日上。

成公贾在明明已经触怒君颜的情况下，以"出谜语"为由平息圣怒，引出委婉之言，令庄王主动接受了自己的劝谏，既维护了庄王的自尊，又表达了自己的意思，更重要的是，还保住了脑袋。

诚然，一个直来直去、敢说敢做的人也是自有魅力的，因为他们不喜欢藏着掖着，如魏征直谏太宗，被尊为"明镜"。然而，我们也应当意识到，偌大贞观朝堂，也只得魏征一人敢多次如此，其他人又如何呢？

一个人即便再豁达，批判的话语听多了也会恼羞成怒，更何况在崇尚人人平等的现代社会，人们对被尊重的需求更甚，稍不留意，可能就会触犯他人自尊。因此，能够采取委婉的方式表达否定的言辞，绝对不要率性直白，这是说话的艺术，也是做人的智慧。

大智是本质，小愚是策略

“满招损，谦受益”，不懂得收敛锋芒者，必定容易遭人记恨，受人排斥，无法取得别人的信任和支持。

老子言：“大智若愚，大巧若拙，大象无形，大音希声。”意思指，当一种智慧到达一个境界之后，变似有其反向的样子了。大智若愚，即最高的智慧接近于木讷，似没有智慧，接近愚钝。当具有大智，必是达观大度、不拘小节、虚怀若谷。

大智若愚在生活中常常表现为做人低调、不露锋芒、不处处显示自己的聪明，亦从不夸耀自己，却有以静制动、以暗处明、以柔克刚的智慧。

美国第九届总统威廉·亨利·哈里逊出生在一个小镇上，可他因为文静害羞而被人们看做是傻子。镇上经常有人捉弄他，他们把一枚5美分的硬币和一枚1美元的硬币扔在他面前，让他任意捡一个，威廉总是捡那个5美分的，于是大家都嘲笑他。

一次，一位妇人看他很可怜，便问他说：“威廉，难道你不知道1美元要比5美分的硬币值钱吗？”

“当然知道，”威廉答道，“可是，如果我捡了那个1美元的硬币，恐怕他们下次就不会扔钱让我捡了。”

有大智者，甘为愚钝、甘当弱者、低调做人，把锋芒隐藏在木讷之后，不求争先，不显山露水，关键时刻却又令人刮目相看。“满招损，谦受益”，不懂得收敛锋芒者，必定容易遭人记恨，受人排斥，无法取得别人的信任和支持。

公元前712年，郑庄公准备伐许。战前，他先在国都组织比赛，挑选先行官。颍考叔当仁不让，几次胜于公孙子都，拔得头筹。

这年七月，庄公拜颍考叔为大将，公孙子都和瑕叔盈为副将，率军攻打许国。公孙子都本是看不起颍考叔，在先行官比赛中输给他更是怀恨在心，如今还做了颍考叔的副手，公孙子都早已妒火中烧。

伐许之战，颍考叔带兵杀敌，身先士卒，果不负众望，在进攻许国都城

时，手举大旗率先从云梯上冲上许都城头。这下公孙子都嫉妒的心再也按捺不住了，竟趁众将齐心攻城的时候，向颍考叔偷袭，一箭正中颍考叔后心。一代大将就这样连人带旗栽下了城头。

谁都无法否认颍考叔的才能，可正是他不懂收敛，令才能外现，太过张扬地表现自己，让公孙子都产生了嫉妒之心，在其心里埋下了仇恨的种子，最后这颗种子迅速成为毒木，颍考叔也在不经意间如同做了在猪笼草上漫步的蝇，瞬间被吞噬，毫无防备。

当今社会，人际关系纷繁交错，稍不留意就可能踏入他人敌意的战场，因此我们更要学会"装傻充愣"，"装傻"不是真的傻，"愣"也不是真的呆，这是懂得做人的高明之处。不显炫耀自己的聪明才智、不显露精明强干，尤其在领导面前，"难得糊涂"才是避免是非纠葛的明智之举。

商纣王荒淫无道、暴虐残忍，一次作长夜之饮，昏醉不知昼夜，问左右之人，"尽不知也"，又问贤人箕子。箕子深知，"一国皆不知，而我独知之，吾其危矣。"于是亦装作昏醉，"辞以醉而不知"。

装糊涂并非真糊涂，所谓"花开一半，酒醉半边"，智者给人的愚钝之感，正是其旷达、深远的智慧所在。花开一半，不会因太过醒目而遭折；酒醉半边，似昏还醒，真真假假，又有谁知？

《红楼梦》中，薛宝钗的圆通是有目共睹的：元春省亲与众人共叙同乐之时，制一灯谜，令宝玉及众小姐去猜。黛玉、湘云一见即知，眉宇之间颇为不屑，唯宝钗对此"并无甚新奇""口中少不得称赞，只说难猜，故意寻思"。一番"装愚守拙"之态，自是将"女子无才便是德"的贾家之训表现得十分完美。《红楼梦》中宝钗此类之举数不胜数，甚至令原本以为她"有心藏奸"的黛玉都与之交好了，难怪得了贾府长辈的满心赞赏，最后与宝玉成了大礼。

聪明人懂得藏智露拙，它区别于真的愚，却也不是那些斤斤计较的小聪明可比的智。倘若仔细观察我们周围那些精于为人处世者，你会发现，他们都是善于收敛锋芒者，既不会让他人产生压迫和危机感，又能在关键时刻展现身手，在平凡中表现不平凡。大智小愚的精妙之处正在于此。

想得到朋友，就让他们超过你

与人合作和相处，贪功会失了雅量，也会引起不必要的猜忌，但凡存了共享安乐或是独占功劳念头的人，必会造成他人的戒备和仇视。

《菜根谭》中有言："当与人同过，不当与人同功，同功则相忌；可与人共患难，不可与人共安乐，安乐则相仇。"说的便是这个道理：要懂得把功劳让给别人。

与人合作和相处，贪功会失了雅量，也会引起不必要的猜忌，但凡存了共享安乐或是独占功劳念头的人，必会造成他人的戒备和仇视。聪明人懂得与人分享荣誉，有时甚至还故意把属于自己的那份功劳让给别人。

篮球明星迈克尔·乔丹的成绩有目共睹，然而这个被称为"飞人"的篮球传奇，在接受媒体采访时从不居功自傲，绝口不提"我自己……"，而是不断地强调"都是因为球队的力量……""都是因为大家的努力……"，其谦虚的态度令人钦佩不已。

由此可见，真正的大人物是能把荣耀让给他人的人，他们并非时时追名逐利，而是在赢得名利的同时，也不忘把成就拿出来与人分享，他牺牲了自己的虚荣心，却赢得了他人的尊重和支持。

梅格·惠特曼是美国著名的女企业家，曾在《财富》杂志上以《我一辈子得到的最好的忠告》一文中披露了自己受益一生的五个忠告，其中之一就是"不要把一切功劳归在自己身上"，她还说，"如果你周围的好事很多，好事也终会降临到你头上。"意思是，如果你懂得把功劳让给别人，让对方体验到成就感的话，最后受益的必定会是自己。

然而现实中，我们常看到的情况却是"把功劳留给自己，把过错推给他人"，许多人都想努力表现自己，担心落于人后，唯恐自己做的那点小功小德无人知晓。殊不知，这正是人际关系和事业发展中的大忌。

某广告公司的设计总监，与下属同心协力完成了一个作品，一推出便迅速走红，达到家喻户晓的地步，公司品牌收益颇丰。

总公司派上级过来考察，他趁陪同之际，夸夸其谈，说了很多自己为这

次的成果劳心劳力的话，明里暗里强调自己在这次作品中起着至关重要的作用。上司听了很满意，表示要重重奖励。

然而下属们知道后，纷纷表示愤慨，没想到此人是这么自私的小人，从此与他貌合神离，对其工作也不再配合，甚至有人往上检举他剽窃同事方案，以其被辞退而告终。

例子中的设计总监正是犯了“独任”的忌讳，埋下了敌意的隐患，使同事疏远了自己，有意抓他把柄，最终落得名利尽失的下场。因贪一时之功而葬送了前程，可不就是典型的“捡了芝麻，丢了西瓜”吗？

《菜根谭》中说：“完名美节，不宜独任，分些与人，可以远害全身；辱行污名，不宜全推，引些归己，可以韬光养德。”意思是：完美的名声和荣誉，不要一个人独占，应该跟人分享，才不会招来嫉恨，被人算计；不好的名声和错误，不可全推给他人，自己也要承担几分，这样才可以保全功名获得美德。

公元 280 年，西晋名将王于巧用火烧铁索之计灭了东吴，令三国统一。然而胜敌之后，他却被安东将军王浑以不服从指挥为由，要求将他交司法部门论罪，又诬陷王于攻入建康之后，大量抢劫吴宫珍宝。

王于深感恐慌，一再上书陈述战场的实况，为自己的清白辩解。幸运的是，晋武帝司马炎力排众议，没有治他的罪，还对他论功行赏。

可王于每当思及此事，便愤愤不平。想他一届功臣，为何要受这种不白之冤？于是每次觐见武帝，他都一再陈述自己一心效忠、不辞劳苦、奋勇杀敌的功勋，以及这平白被冤枉的一腔愤懑。然而这并未能改变任何事，朝臣对他的弹劾之声仍不时出现。

这时，身旁的范通对他说：“您的功劳太大，可惜您居功自傲，未能做到尽善尽美。”

王于很疑惑地问他是什么意思。

范通接着说：“您自凯旋后，当退居家中，不再提伐吴之事，若有人提及，您就说：‘这靠的是皇上的圣明、诸位将帅的努力，我有何功劳呢？’”

王于接受了范通的建议，果然谣言渐渐平息。

历史上因居功自傲而埋下隐患的例子不胜枚举。倘若王于没有听从范通的建议，而仍一根筋地向皇帝表忠心、论功德，保不准哪天不被朝臣弹劾，皇帝自己可能因其反复强调的“大功”而动了杀机，毕竟，古代帝王“狡兔死，走狗烹”的做法实在不少。

不与人争功，尤其不与领导争功，不在他人面前张扬自己所做出的牺牲，在争取表现机会的同时，也要注意给别人机会，要学会适时分享，这才是智者所为。

共同体验，理解消除隔膜

我们总是喜欢那些价值观、爱好、经历跟自己相似的人，这就是人际交往中必不可少的“共同语言”。

心理咨询中有个专业用语，叫“共感”，是指咨询者不以外界客观的或个人主观的参照标准，而是设身处地从来访者的参照标准去体会其内心感受，领悟其思想、观念、态度和情感，从而达到对来访者境况的准确的理解。表示感同身受，往往会使那些对咨询者抱有排斥心理的来访者放下戒备，认真谈论起自身的困扰和问题。

人是感情的动物，当我们被伤害、被否定的时候，就会很难过，假如这个时候有个人表示他理解你的感受和做法，往往容易对此人产生“自己人”般的亲切感，自然而然就会靠近他。

《红楼梦》中，宝钗做人极其圆通，起初唯黛玉与其不亲，心道其“有心藏奸”，然而两人的间隙全消也只在一个片段。

刘姥姥二进大观园，众人夜里看戏猜拳行酒令，黛玉不小心把自己从《西厢记》和《牡丹园》中的艳词说了几句出来，谁料黛玉无意，宝钗有心。宝钗并未当众戳穿黛玉，令其难堪，而是在第二日送走刘姥姥之后，单独叫上黛玉往她的蘅芜院中来。

宝钗冷笑着说：“好个千金小姐！好个不出闺门的女孩儿！满嘴说的是什么？你只实说便罢。”宝钗的义正词严令黛玉惶恐，马上告饶道：“好姐姐，原是我不知道随口说的。你教给我，再不说了。”

宝钗见黛玉羞得满脸飞红，也不再追问，而是说：“你当我是谁，我也是个淘气的。从小七八岁上也够个人缠的。我们家也算是个读书人家，祖父手里也爱藏书。先时人口多，姊妹弟兄都在一处，都怕看正经书。弟兄们也

有爱诗的，也有爱词的，诸如这些《西厢》以及‘元人百种’，无所不有。他们是偷背着我们看，我们却也偷背着他们看。后来大人知道了，打的打，骂的骂，烧的烧，才丢开了……”

短短一幕，宝钗的做人之练达可见一斑。她私下找黛玉说及此事，意是会为其保密；她一番训斥，充满爱意，俨然是一心为黛玉好的宝姐姐，这必然令孤单一人的黛玉徒增了亲切感；她在黛玉承认错误后，表示自己也看过邪书，更是让黛玉有了“自己人”的感觉，自不会认为宝钗的规劝是饱含私心的。自此，黛玉放下了对宝钗的成见，引其为知己。

心理学上说，当人在遇到困难时，其潜在的意识里会产生一种“喜欢自己”的心理，于是在这种“喜欢自己”的心理延长线上，对与自己相似度越高者，越有喜欢的倾向性。因此，我们总是喜欢那些价值观、爱好、经历跟自己相似的人，这就是人际交往中必不可少的“共同语言”。

经典影片《与狼共舞》中，白人邓巴中尉被派去侦查印第安人，起初并不受苏族人欢迎，然而最后他却消除了苏族人的敌意，他是怎么做到的呢？

首先，他射杀了野牛，救了苏族人“笑口常开”的命；然后，他爱上了被苏族人养大的姑娘“握拳而立”，并按苏族人习俗成婚；最重要的是，他帮助苏族人打败了其对手帕尼族人，得到了苏族人的尊重。他最后甚至为了避免战火连累到苏族人，而带着妻子远走高飞。

邓巴正是通过种种“苏族式”的行动，让对方认可了他的存在，并被当作“自己人”对待。正如票房奇迹《阿凡达》的主人公杰克，直到他骑上猛禽伊卡兰后，才有了成为纳威人的形式上的象征，也在如纳威人般逐渐感受身边事物的过程中，爱上了纳威人的一切，并最终被纳威人接受。

我们常说“物以类聚，人以群分”，其在现代汉语的表达中多含贬义，然而就其字面意思而言，说的却是一种很普遍的现象。人是社会性动物，偏好选择与自己类似的人待在一起，对事物有共同的体验，恰是彼此相似的表现。正如前面的例子中，宝钗在批评完黛玉之后，又说出自己也看过那些书，更是让黛玉对她的教训表示认可，连带对宝钗本人也认可了。

我们说“共同的体验”，也就是“共同的感受”，简称共感。共感会引发一种来自内心深处的认同，一旦唤醒，便能略过脑中的逻辑成分，而直接形成情绪。可见，改善与他人的关系并非我们想象的那么困难，只要你能融入他们之中，让其产生“自己人”的感觉，自然也能让对方另眼相待了。

亡羊补牢，修补关系要及时

一个懂得及时承认错误的人，通常会给人坦诚、真挚的印象，即使犯了错误，也必定会比那些至死不认错的人，更容易得到他人的谅解。

《战国策·楚策》中，大臣庄辛规劝骄奢淫乐的楚襄王道："见兔而顾犬，未为晚也；亡羊而补牢，未为迟也。"意思是说，当发现事情出了错误之后，如果赶紧去修正，还不算迟。在人际关系上也是如此，一旦发现裂痕，就要及时修补。

人非圣贤，难免有误。与人相处，总有不小心得罪别人的时候。聪明人在这时会及时承认错误，而绝对不是推脱责任，为自己辩解。面对一个态度诚恳的认错者，对方还怎么好意思同他计较呢？

一天，卡耐基在森林公园遛狗，他既没给狗系链子，也没有戴口罩。这时迎面走来一个警察，很严肃地对卡耐基说："你为什么不给你的狗系上链子，戴上口罩？它要是咬伤小孩子，咬死小松鼠怎么办？"

"可是现在又没有人，而且我不认为我的狗会咬人……"卡耐基辩解道。

警察听完很生气地说："这次就算了，如果下次再让我看到，那就请你去跟法官说吧。"

接下来的几天，卡耐基遛狗时再没碰见警察，于是这天，他又拿掉了狗的链子和口罩。很不幸，卡耐基远远地看到警察走了过来。

警察一走近，未等对方开口，卡耐基马上诚恳地说："对不起，警察先生，我真是该死，竟然不听您的警告，又这样把狗牵出来了。我有罪，我甘愿受罚。"

这下警察倒不好意思指责卡耐基了，反而劝他说："好吧，这其实是人之常情，这里的确人来得比较少。"

"可是这是违法的啊，而且它可能咬伤人或咬死小松鼠。"卡耐基过意不去地说。

"这么小的狗，应该不会的。"警察反而替他开脱起来。

最后，遵照警察的建议，卡耐基以后都把小狗牵到对行人比较安全的小山那边去溜了。

卡耐基的"先下手为强"，不但化解了警察可能的怒气，也不用真的到法官面前说话了。试想，假如卡耐基还像上次一样为自己辩解，无疑是在挑战警察的权威，肯定会起到火上浇油的效果。如今一个简单的先发制人的道歉，不但避免了一场麻烦的庭上问话，还得到了警察的许可，彻底地解决了这个问题。

生活中，一个懂得及时承认错误的人，通常会给人坦诚、真挚的印象，即使犯了错误，也必定会比那些至死不认错的人，更容易得到他人的体谅，这在人际交往中有着极其重要的作用。

一次，美国总统里根访问巴西，由于旅途劳累以及年岁见长，欢迎会上，他脱口说道："女士们，先生们！今天，我为能访问玻利维亚而感到非常高兴。"

这时有人低声提醒说错了，里根忙改口道："很抱歉，我们不久前访问过玻利维亚。"

里根及时承认错误的举动，让巴西国民原谅了他的"无理"，化解了一场可能被放大的不快。一个能向别人道歉的人，其必定有可信赖的品质，他真挚、坦然、有责任感，是值得靠近和接触的。

在人际关系这个大网中，我们时时刻刻都在触及与他人的交点，任意两点都能被线条连接，因此，假如一段关系没处理好，就可能引起连锁反应，如同被推倒的多米诺骨牌一般，必定会使小事化大，更多的消极状况也会应运而生。

有这样一个故事：吴国和楚国相邻，一次，两国边境城邑的姑娘同在边境采桑叶，不想在做游戏时，吴国的姑娘不慎踩伤了楚国的姑娘。

楚国人带着受伤的姑娘去责备吴国人，结果对方不但不认错，还口出恶言，楚国人很生气，杀死了吴国人。吴国人为了报复，把杀人者的全家都杀了。

楚国守邑的大夫闻之大怒，发兵反击吴国人，杀死了众多吴国边境的百姓。吴王听后震怒，派兵入侵楚国的边境。由此，吴楚两国大规模冲突爆发。

吴国公子光又率领军队与楚人交战，大败楚军，俘获楚军大将，攻入楚国国都，强抢楚平王夫人。这场由游戏引发的战争，却造成了死伤无数的严重后果。

也许这个故事听来不免让人发笑，鄗夷吴国人太过斤斤计较，楚国人太不会做人，令原本一个道歉或赔偿都可以解决的事情，愣是引发了两国之战。

可见人际交往中，处理矛盾要及时，避免“牵一发而动全身”的状况出现。在局面还能掌握的时候，将敌意的幼苗迅速拔除，切忌等小事变大事，到那时，被动的局面令我们就算想挽救也无能为力了。

在社会交往中，人们不免在言语或行为上有得罪人的时候，聪明人懂得吸取教训，及时补救，但凡听之任之、放任自流，或者“死鸭子嘴硬”的做法，都只会令自己陷入更深的困境。

善于谅解，不使人难堪

一个有大智的人，必有着恢弘的气度，与人相处不使人难堪，善于体谅和谅解。

相传有位老禅师，一日晚间在禅院散步，忽见墙角有张凳子，便知是有僧徒违反寺规越墙而出了。老禅师不动声色，走到墙角，移开凳子，就地蹲下。不久果然有小和尚翻墙，踩着禅师的脊背跳了进来。

待双脚着地，他才发现刚才踏的不是凳子，而是自己的师傅。小和尚惊慌失措、张口结舌，然而老禅师只是平静地对他说：“夜深天凉，快去多穿一件衣服。”

一句简单平常的关心，让我们在老禅师身上看到了“海纳百川，有容乃大”的气度。面对如此宽待自己的师傅，小和尚那一脚无疑是踩在师傅背，痛在自己心。如此这番想必定会自知过错，虚心改正了。

德国著名的漫画家埃·奥·卜劳恩说：“一个人，只要具备善良、正直和宽容的性格，那么，便没有什么困难能够压得倒他。”古今中外，但凡有所成就的人，无不是拥有宽容豁达的人格魅力的人。

郁达夫与胡适积怨多年，口诛笔伐，相互较量机会无数。起因是，1919年郁达夫刚从日本回国参加外交官考试，以仰慕的心情给胡适写了封信，提出面聆教诲的请求，然而并没有收到胡适的回信，郁达夫一直对此耿耿于怀。

因此，在后来许多关于文化的辩论中，郁达夫没少跟胡适呛声，有时还会有十分过激的言辞，这无疑是对胡适这个新文学翘楚的严重侮辱，遂提笔对抗。随着这场文坛对战越演越烈，郁达夫甚至写了小说《采石矶》来影射胡适是个伪君子。

1923年5月，胡适决定不再进行这样无休止的笔战了，于是主动给郁达夫、郭沫若一派写信："我对你们两位的文学上的成绩，虽然也常有不能完全表同情之点，却只有敬意，而毫无恶感。我盼望那一点小小的笔墨官司不至于完全损害我们旧有的或新得的友谊，我尤其希望你们要明白我当时批评达夫的话里，丝毫没有忌恨或仇视的恶意。"

郭沫若读了胡适主动求和的信后，也觉得该停止了，于是回信道："断不致因小小笔墨官司便损及我们的新旧友谊。"郁达夫也在信中表示："我的骂人作'粪蛆'，亦是我一时的义气，说话说得太过火了。你若肯用诚意来规劝我，我尽可对世人谢罪的""你既辞明说'并无恶意'，那我这话当然指有恶意的人说的，与你终无关系。"

至此，中国文坛史上的一场笔墨之战就此打住了。后来在郭沫若回上海后，胡适特意找徐志摩去看望他和郁达夫，表示了友好的诚意。

可见，真正的大家都是具有豁达的气度的，他们有修养，不与人计较，懂得包容和退让，因此不但在某一领域颇有建树，也同样受到他人的敬仰和尊重。

美国前第一夫人希拉里在自传发行之初，受到某脱口秀主持人的辛辣嘲讽，对方说："她的自传不可能卖得好，我敢打赌，如果超过一百万本，我把鞋子吃下去。"然而这位主持人很不幸，希拉里的自传一经推出就成为畅销书，几个星期售出了一百万本，他得对全国观众履行承诺了。

这时，希拉里派人为他送来一个特意定做的鞋子形状的蛋糕，这位主持人如此便感激而惭愧地"把鞋子吃下去"了。

希拉里以一种幽默的方式表现了自己的大度，化解了一场矛盾，也得到了对方的尊敬。作为一个有着被人尊敬的优秀品质的人，希拉里从曾经的第一夫人，后转换身份到奥巴马政府的国务卿，也是对其自身能力和魅力的有力肯定。

古训有云：“人非圣贤，孰能无过。宽以待人，宽大为怀。”一个有大智的人，必有着恢弘的气度，与人相处不使人难堪，善于体谅和谅解。这种修养，放在工作中，必能得人协作；放在生活中，必会得友众多。

18 世纪的法国科学界，那时定比定律尚未确立，同是科学家的普鲁斯特和贝索勒就这个问题争论了 9 年之久，是众所周知的夙敌。

最后，这番旷日持久的争论终于以普鲁斯特的胜利而告终，但是他并没有自满得意，而是真诚地对多年来的反对者贝索勒说：“如果不是你一次次的责难，我是很难深入研究定比定律的，所以，发现定比定律，有你一半的功劳。”并当众宣告要与贝索勒共享这份荣誉。

普鲁斯特多年来以宽容的态度接受贝索勒的批评和质疑，不断修正自己的理论，最后使定比定律得以完成。这正是对别人的宽容之心，让自己最后收获了科学的果实，并得到了贝索勒的友情。

莎士比亚曾说：“不要因为你的敌人而燃起一把怒火，炽热得烧伤你自己。”因小事而起争论，必会越闹越大，也使彼此的误会更深，所以，面对不快和隔阂，不如放宽心态，待人以包容的态度，既避免了敌对中彼此的伤害，也能得到他人的尊重，这才是双赢的选择。

第 13 章
让他人积极效力的心理策略
——以理待人，赠人美言

人们常说：积极的人像太阳，消极的人像月亮。太阳普照万物，带来勃勃生机；月亮阴冷变幻，带来消寂暗淡。积极效力者创造的价值是消极怠工者所不能比的，因此，想让别人为我们把事情做好，就要调动其如太阳般的积极性，使其个人价值最大化，为我们的计划提供最在的支持。

积极竞争赋予人向上的力量

人们处于被追逐或追逐他人的位置上，一不小心就会被赶超，要想在这场追逐中获胜，就必须不断提高自己的能力，加快速度。

非洲大草原奥兰治河两岸是羚羊的集聚地，在生存环境、属类以及饲料来源皆相同的情况下，动物学家却发现，东西两岸的羚羊有着明显的差别：东岸羚羊群的繁殖能力比西岸的要强，奔跑速度每分钟也要比西岸的羚羊快13米。

这让动物学家百思不得其解，于是在动物保护协会的协助下，他们在东西两岸各捉了10只羚羊，并将它们同时送往对岸。结果，被转移到西岸的10只羚羊一年后繁殖到14只，而被运到东岸的10只羚羊只剩下了3只，其他7只都被狼吃掉了。

这时动物学家恍然大悟：这是竞争的力量啊！东岸的羚羊之所以强健，是因为它们生活地附近有个狼群，而西岸的羚羊之所以不及东岸，正是因为缺少这群天敌啊。

以上是对于竞争意义的著名发现，它带给了众多领域的学者专家以启示。没有天敌的物种是难以存活下去的，物竞天择的意义就在于竞争产生了强大的推力，无论是动物，还是人类，都只有在竞争意识的促使下，才会不断地提高和修正自己，以试图达到更好。没有竞争就没有进步。

古语有云："流水不腐，户枢不蠹。"在竞争的环境中，人们处于被追逐或追逐他人的环境中，一不小心就会被赶超，甚至成为对手的"猎物"，要想在这场追逐中获胜，就必须不断提高自己的能力，加快速度，以防处于弱势之中。

挪威人爱吃沙丁鱼，但是沙丁鱼非常娇贵，极不适应离开大海后的环境。当渔民们把刚捕捞上来的沙丁鱼放入鱼槽运回码头后，用不了多久沙丁鱼就会死去，而活鱼的卖价要比死鱼高若干倍。

为延长沙丁鱼的活命期，有渔民想出一个法子，他将沙丁鱼的天敌鲶鱼放在运输沙丁鱼的容器里。因为鲶鱼是食肉鱼，放进鱼槽后，便会四处游动寻找鱼吃。为了躲避天敌的吞食，沙丁鱼会自然地加速游动，从而保持了旺盛的生命力。如此一来，一条条沙丁鱼就活蹦乱跳地回到了渔港。这就是经济学上著名的“鲶鱼效应”。

“鲶鱼效应”是利用竞争作用而诱发群体生机的有效机制。竞争具有促使对象产生危机感，或激发热情和创造力的作用，有竞争意识的群体，也必定会更有活力，生机盎然，这是普遍存在的生物现象。

一只野狗在追一只小兔子，野狗使劲儿追，小兔子使劲儿跑，但最终野狗也没追上小兔子。小兔子回到家，对其母说：“今天有一只野狗追我。”

母兔问：“追上了吗？”

小兔子回答：“肯定没追上啊，它怎么能追上我呢？那只狗只是为了一顿饭在追我，而我却是为了一条命在跑啊。”

兔子会拼命地逃跑，只为了那一线生机。在高速发展的现代社会里，变化是日新月异的，固步自封是不可能有进步的，而竞争会促进发展。因为在社会丛林中，一旦让人们意识到形势的严峻，也必会如寓言中的兔子般，加大马力，全速向前。

然而，即使竞争会带来进步和发展，也要拿捏好尺度，防止恶性竞争引起的消极效应，例如2008年震惊全国的三鹿奶粉事件，就是典型的由于奶业恶性竞争引发的重大事故。积极的竞争应该是一个不断向对手学习，认清自己的不足，并逐步修正和提高自我的过程。

一次，本田先生对欧美企业进行考察，发现许多企业的人员基本上由三种类型组成：一是不可缺少的干才，约占二成；二是以公司为家的勤劳人才，约占六成；三是终日东游西逛、拖企业后腿的蠢材，占二成。而自己公司的人员中，缺乏进取心和敬业精神的人员也许还要多些。

当然，这些人并非不能完成工作，只是离公司的期望值远些，而且裁员不但会受到工会方面的压力，还会使企业蒙受损失。因此，裁员并不是个好方法。

这时，“鲶鱼故事”启发了本田。他把思想守旧的销售部经理换成了原松和公司销售部副经理、年仅35岁的武太郎，就如同把鲶鱼放到沙丁鱼中一样，武太郎一上任就凭着自己丰富的市场营销经验和过人的学识，以及惊人的毅力和工作热情，受到了销售部全体员工的好评，员工的工作热情被极大

地调动起来，活力大增。

销售部的积极发展直接反映到了公司的业绩上，本田成功地运用了“鲶鱼效应”帮自己解决了一个大问题。

因此，适时引入“鲶鱼”不失为一个促进竞争、注入活力的有效方法。但是也应当注意，“鲶鱼”的质量和数量都要控制得当，否则过度刺激只会引起恐慌。这是过犹不及的道理。

积极的竞争，会在带来压力的同时，赋予人向上的动力。合理利用竞争机制，能最大限度地激发对方的潜能，使我们的集体更富有生气，获得更好的发展。

明确责任，避免投机行为

当团队中单个成员所做贡献易评估，并且具有不可替代和易辨性时，即个人的责任和能力有目共睹时，将有效避免“搭便车者”的投机行为，促进整个团队的发展。

1920年，德国心理学家黎格曼进行过一项研究，专门探讨团体行为对个人活动效率的影响。他要求工人尽力拉绳子，并测量拉力。参加者有独自拉，有以3人或8人为一组拉。结果是：个体的平均拉力为63公斤；3人团体的总拉力为160公斤，人均为53公斤；8人团体的总拉力为248公斤，人均只有31公斤，只是单人拉时力量的一半。这种个体在团体中较不卖力的现象称为“社会懈怠”。

“社会懈怠”现象其实就是人们的“投机心理”，即人们在集体中有不发挥最大能力的倾向，除非是自己所作的贡献能够让人一目了然地分辨出来并得到认可。其导致的结果与“旁观者效应”是一样的，只是形成的原因更为复杂。

心理学家分析这种现象的原因是：当看到他人遇到紧急状况，如果只有自己一人能提供帮助时，施救者会意识到自己的责任，对受难者提供帮助，因为见死不救的罪恶感和内疚感，会让他付出很高的心理代价。而当有其他人在场时，帮助他人的责任就由众人来分担，个人的责任感也就少了。旁观者效应的实质就是人多不负责，责任不落实。我们熟悉的“一个和尚挑水吃，两个和尚抬水吃，三个和尚没水吃”的故事，说的就是这个道理。

专家分析：可能是人们为了追求公平，不希望自己出最多的力；也可能认为自己的力量微薄，不会对结果产生影响，属于可被忽略的因素；此外，还有人认为这种现象与社会环境有关，不能盖棺定论。但是，无论是哪种原因，增加个体参与感和责任感都是有效地减少这种现象的手段。

某高尔夫报社经营的是非盈利性报纸，读者主要是各大高尔夫球场或高尔夫产品销售公司，属于内刊。杂志社本身不靠报纸销量，而是靠其广告版块的销售状况来获取收益，这个部分由报纸的执行主编负责。

可是最近主编发现，除了广告版，其他版块的内容质量在逐渐下滑，他曾亲耳听到某高尔夫球场的草坪总监跟他反映说：“他们报纸越来越没法看了，再这样下去就不要送了。”这一席话让主编很惭愧，也很生气，于是回来后立即召开会议，批评编辑们在各自版块的懈怠。一份报纸如果没有读者，就算卖广告也不会有人看，广告效益并非与其他版的内容就没有关系。

然而两个月过去了，报纸并没有什么明显变化，因为是整体性的问题，似乎有种“大家都这样，我也这样好了”的心态在作祟。终于，主编想到一个方法。

他把各版的编辑找来宣布：以后每期报纸都要进行读者反馈调查，评出除广告版外最好和最差的栏目，在年终的时候会根据整年的统计结果，对总评成绩最好的那个版块给予奖励。当然，如果有栏目多次被评为最差版块，那么该栏目就有被撤掉或换编辑的危险。

果然，如主编期望的那样，清楚的绩效反馈让编辑们意识到他们的能力正在被检阅，于是纷纷拿出干劲儿，期望自己负责的版块能得到读者的青睐。

可见，当团队中单个成员所作贡献易评估，并且具有不可替代和易辨性时，即个人的责任和能力有目共睹时，将有效避免“搭便车者”的投机行为，促进整个团队的发展。

当群体共同完成某项工作时，假如责任模糊，易产生“旁观者效应”，这是对每个个体的才能和智慧的阻碍，要避免1+1小于2，不妨明确各个体的责任，并使之一目了然。

利用好利本性推动事情进展

不同的鱼要使用不同的鱼饵，如果你一厢情愿，长期使用一种鱼饵去钓不同的鱼，你一定会劳而无功的。要避免徒劳无功，就要下对饵料。

司马迁曾说："天下熙熙，皆为利来；天下攘攘，皆为利往。"墨家功利主义哲学也认为，人类一切行为的规则是"利之中取大，害之中取小"，即好利是人之本性。

满足好利本性就是满足人的需要。卡耐基说，世界上能够影响他人的唯一方法，就是谈论他的需要，并告诉他如何去获得、满足这种需要。他也确实是这样做的。

卡耐基每个季度都会租用纽约一家宾馆的舞厅，用来举办讲座。然而在一次讲座即将开始时，宾馆通知说舞厅的租金将上涨三倍。

卡耐基找到宾馆的经理。他拿出一张纸，在两边分别写上一个"利"字和一个"弊"字，说："让我们来分析一下这么做的好处和坏处吧。"

他在"利"的下方写下"舞厅空出来"，然后说，"你把舞厅租给别人开舞会，当然会比租给我们开讲座收到的租金高，如果我租用 20 个晚上，这无疑会给你们带来损失。可假如不租给我们会有哪些坏处呢？"

卡耐基在"弊"的下面边写边说："第一，你不能从我这里得到收入，因为我不能支付那么高的租金，所以只好搬到别的地方去；第二，舞厅空出来后，不一定马上有人租，空闲时间会给你们造成损失；第三，来听讲座的都是各大公司的骨干，你们宾馆可以借此机会得到宣传。事实上，你花 5000 美元的广告费都不可能有我的讲座吸引来此的人多，没有我们的讲座，你岂不是失去了很多潜在的财富吗？请您再权衡一下吧。"

果然，第二天，卡耐基得到通知，租金不再涨 3 倍，而只涨了 50%。

卡耐基的做法正如肯尼斯·古地所说的那样："如果你站在别人的角度多想想，就不难找到妥善处理问题的方法，因为你和别人的思想沟通了，有了彼此理解的基础。"了解对方的需求，并且满足它，也是为我们自己效力。

美国独立战争时期的高级将领伊特·乔奇说："如果希望身居高位，那么就应该明白钓鱼的原理。从鱼儿的愿望出发，放对了鱼饵，鱼儿才能上钩，这是再简单不过的道理。不同的鱼要使用不同的鱼饵，如果你一厢情愿，长期使用一种鱼饵去钓不同的鱼，你一定会劳而无功的。"要避免徒劳无功，就要下对饵料。

英国工业革命时期，为了获得政府的研究资助，法拉第带着一个发动机的雏形去见首相史多芬。面对这项新式发明以及滔滔不绝的发明者，史多芬兴致不佳。

确实，让一个了不起的政治家去理解一个缠绕着线圈的磁石模型具有划时代的意义，是件十分困难的事情。

这时，法拉第放弃再讲述他的模型，而是说："首相大人，如果这个机械能普及的话，必定能增加税收。"

果然，听了这句话，史多芬立刻来了兴致，请法拉第更具体地说下去。

同样的事物只不过换了种说法，法拉第让首相意识到，这件事是与首相，乃至整个国家的利益相关的。满足对方的需要，也就能满足自己的需要。

一个把对方需要放在第一位的人，会得到他人的尊重和信赖，也会为彼此创造良好的合作环境，最终受益的将会是我们自己。

2004年4月2日，微软首席执行官斯蒂夫·巴尔默和SUN公司首席执行官兼主席斯科特·麦克利尼尔向全世界宣布："微软和SUN将为产业合作新框架的设置达成一个10年协议。"

众所周知，在过去的20多年中，微软与SUN之间从市场竞争、技术产品的竞争到两个总裁之间的口水战，明争暗斗从来就没有停止过。现在，为了追求利益的最大化和最优化，曾经水火不容的竞争对手也成为亲密的合作伙伴。

商业社会，合作必定是基于双赢的目的而进行的，而双赢根本还是为了满足自己，使自己获得更大的利，纯粹为他人作嫁衣裳的"傻事"是绝少有人愿意干的。

想要对方为你办事，就要知道其需要之所在，如果对方表示漠不关心，不妨为他分析这件事与他自身的利益关系。每个人都有利己的一面，能满足对方的需要，对方也乐意为你效力。

不吝肯定的言辞，收获更大效益

肯定一个人的优点，他便会努力去挖掘这一点。当发现自身与肯定是有差距的时候，他们就会产生前进的动力，试图证明称赞者是对的。

美国著名脱口秀主持人奥普拉·温弗瑞说："每个人都希望别人认为自己是个大赢家，他们需要别人的肯定。"

心理学家马斯洛认为，荣誉感和成就感是人的高层次的需要，而满足这一需要的直接方式无疑就是获得他人或社会的认可。当一个人被肯定的时候，就会受到鼓舞，发挥更大的积极性，继续努力前进。

一个穷困潦倒的年轻人来到巴黎，他找到父亲的朋友，期望对方能为自己介绍一份工作。

"精通数学吗？"那人问。

年轻人摇头。

"历史地理怎么样？"

青年羞愧地又摇头。

"那法律呢？"

年轻人继续摇头。

"那你有什么长处吗？"

年轻人想了想，终于脸红了。

"那你先把住址写下来吧，我会帮你找找看的。"那人显然已经知道答案了。

青年惭愧地写下了自己的住址，却在急切地准备离开的时候被叫住了，那人说："年轻人，你的名字写得很漂亮嘛，这就是你的长处啊。"

"把名字写好也是长处？"青年疑惑地问。

"能把名字写好，就能把字写得叫人称赞，就能把文章写好！"年轻人听了很兴奋，果然一头扎进了写作的海洋之中。

数年后，法国有了享誉世界的文豪——大仲马。

一句简单的肯定的话造就了一代大家，试想，假如在看到年轻人连连摇头之后，对方就认定此人一无是处，任这个受到打击的青年垂头丧气地离去，那还会有后来因为他一句话就立志写作的大仲马吗？说不定只会让巴黎的贫民窟又多了个肮脏、委靡的流浪汉，当然，青年也可能成为一个靠出卖劳动力为生的平凡人，可是那都不会是后来的大仲马。

肯定和鼓励让人更自信，具有催人向上的力量。肯定一个人的优点，即使那优点是对方自己忽略或被称赞者放大的，他也会努力去挖掘这一点。当发现自身与称赞是有差距的时候，他们就会产生前进的动力，试图证明称赞者是对的。

电视剧《武林外传》里有这样一段：

为了鼓励小郭干活，大家的嘴甜得像抹了蜜。

秀才说："帮我把这双鞋洗了吧，顺便把鞋底儿重新纳一下。你是最棒的！"

大嘴说："帮我把这苞米搓了，顺便磨成面。你行，你不是一般人。"

小贝抱来要洗的被子还不忘搭上句好话："谢谢你啊，全靠你了！"

向来脾气火暴又不温柔的郭芙蓉小姐，一下子得了这么多夸赞的话，可不得把各位都伺候得好好的。

美国心理学家威廉·詹姆斯说："人性最深刻的原则就是希望别人对自己加以赏识。"他还发现，一个没有受过激励的人仅能发挥其能力的20%～30%，而当他受到激励之后，其能力可发挥到80%～90%。

《三国演义》中的曹操就非常善于用肯定来激励下属。许诸在与李傕的交战中，连斩二将，曹操即手抚其背，把他比作刘邦手下的猛将，说："子其吾之樊哙也！"荀彧弃袁投曹，曹操见其才华出众，把他比作刘邦手下的谋士张良，道："比吾之子房也！"徐晃孤军深入重围，大败关羽，军容整齐，完胜凯旋，曹操当即把他比作汉朝名将，大赞道："徐将军真是周亚夫之风矣！"

作为被下属敬重的领袖，曹操的肯定显得尤为珍贵，也更可信。一句赞赏的话，收获一个为自己出生入死的忠心下属，何乐而不为？

卡耐基的学生什瓦普曾这样说过自己的老师："他是一位时时会握你的手，鼓励你一下，赞美你几句的人。"什瓦普学以致用，为了唤起工人们的工作热情，斯顿克·伯立奇记述道："他广泛赞扬各个阶层的人，从经理到铆钉工人，无所不至，那些受到赞赏的人对此比对金钱还要珍视。"

团队中，如果下属一直得不到上司的肯定，就会沮丧、抱怨、工作也不积极，因为他们没有前进的动力，仿佛自己所做的工作和努力都被忽视了，自然越干越不上心。上司对下属的赞赏就像沙漠中饥渴的旅人看到远方的绿洲，不但使他们朝着水源的方向加速脚步，在饮水之后也如重新注入能量般，活力百倍又坚定地继续前行。

人都是需要肯定的。肯定，是一种鼓励，一种认可，它会使人产生一种无穷无尽的力量，还能沟通自己与他人的感情。想要他人为你效力，不妨多使用肯定的言语，尤其是在对方没有把握能做好的事上，多加肯定能让对方更积极。

赠他人以荣耀者，必得多助

真正的大人物未必时时追名逐利，他们懂得把荣耀让给他人，而自己则谦虚地退居幕后，牺牲了自己的虚荣心，却赢得了他人的爱戴和尊重。

拿破仑一生指挥的战役大大小小有60多个，其军事才干不容置疑，因此被马克思称为“伟大的军事家”。拿破仑坚持对军队“不用皮鞭而用荣誉来进行管理”，并认为一个在伙伴面前受了体罚的人是不能对荣誉有所感受的。

在一次对意大利的战争中，拿破仑在夜间巡视时发现，一个哨兵竟然在站岗时睡着了。拿破仑并没有叫醒他，而是拿起枪替哨兵站起岗来。哨兵醒来认出替自己站岗的司令，十分恐慌，跪倒在地，请求拿破仑的处罚。

拿破仑和蔼地说：“朋友，你们艰苦作战，又走了这么长的路，打瞌睡是可以理解的。可是目前，一时疏忽可能导致全军覆没，我正好不困，就替你站了一会儿，下次可要小心了。”

拿破仑没有选择处罚士兵，而是用一席话将辛苦作战的荣誉都放到了士兵的头上，可他自己呢？一个需要谋略和时时视察军队的领袖，难道不比下属更累吗？但是拿破仑丝毫没有提到这些，而是对士兵的英勇作战和艰辛表示理解。

真正的大人物未必时时追名逐利，他们懂得把荣耀让给他人，而自己则谦虚地退居幕后，牺牲了自己的虚荣心，却赢得了他人的爱戴和尊重。

斯大林也是善用荣誉策略的高手。在反法西斯战争期间，他对立功部队的指挥员及其将领，不但颁发由他亲手签发的嘉奖，还通过莫斯科电台向全世界播放，更是在首都为他们隆重地鸣放礼炮和礼花。他还根据功勋的大小，将礼炮鸣放分为三个等级。在整个战争期间，上至元帅，下至士兵，斯大林共下嘉奖令 373 次，鸣放礼炮 353 次。

这种声势浩大的荣誉赠与方式，无不令兵将们深感责任重大，在战场上也自然更卖力了。

其实斯大林的这种做法并非独特，毫不吝啬地创设和封赐头衔和荣誉，也是军事领袖拿破仑的拿手好戏。

卡耐基说："如果事必躬亲，将所有荣誉归于自己，那么这种人怎么能成就伟大的事业呢?"

美国著名的橄榄球教练保罗·贝尔在谈到他的队伍如何能够取得一个又一个的胜利时，也说道："如果有什么事办糟了，那一定是我的错；如果有什么不满意，那是我们一起做的；如果有什么做得很好，那么一定是球员做的。"

马斯洛认为自我实现是人类最高层次的需要，那荣誉无疑是人们在自我实现过程中获得的有力肯定，因此管理学上将荣誉激励作为终极激励手段。

在荣誉激励文化的奉行者——IBM 公司，有个"百分之百俱乐部"，俱乐部的会员都是能够完成年度任务的公司员工。一旦被批准成为会员，员工以及其家人就会被邀请参加隆重的集会。结果，IBM 公司的雇员就以这份荣誉为目标，工作更加卖力，以期能成为"百分百俱乐部"的一员。

IBM 公司的"百分百俱乐部"不但是对优秀者的认可和赞同，也会对后进者起到激励作用，令其奋起直追，当然，最终获益的将是 IBM 本身。

心理学上强调，人的需求是多层次的，物质的需求属于最低层次的需求，因此，在企业内部，单纯的金钱奖励并不是最好的方法，员工更需要精神上的满足和荣誉感，你得让他们觉得自己对这个集体很重要。

美国福克斯波罗公司的员工为了一个小小的香蕉形的金别针而努力工作着，这个体积小、分量轻的别针为何会有如此大的力量呢?

原来，在公司早期的某个深夜，当总裁福克斯正为一项重要的技术改造工作寝食难安的时候，一位研发部的工程师闯了进来，顺便带着那台可以实现该技术的原型机。福克斯看了后，心中的一块大石终于着了地，一时兴奋不已。可是他把整个抽屉都翻遍了，也没找到任何更好的东西可以作为他的谢礼——除了一根香蕉。

福克斯对那位工程师说："我实在拿不出更好的东西奖励你了，这是目前能拿出的唯一的奖品。"

从此，由一根香蕉演化而来的香蕉形金别针成了该公司的最高荣誉象征，它是对公司员工最有力的认可和肯定。

荣誉不仅能让人产生自豪和满足感，而且它所带来的激励作用也是单纯的物质奖励所不能比拟的。正因如此，什瓦普创立了"伯利恒钢铁公司钻石十字勋章"，将它授予那些对公司贡献十分巨大的助理们。

没有人能够真正抵抗荣誉的诱惑，尤其是公开的荣誉，它会让人获得尊重和赞扬，满足了人高层次的精神需求。但是这里也强调，在授予他人荣誉的时候要适当，要防止优秀者居功自傲，也要看到后进者的进步，这样才能将荣誉的激励力量运用得最到位。

发挥优势，避免彼此内耗

利用各自的优势拉车固然正确，可若不能统一目标，彼此协调，优势也会成为阻碍前进的障碍，最终让努力付诸东流。

抓过螃蟹的人都知道，将抓到的螃蟹放在一个篓子里，不必盖上盖，却不用担心螃蟹会爬出来。这是什么原因呢？原来，只要有一只螃蟹往上爬，就会有其他的螃蟹将它拉下来，最后谁都出不去。这就是华盛顿合作定律中的组织内耗现象。

所谓华盛顿合作定律，就是我们中国人说的"一个和尚挑水喝，两个和尚抬水喝，三个和尚没水喝"，即：一个人敷衍了事，两个人互相推诿，三个人则永无成事之日。华盛顿合作定律的实质就是群体成员的不合作现象，它的成因包括我们前面提到的“旁观者效应”“社会惰化作用”以及这里的“组织内耗现象”。

组织内耗是由组织成员“窝里斗”造成的，通常，组织成员越多，关系就越复杂，内耗就越严重。

童话作家克雷洛夫写过这样一则寓言：天鹅、梭子鱼和大虾想把一辆小车从大路上拉下来，然而，它们用尽了浑身力气、青筋暴突，都没有让车子移动分毫。车子里装的东西并不重，为什么会这样呢？原来，天鹅拼命往天上飞，梭子鱼把车子往水里拽，大虾一直往后面爬，三者的方向完全不一致，自然达不到合作的目的。

这则寓言告诉我们，并非人多就能办成事。天鹅、梭子鱼和大虾，三者的本性和目标各不相同，利用各自的优势拉车固然正确，可若不能统一目标，彼此协调，优势也会成为阻碍前进的障碍，最终让努力付诸东流。

如同蜂巢中，工蜂、雄蜂、蜂王，各自所要承担的职务十分明确，并且这种分配不是随机的，而是按照各自优势和能力来进行的：雄蜂只负责与蜂王交配；蜂王负责产卵，繁殖后代并分泌激素，控制整个蜂群；而工蜂则负责造巢、清扫巢穴、哺育下一代、采蜜、采集花粉和保护蜂巢。因为分工明确，所以每个成员都能各司其职，做好分内的事，从而推动整个集体的运转。

有个七个小矮人的故事：相传，在古希腊塞浦路斯的一个城堡里，七个小矮人被困在一间潮湿的地下室房间里，没有食物和水，也没有人来搭救他们。

就在众人越来越绝望的时候，雅典娜托梦给阿基米得，告诉他：城堡里除了这个房间，还有其他 25 个房间，其中一间有蜂蜜和水，另外 24 间则有石头，这些石头里有 240 块玫瑰红的灵石，收齐这些灵石，将它们排成圈，咒语就会解除，他们就能离开这里。

阿基米得把梦告诉了其他六个伙伴，可是只有爱丽丝和苏格拉底相信他，愿意和他一起努力试试。

在开始的几天里，三个人的意见总是相左：爱丽丝想先去找木材生火；苏格拉底想先找有食物的房间；阿基米得则想赶快找到那 240 块灵石。由于意见无法统一，三人都选择各干各的，然而几天下来，每个人都筋疲力尽，却毫无收获。

三个人这才意识到他们需要合作。于是他们决定：先找火种，再找吃

的，最后找灵石。果然，他们很快将找到的火种交给苏格拉底负责后，又在左边的第二个房间找到了大量的蜂蜜和水。

在与爱丽丝他们分享了食物之后，特洛伊、安吉拉、亚里士多德和美丽莎四人也加入了这个寻石之旅。

为了提高效率，起初阿基米得将他们兵分两路：原来三人还是一组，继续从左找；另外的新成员是一组，从右边找。然而问题很快又出来了，新成员组对状况和方向完全不熟悉，只能原地打转。

于是阿基米得果断地进行了重新分配：由爱丽丝和苏格拉底各带一个人，自己带两个人，然而分不同的方向去寻找。

然而事情进行得并不顺利，先是苏格拉底和特洛伊那组总抱怨其他两个组太慢，最后还因为不熟悉地形，而出现反复到一个房间寻找的情况。

这时，阿基米得召集了其他六人一起商量办法，虽然交流会的开始大家都相互指责，但也很快发现，他们中有人虽然找房间很快很准，可找到的石头往往都是错的；而那些找得准的人，速度通常又很慢。

于是，大家决定重新组合，使小组成员之间优势互补，各组间的水平相当，并且在爱丽丝的建议下，每天开一次交流会，以便及时发现问题，调整路线和方法。

终于，在七人的共同努力下，他们找齐了240块灵石。

故事就讲到这里，其结局自然是皆大欢喜，但是其中蕴含的避免组织内耗的方法却值得我们关注：第一，集体中的意见无法统一时，必定会出现一片行动混乱，达不到团结的目的；第二，在有了整体大方向后，多个方向努力比集体朝着一个方向瞎摸更有效，也减少了劳动力的浪费；第三，各组成员之间要优势互补，能够各司其职，争取使各自的能力得到最大限度的发挥；第四，组间实力要相当，保证各组步调一致，避免拖后腿状况；第五，任何一种方法和分配都不是一劳永逸的，要及时交流，发现并纠正问题。

其中，为了避免组织内耗而进行合理分工，其根本还是要达到有效合作的目的，既要让个人在各自的岗位实现价值的最大化，也要保证整个集体处于紧密联系的状态。这就需要在各司其职之外，集体中的各个环节都要接口清晰，环环相扣。

要做到这一点，就需要有明确的组织者负责与各方沟通，避免盲目和缺乏纪律性、组织性的现象发生，如故事中的阿基米得，扮演的就是领导者的角色。

想要他人积极效力，就要深谙合理分配之道，避免组织内耗现象，令1+1的结果大于2。

给对方提供一个最好的机会

成就需要的高低对一个人、一个企业发展起着特别重要的作用，它是个体根据适当的目标追求卓越、争取成功的一种内驱力。

麦克利兰的成就需要理论认为，在人的生存需要基本得到满足的前提下，成就需要、权利需要和合群需要是人的最主要的三种需要。

成就需要强烈的人事业心强，喜欢那些能发挥其独立解决问题能力的环境；权利需要较强的人有责任感，愿意承担需要的竞争，并且能够取得较高的社会地位的工作，喜欢追求和影响别人；合群需要是人们追求他人的接纳和友谊的欲望。这三种需要，无论是哪一种的实现，都要有个平台作为基础，尤其是对成就需要强烈的人，只要为他提供合适的环境，他们就会充分发挥自己的能力。

索尼公司董事长盛田昭夫有个习惯，那就是在每天的就餐时间走进职工餐厅，与职工一起就餐、聊天，以培养员工的合作意识，加强彼此间的良好关系。

这天，盛田昭夫主动与一位看上去闷闷不乐的就餐者交谈起来。几杯酒下肚，这名员工开始吐露真情："我毕业于东京大学，原本有一份待遇优厚的工作，但是因为对索尼公司的崇拜，还是选择了这里。可是现在却很怀疑，我到底是否做对了，我不明白我到底是为索尼还是为科长打工。坦率地说，我并不认为这位科长是有才能之人，对我的一些意见和建议他向来都是持否定的态度，还挖苦我有野心，可悲的是，我的所有建议和主张都要先经过他的批准，现在对我来说，科长就是索尼。这真的让人很泄气。"

员工的话让盛田昭夫很震惊，直属上司对员工的发展产生阻碍，这应该不是个别现象，于是他决定改革人事管理制度。

之后，索尼每周都会有一期刊登着各部门"求人广告"的内部小报，员工可以不经上司，自己去秘密应聘。此外，每隔两年，索尼的员工都会有一次调换工作的机会，特别是对那些精力旺盛者而言，这是一个施展才能的极好平台。

自内部招聘制度实施以来，索尼公司的员工大多能找到自己心仪的岗位，尤其是那些有才能者，再也没有人能剥夺他们展现自己的权利。同时，人力资源部门也能发现那些令人才流出的有问题的上司。

索尼公司的内部招聘制度为人才提供了发挥才能的舞台，给了他们公平竞争的机会，因此起到了成就激励的作用。

成就需要的高低对一个人、一个企业发展起着特别重要的作用，它是个体根据适当的目标追求卓越、争取成功的一种内驱力。对具有高成就需要的人，只要给他们提供施展才能的机会，必将产生积极的效果。

小苗是北京某羊绒公司的科技人员，也是公司的先进人物代表。他大学毕业，带着要把自己的所学结合实践，发明创造出最好的分梳技术的追求，进了厂里。

刚成立研制小组的时候，厂里情况并不好，人们都很不理解，而且资金消耗大，人力、物力资源也不足，很快研发陷入了困境。在这一筹莫展之际，公司新来了同是技术出身的李总，他在了解了分梳技术的重要性之后，决定把项目做下去。

怀着抱负和追求，又有了上级的支持，在研发小组的领导下，小苗尽情地发挥着自己的特长，用了将近6年的时间，终于在1995年，他们研发出名为工艺BSLD－95的技术，代表了20世纪90年代国际先进水平。

在这6年里，公司曾两次给小苗调整了住房，后来因为BSLD－95的技术贡献，奖给了小苗一套90多平方米的新房，此外，小苗的职称和工资待遇也都得到了相应提高。

小苗说："今后的路还很长，我想这还只是走完了第一步，今后还有推广和更好的应用和发展过程，事情是没有止境的，我想在领导的支持下一定会做得更好。"

从小苗的例子可以看出，作为一个高成就需要者，公司为他提供了施展的平台，给了他创造高成就的机会，同时又在必要的时候给予物质激励，内外激励相结合，无疑会使小苗更加努力地朝着目标前进。

弗罗姆的期望理论认为：当人们有需要，又有达到这个需要的可能，其积极性才能高。激励水平取决于期望值与效价的乘积。小苗有理想，有追求，这使他的主管效价很高。而公司又对他给予支持，让他有实现目标的信心，因此期望值也高。高效价乘以高期望值，自然机理水平也高。在这高激励水平作用下，小苗的积极性得到充分的激发和调动，最后能成功也是必然的。

古人云："先有伯乐，然后有千里马。千里马常有，而伯乐不常有。"作为伯乐，能识千里马，但也要为千里马提供奔跑的平原，否则最终只会造成才能浪费和流失，不但千里马成不了纵横四野的神驹，伯乐也只是焚琴煮鹤的庸人罢了。

第 14 章

巧妙利用情绪的心理策略

——给予暗示，适当调节

心理学上将人的情绪分为喜、怒、哀、惧四大类，并认为情绪是伴随着认知和意识过程产生的对外界事物的态度体验，是行动的准备阶段，与人的实际行动相联系。人是情绪和情感的动物，积极和消极的情绪都能给相同的事带来截然不同的结果。纵然人的情绪多样多变，但只要懂得利用情绪的策略，照样能使事情朝着我们期望的方向发展。

微笑是消除障碍的良方

一个经常把微笑挂在脸上的管理者，必能让员工产生亲切感，拉近上下级的距离，让原本紧张的工作环境变得轻松活泼，从而激起员工的工作热情，企业也将获得更大的发展。

美国著名的钢铁大王查尔斯·史考勃曾说:“真正值钱的是不花一文钱的微笑。”大文豪雨果也说过:“微笑就是阳光,它能消除人们脸上的冬天。”微笑,恐怕是世界上最动人的表情。

心理学上发现,当人们在面对微笑表情的时候,自己的嘴角也会不自觉地翘起来。可见,微笑是表示亲切、和蔼、友善的最直接方式,它具有引发公众产生愉快的情绪和美好联想的作用,这就是所谓的“微笑效应”。

管理学上有许多关于微笑的概念,其中曼狄诺定律就认为:微笑可以换取黄金。该定律主张人们应该微笑,微笑具有巨大的魔力,更重要的是真心的微笑。成功运用“微笑效应”,甚至能让濒临破产的企业起死回生。

阿尔米公司是一家生产钛产品的联合企业,是美国钢铁公司和国民制酒公司旗下的子公司,经营状况一度惨淡不堪,然而这一切都被一个人的一项计划改变了。

这个人就是出任公司总经理的吉姆·丹尼尔,他的计划就是在工厂里到处贴上写着“倘若你看到有谁脸无笑容,那就请对他报以微笑吧”“要是员工们不欢喜,那将一事无成”的告示,《华尔街日报》将此计划标为“一个由感人肺腑的口号、相互交流和满脸堆笑组成的大拼盘”。

可是你得承认,这真的产生了惊人的效果。当丹尼尔花费大量的时间,带着“微笑”在车间穿梭时,他和工人们打招呼,开玩笑,执行命令。员工们渐渐被他所感染,公司在没有增加任何投资的情况下,在近三年里,生产效率提高了80%。

如今的阿尔米公司形象和信誉大幅提高,上下一派和乐融融,不但还清了欠款,还有颇丰的盈利。而那作为公司标志的“一张笑脸”,也因在其厂徽、信笺、信封上无处不在,而为人所熟知。

“微笑管理”是近来在欧美企业中颇被提倡的管理方式,微笑最大的魅力在于其强大的感染力。一个经常把微笑挂在脸上的管理者，必能让员工产生亲切感，拉近上下级的距离，让原本紧张的工作环境变得轻松活泼，从而激起员工的工作热情，企业也将获得更大的发展。例子中的丹尼尔就是成功利用了微笑管理，让阿尔米公司重新获得活力的。

公司员工可以因微笑而积极，那倘若再将这种微笑传递给客户呢？

有个真实的故事：一个小伙子走进一间办公室，用格式化的语言礼貌性地说："对不起，打扰了，我是某某公司的驻地代表，请问你们是否需要电脑清洁纸巾？如果需要，我们可以给你们优惠。"对这种上门推销大家早已见怪不怪，有同事说："我们不需要你的产品，不要打扰我们工作，请你离开好吗？"

面对对方冷冰冰的态度，小伙子没有丝毫沮丧，仍面带笑容温和地说："不买也没关系，请允许我给您试一下产品好吗？"还没等对方同意，他很快拿出一包纸巾，动作娴熟认真地擦起对方电脑上的污垢，但办公室里仍没人买账。见状，小伙子礼貌地说："对不起，打扰了，再见！"

片刻，小伙子又来了，说："你们领导说需要这种产品，请考虑一下好吗？"这时有同事不客气地说："领导需要让领导买去，我们不需要，你还是走吧！"可小伙子并没有打退堂鼓，继续努力讲解他们产品的性能和好处，可惜仍没人动心。最后，小伙子微笑地离开了。

第二天，他又出现了，同样的遭遇，不变的却是他洋溢着笑容的脸。

第三天，第四天，都是这样。

这时办公室里终于有些动摇了，答应买300多元的产品，但前提是要有正规的有效发票，否则免谈。小伙子拿出S市的发票，尽管有水印，可因财务不再没人能确定真伪，最终没买。小伙子还是连声说谢谢，微笑着离开。

第五天，他又来了，这次不但带了价值300元的产品，还带着税务部门的发票鉴定证明，终于成功地卖出了商品。

离开时，有同事忍不住问他："难道你就没想过放弃？"

小伙子笑容熠熠地答："没有一块冰不被阳光融化，没有人能拒绝微笑。"

卡耐基说："笑容能照亮所有看到它的人，像穿过乌云的太阳，带给人们温暖。"小伙子正是用真挚的笑容和坚持不懈的精神，最终改变了顾客冰冷、不耐烦的态度，而售出了自己的产品。

俗话说：伸手不打笑脸人。微笑是善意的标志，是接近他人最好的介绍

信，是漆黑路途中的一盏明灯。

第二次世界战期间，德国纳粹大肆屠杀犹太人，可有一位纳粹军官却在生死关头为一位犹太传教士指出了一条生路。他为何要这么做呢？

原来，多年来，这位传教士都有个习惯——他每天早晨按时到一条乡间小路散步，并且对遇见的每个人都热情地说声"早安"。

然而当时，当地的居民对传教士和犹太人的态度都不甚友好，其中包括一个叫米勒的年轻农民。

年轻人的冷漠态度并没有打消传教士的热情，他仍然不断地对年轻人道："早安，米勒先生。"终于有一天，在传教士的早安礼之后，米勒也脱下帽子，说："早安！"

几年过去了，纳粹党上台，无数犹太人惨遭屠杀。传教士走在前往集中营的队伍中，听着前方军官"左、右"的指挥，心里很害怕。因为被指向左边就是死路，而右边则还有生还的机会。

听到名字被点到，传教士颤抖地走上前去，当他无望地抬起眼睛的时候，脱口而出道："早安，米勒先生。"

米勒并没有太多表情变化，但仍小声地回答道："早安。"最后传教士被指到了右边。

传教士得以生还，不能不说是昔日的微笑累积出的人情起了作用，他以不变的友好态度换来了对方的尊重和回应。

友好的微笑是人际交往的润滑剂，是打破隔阂的通行证，它具有以柔克刚、深化感情、缓解矛盾的力量。卡耐基有言：微笑是人类的特权。人类既然有幸获此特权，何不好好地利用它呢？

忍无可忍，无须再忍

虽然现代社会一直强调情绪管理，但情绪管理并非是让人摒弃消极的情绪，而是要把它控制在合理的范围内。

古时候有一大户人家的妇人，因思虑过甚，两年多的时间里，夜不能寐，而且药疗无效，她的丈夫请求神医张子和来为她治疗，张神医看过后说："两手脉惧缓，此脾受之也，脾主思故也。"一眼就看出是思虑导致的。

于是张子和就在此人家中住了下来，几天之中，要了很多钱财，喝了几日酒，最后却什么法子都没出，就这么走了。妇人大怒，出了很多汗，到了晚上竟然睡着了，就这样，她不但胃口好了，脉象也平稳了。

原来，这正是张子和开的良方，妇人因思虑过甚而导致气结，阴阳不调，故长期失眠。这场发怒冲开了郁结之气，自然就好了。

这是《续名医类案》里记载的以怒治病的故事。正如《内经》上说："当怒则怒，当忧则忧，是即喜、怒、哀、乐，发而皆中节也。"怒为人的七情之一，是宣达人体气机的一种方式，适当的怒不但没坏处，反而对身体有益。

成熟的情绪应该是丰富多彩的，当喜则喜，当怒则怒。对什么都无动于衷、持冷漠态度，这实际上是一种病态。虽然现代社会一直强调情绪管理，但情绪管理并非是让人摒弃消极的情绪，如怒、悲、哀，而是要把它控制在合理的范围内，倘若不过分，甚至能有积极的效果，那一怒又何妨？

某次抗洪抢险期间，九江市领导巡堤到市乡企局责任段，竟然见到一位副局长和值班人员在打麻将，不筑堤坝筑"长城"！

市领导顿时火冒三丈，毅然撤了那个副局长的职务。

俗话说"忍无可忍，无须再忍"，怒有时表明的是一种立场，一种态度。例子中市领导的怒就表明他对干部玩忽职守现象的深恶痛绝，怒极撤其职务，也是以儆效尤的做法，给所有人一个警示。

在必要的时候，让人知道你的怒气，可得人正视，令敌人畏惧。

有个郭亮怒骂自治所的故事：

郭亮是早期的中共党员，也是革命烈士，他从小就疾恶如仇，敢作敢为。

在小学的一次作文课上，郭亮写了一首题为《问问社会》的白话诗，该诗揭露了社会的黑暗，当局的腐败。这在当时可是"反动言论"，于是他立即被传进了当地自治所。

当郭亮从容不迫地走进去时，看到的是正在吞吐鸦片的所长，听到的是刺耳的麻将声。于是他有意跺脚，所长这才抬起头，审道："你一个学生，为何倡导邪说？"

郭亮面无惧色，答："我一不提倡吸鸦片，二不提倡嫖赌，三不鱼肉百姓，四不坑害好人，怎叫倡导邪说？"

所长一听，顿时理屈词穷，强硬道："你想诬赖不成！"

郭亮冷笑一声，反问："我的诗既未贴在街头，又未刊于报端，岂能说是蛊惑民心？再者，作文提问，乃学生之学业。学者不问，教者不容。请问，办学校是干什么的？"

一席话驳得所长哑口无言，只好让他回去。郭亮出了门，一腔怒气郁结心中，遂提笔写了幅对联，贴在自治所门上："鱼所、肉所、麻将所，所内者甜，所外者苦；猪公、狗公、乌龟公，公道何在，公理何存！"

寥寥数字将那些官员骂了个狗血淋头，百姓见了无不拍手称快。

张敬夫说："小勇者，血气之怒也。大勇者，理义之怒也。血气之怒不可有，理义之怒不可无。"郭亮奋笔而书，怒骂官员腐败，天下无公，是大丈夫理义之怒，是对"是可忍，孰不可忍"之事的严厉控诉，难怪得百姓支持。

因此我们说，怒并非是错误，适当的怒往往是最有力的工具，它激发有志者的战斗热情，令理亏者面红耳赤。但这里也强调，一定要把握怒的度。当它仍在理智控制范围内，为当下最直接、可靠的方式，且会产生积极的效果时，当怒则怒。如若不然，还是忍一时风平浪静的好，当心小不忍则乱大谋。

把眼泪留在关键时刻

利用眼泪做武器要适可而止，无论是林黛玉还是祥林嫂，哭多了都会令人麻木，其效果自然也会大打折扣。

你是否遇到过这种情况？当与人有冲突的时候，明明不是你的错，可对方眼泪一落下来，你倒有了内疚感，就算你仍坚称自己没错，可周围也会有人说："你看人家都哭了，还能不是你的错吗？"即使无奈，此时也得先说些化解矛盾的话了。你能不服气吗？当然能！可这并不能改变你被对方眼泪打败的事实。

我们都知道，眼泪是悲伤最直接的情绪表现，人们本能地会对流泪者表示同情，尤其是那些不轻易流泪的人，一旦流泪，其获得的外部认同就会更多。

琳达是所在部门的主管，可是最近因为手下新人过多而出现了诸多问题。新人难以进入最佳的工作状态，消极怠工，而且业绩不佳。琳达多次批评无果，甚至辞退了其中一个，却被下属抱怨太过刻薄严厉，毫无人情味儿。她感到欲哭无泪。

老板对她的意见也越来越大，认为是琳达不称职，没有带好新人。琳达很委屈，对好友倾诉，说到动情处竟含泪哽咽。

好友忽然说："不如你哭给同事看看吧。"

"啊？"琳达很惊讶，一时不能明白好友的意思。

"我的意思是，既然有那么多委屈，为什么不让他们知道呢？你不让他们知道，他们永远都不会了解你的难处。"好友接着说。

"可是我是主管啊，这像什么话？"琳达将信将疑。

"如果有人和你闹了矛盾，特别悲伤难过地跟你道歉，你还会坚持不原谅他吗？你不会心软？"听了好友的话，琳达心里有了打算。

接下来，当新的例会上琳达的部门再次被点名批评的时候，她不再沉默，而是站起来，陈述本部门最近取得的进步以及遇到的难题。到最后，琳达哽咽地说："请大家再给我多一点时间，我们团队中的每个人真的都在努力做到最好，谢谢大家了！"说完，还含泪鞠了个躬。一席话让众人都理解地望着她，没有指责，没有鄙夷。

会后，老板找琳达谈话，主动表示自己之前对他们部门关心得不够，他一直以来都很相信琳达的能力，这次可能太急切了些。不光是老板，琳达发现，下属们比以前工作也积极了，而那些对她不善的同事也不再说话带刺了。

琳达在同事面前含泪哽咽，虽然是示弱的表现，可它有效地获得了他人的理解和同情，帮她解决了棘手的难题。这是眼泪武器的力量。

但是，正如前惠普首席执行官 Fiorina 强调的那样："你必须明白，在女人面前流泪，要比在男人面前流泪谨慎得多，无论她是你的上级还是下属。"利用眼泪攻势，一定要选好对象和场合，以防适得其反。

因此，利用眼泪做武器要适可而止，无论是林黛玉还是祥林嫂，哭多了都会令人麻木，其效果自然也会大打折扣。

此外，眼泪并非女人的专利，对"有泪不轻弹"的男儿来说，必要时候的眼泪比女人更具杀伤力。下面有个新东方的例子。

2001～2004 年，新东方因为股份改革和利益分配问题，迎来最痛苦的时刻，用老总俞敏洪的话说，就是打架阶段。在王强、徐小平纷纷向他递交辞

呈之后，2004年，新东方另外两大支柱胡敏、江博也相继出走，新东方面临着瓦解的危险，这是俞敏洪创业以来遇到的最大危机。

然而他这场危机最终被成功地化解了。后来在谈到这段危机时，俞敏洪说："我比较像刘备，常常用眼泪来赚取其他管理者的同情，我的柔弱个性在新东方内部起到了黏合作用，任何情况下我都不会走向极端。"

俞敏洪正是利用了眼泪策略，得到了同僚们的理解和同情，才使他们在最危难的时候没有雪上加霜，而是留下陪他共渡难关。

也许有人会说眼泪是示弱的表现，不屑为之。可若能令对方就范，达到自己的目的，你还能说流泪的人就是弱者吗？

假装发怒，事半功倍

运用发怒的策略是展现个人威严和表明立场的好方法，使用佯怒策略，虽然会牺牲我们攻击的目标，可倘若能达到目的，也是值得的。

一天，"数学之父"泰勒斯来到正值战争的两个国家的边境，看到城池破败，浮尸遍野，十分悲恸，于是奉劝两国国王停止作战。可是一个外来学者的话有谁肯听呢？两国国王仍执意要争个高下，约定来场大决战。

泰勒斯看劝说无果，心生一计。他大怒地警告国王们："你们这样做违背了神的意志，如果你们坚持要打的话，强大无边的太阳神阿波罗一定会惩罚你们的……"可惜，对泰勒斯的愤怒和警告，两国国王将信将疑，却仍未改初衷。

果然，在决战那天下午两军酣战之时，泰勒斯的预言应验了。顷刻间，天地间一片混沌漆黑，这时两国国王才算彻底相信了泰勒斯的话，纷纷跪下祈求神灵宽恕，并许诺停战和好，互通婚姻。

其实，泰勒斯只是事先预测出那天将有日全食，因此编了个太阳神发怒的说法，再加上他事先在两国国王面前勃然大怒的样子，由不得他们不相信了。

故事中的泰勒斯先是声情并茂地做了场愤怒难当的表演，然后又以"事实"来证明自己没有说谎，自然让国王们深信不疑了。

聪明的人懂得用装怒来达到自己的目的，这种策略在我们的生活中随处可见。孩子做了错事，家长可以佯装发怒，让孩子心生畏惧，从而意识到自己错了；在课堂上，老师教育学生，师生间亲近固然好，可有时表表怒意却也能达到教育的目的。作家魏巍在《我的老师》中这样写道：“她（蔡芸芝老师）从来不打骂我们，仅仅有一次，她的教鞭好像要落下来，我用石板一迎，教鞭轻轻地敲在石板上，大伙笑了，她也笑了。”温柔、慈爱的蔡芸芝老师就是用佯装发怒的方法，既让魏巍认识到自己的错误，又理解了老师对学生的爱。

有预谋的发怒，不光能化解当下的矛盾，还可以作为攻击的武器。

美国第30任副总统查尔斯·盖茨·道斯，“一战”期间还只是个陆军中校。一次，他代表伯欣将军去参加了一个重要会议，期间他要会见一位英国陆军大将。

可是，当对方见到他时，态度极其傲慢不屑，还故意着急地问：“伯欣将军在哪里？伯欣将军来这儿才是最重要的啊！”

道斯当即怒道：“该死的！我就是伯欣将军的全权代表！”

那位陆军大将显然是被震慑了，立刻进入了谈判正题，也不再提伯欣怎么没来的事了。

道斯用自己的怒意表明自己的不可嘲弄，也得到了对方的重视。将佯怒作为武器和策略，道斯无疑是个中高手，他甚至因此一夜成名。

“一战”后，上院委员会有人想证明战争的浪费问题，道斯因为曾在前线负责军需采购而被召了过去。

他在发表那篇著名的《地狱与圣母》的演说时怒道：“哦！圣母啊！我是在前线打胜仗的，又不是算账的。就算损失了几样东西，又怎么样呢？关键是我们赢了！你们知道我们有多少兄弟在炮火下丧命吗？当我们接到调拨一车医用酒精的请求时，难道还要先把这些紧急用品记完账后再送过去吗？哦！圣母啊！让那些可恶的账下地狱去吧！”整个演讲过程中，伴随道斯愤怒情绪的，还有他挥舞拳头走来走去的肢体语言。

这次演讲为道斯赢得了巨大的声誉，直接影响了他最后当选副总统的仕途。

可见，运用发怒的策略是展现个人威严和表明立场的好方法。使用佯怒策略，虽然会牺牲我们攻击的目标，可倘若能达到目的，也是值得的。

这里强调，有预谋的发怒虽然可以达到一定的目的，但要使用得当，因为此怒非彼怒，有预谋的怒并非真怒。请谨记培根的提醒：“无论你怎样表

示愤怒，都不要做出任何无法挽回的事来。"

愉快的氛围，让办事更轻松

有个著名的花生实验：心理学家请一群青年学生阅读4篇关于癌症治疗、武装力量规模、月球探测器和三维电源的劝说材料，最后要统计他们支持或反对的情况。

阅读休息时，心理学家为其中一部分学生提供了可乐和花生，而对另外一部分学生则没有提供这一服务。在所有学生阅读完材料之后，心理学家请他们对材料的内容发表支持或反对的意见。

结果发现，享用过食品和饮料的人对材料内容持肯定态度的比没享用过的人多。

心理学家分析：并非花生和可乐影响了人的判断，而是它们所营造出的气氛和随之带来的愉快心情，使人们更倾向于给出肯定的答案。

生活中，我们都有这样的经历：明亮、干净的商场大厅比杂乱、拥挤的服装市场更容易让我们停留；超市促销活动时的赠品也会让我们购买更多的东西；小时候跟家长要礼物时，总是先将他们哄高兴，然后再小心翼翼地说出自己的要求等。利用花生和可乐，会让事情变得积极起来。

一次，卡耐基去邮局排队寄一封挂号信。当时人很多，卡耐基发现那个负责寄挂号信的职员对自己"称信件、卖邮票、找零钱、写发票"的工作很不耐烦，于是他想着如何能让这个职员积极地工作起来，这时他注意到对方的头发……

卡耐基在那个职员帮他称信件的时候，由衷地道："我真的很希望有您这样的头发。"

职员抬起头，有些惊讶地看着卡耐基，可还是面带微笑地说："哪里，它已经不如以前好看了。"

"很好啊！和年轻人的头发一样。"卡耐基继续诚恳地称赞道。那人听了卡耐基的话，果然很开心地与之攀谈起来，他甚至告诉卡耐基，他的头发是天生这样的，很多人称赞过他的头发。

职员接下来的话卡耐基已经不那么关心了，因为他的目的已经达到了——看职员麻利的动作和愉快的笑容就知道了。

卡耐基的赞美之词正是起到了“花生和可乐”的作用，令对方感受到一种愉快的氛围，枯燥的工作也会变得有趣起来。那个职员在工作的时候也许还会想：这么多人里，也许正有人像那位先生一样羡慕我的头发呢。卡耐基的一句话，直接受益的是职员，可因为愉快的情绪有感染性，最终也会影响到职员周围的人。

利用愉快的气氛来提高人们对事物的接受程度，这一策略还被广泛运用于推销之中。

日本著名的保险推销大师原一平，就十分擅长利用制造轻松的氛围来做生意。原一平身材矮小，只有1.45米，外形上的欠缺并未让他沮丧，相反，他常常以此为话题来拉近了与客户的距离。原一平与客户之间常出现这样的对话：

“你好，我是明治保险的原一平。”

“啊！又是明治！你们昨天已经有人来过了，他已经被我拒绝了。”

“哦？是吗？可是我应该比那位仁兄要英俊潇洒吧？”原一平看上去一本正经。

“谁说的？那位可比你好看多了，高高瘦瘦的。”

“可是俗话说：‘人越矮，俏姑娘越爱’啊……”原一平的话让对方一阵大笑。

良好的开场氛围化解了彼此的隔阂，原一平的生意也很快做成了。

愉快的氛围会使彼此靠得更近，对于我们的请求和愿望对方也更容易答应。

格拉索说：“笑是一种没有副作用的镇静剂。”给他人带来欢笑可以缓解紧张、改善氛围。

某次谈判中，双方互不退让，进入僵局。这时，其中一方笑着讲起了幽默故事：“一个苏格兰人去伦敦旅行，想顺便探望一位老朋友，但却忘了他的住址，于是给他父亲发了一份电报，问：‘您知道托马的住址吗？速告’当天，他就收到一份加急回电，上面写着两个字——‘知道。’”笑话讲完，对方哈哈大笑，紧张的气氛一时得以缓解，双方也很快在冷静地思考之后达成了

共识。

制造愉快的氛围，就是找到可以使对方感到高兴的方法，倘若能把握好这一点，必将能取得事半功倍的效果。

被称为“天下第一官商”的盛宣怀，是中国近代史上著名的实业家。

一次，为了从清政府手中揽下督办电报业的生意，盛宣怀买通李莲英把自己引荐给醇王。去之前盛宣怀先经过了一番调查，知道醇王虽好习武，却自认文采风流，而且醇王并不崇尚西方，对中国传统自有坚持。

于是，当醇王问电报是怎么回事时，盛宣怀故意引用岳飞的话来回答：“回王爷话，电报本身没什么了不起，全靠活用，所谓：‘运用之妙，存乎一心’，如此而已。”

醇王听他提到岳飞的话，起了兴致，问：“哦？你看过兵书？”

盛宣怀马上答道：“在王爷面前，怎敢说读过兵书？英法内犯之时，若不是王爷神武英明，后果真不堪设想啊。”盛宣怀顿了一下，继续说：“但凡有血气之人，无不想一雪国耻，宣怀正是那时不自量力地看过一两部兵书。”

盛宣怀的一番话完全把醇王的兴致调动了起来，不禁跟他侃侃而谈起来，盛宣怀趁着醇王高兴，见缝插针地将电报的作用描绘一番，醇王也在谈兴大起之际将督办电报业的事交给了盛宣怀。

在这个故事里，被盛宣怀勾起的醇王的兴趣爱好正是起着“花生和可乐”的作用。醇王开心了，对盛宣怀有了好感，自然也就愿意把事情托给他办了。

心理学上说，积极的情感会带来积极的影响。愉快的工作场合会调动员工的工作积极性，轻松舒适的氛围会提高办事的成功率。因此，聪明人都善于传播愉快的气息，让对方轻易说。

沉默在交际中的妙用

沉默的人往往最难捉摸，他们沉着缄默，仿佛置身暗处，让人猜不出其真实意图，因此更容易取得主动权。

有箴言说：如果语言是花，沉默就是它的种子；如果语言是树，沉默就是它的根须。可见，沉默是言语之根本，是最具生命之息的东西。与人交流，并非话越多越好，适时的沉默反而会产生不可思议的力量。

华盛顿当选美国总统后的某一天，一群携带棍棒、枪械，人数将近300的暴民来到费城的总统官邸，抗议英法战争中美国的中立态度，认为本国遗弃了法国——这个美国独立战争中仗义相助的盟友。

面对躁怒的暴民，华盛顿双手交叉在胸前，冷静地看着窗外头脑发热的群众，沉默不言。

当人群走近，直到一窗之隔，华盛顿都没有说过任何话，而是更加冷峻地注视着他们。华盛顿强大的威慑力令暴民们怯懦了，只好一哄而散。

一场危机就这样被华盛顿的沉默化解了。

演说专家James C. Humes曾说："有些时候，沉默比喋喋不休说得更为响亮；一个恰当的姿态会比千言万语说得更清楚。"故事中的华盛顿正是手握大人物的气魄之矛，配合沉默之盾，令一帮激动、燥热的狂徒，最终安静地退了场。

沉默并非寡言，而是一种内涵丰富、别样的表达方式。沉默的人往往最难捉摸，他们沉着缄默，仿佛置身暗处，让人猜不出其真实意图，因此更容易取得主动权。沉默有时就是最佳的语言。

日本有位禅师名白隐，因修行纯正而备受敬仰。

某日，邻居的女儿怀孕了，有人散布谣言说是白隐的孩子。面对冷嘲热讽、讥笑怒骂，白隐选择沉默以对，甚至在姑娘家人把孩子送给他后，默默担起了抚养孩子的责任。

终于有一天，姑娘良心发现，道出实情。姑娘的父母带其来给白隐道歉，白隐只是淡淡反问道："是这样吗？"

此事一经传开，白隐立刻声名远播，更为人们推崇了。

遭受不白之冤的白隐最后得以陈冤昭雪，不得不说是沉默的作用。当众人都在议论纷纷、指指点点的时候，白隐以无言作为最有力的回应。这是一种镇定自若、坦然无畏的姿态，令"清者自清，浊者自浊"。

可见，保持适当的沉默不但能让人捉摸不透、心生敬畏，还是应对诽谤和讥讽的绝佳措施。当然，沉默也是避免说错话的好方法。

古语有云：静者心多妙，超然思不群。只有沉不住气者，才会因不能忍受对方的静默而率先将软肋暴露于人前，最后只得甘拜下风。

有个经营印刷业的老板，在退休之前欲将一批用过几年的印刷机售出，经计算，扣除折损费还有250万美元的价值。于是，他决定以不低于250万美元的价格出让。

一个来看机器的买主针对机器的缺点和不足滔滔不绝地大肆批评，直说得印刷老板有些怒意了。可在发作之际，他提醒自己只要不低于250万美元的底线就行，于是继续保持沉默。

终于，买家停了下来，肯定地说："我看你这机器最多也就350万美元，再贵我们就不买了。"

就这样，印刷老板毫不费力地多赚了100万美元。

沉默并非无声，而是一种心理技巧。尤其在把说话的机会让给别人的时候，沉默者是莫测的，他以一个良好的倾听者的姿态来面对对方，对说话者来说，这仿佛是对自己言论的认同。于是，如同故事中的买家一样，笃定自己开出的价码是对的，吃了亏却还不自知。

所谓"大音希声"，沉默不是缩头退让，也并非偃旗息鼓，而是一种成竹在胸、了然于心的姿态，故曰：沉默是金。

用幽默化解交际危机

交际中，来点幽默，不仅可以化解交际危机，更重要的是让对方对你产生了一种心理上的"认同感"。

众所周知，幽默是人际交往的润滑剂，在美学和心理学概念中，幽默专指一种引人发笑或感受情趣的能力。幽默感，是一种高雅而可贵的情趣，是智慧和感情的结晶，幽默思维是一种愉快的思维。具有幽默感的人，往往是乐观主义者，为人处世比较灵活，能比较容易地与周围的人建立良好的人际关系。因为幽默是一种良好的心理策略，即使出现交际危机，也能化解危机，重塑在别人心中的良好形象，让别人喜欢你。

生活中，我们都有这样的体会，和幽默风趣的人相处，会觉得非常轻松愉快，气氛融洽。即使一场枯燥的会议，也因他在而谈笑风生；朋友聚会，也因他而红火热闹。假如是参与紧张的商业谈判，在激烈的讨价还价之余，来点儿幽默，将有助于顺利地达成协议。反过来，一个不苟言笑，缺乏幽默感的人，其人际关系也会大打折扣，人们见了他往往会“敬而远之”。

人与人交往，难免发生矛盾、误会和摩擦，但只要我们来点儿幽默，就等于在摩擦得发烫的齿轮中注入了几滴润滑剂，不致碰得火星四溅，撞得疤痕累累，这是因为幽默具有把人带出尴尬境地，引发笑声，化干戈为玉帛的特殊功能。

心理学认为，人性相吸的很大一部分原因取决于信念、价值观、态度等，其中以态度、信念和价值观为最主要。交际中，来点幽默，不仅可以化解交际危机，更重要的是让对方对你产生了一种心理上的“认同感”，这种认同感也就是信念、价值观表现出来的一种魅力，而这种魅力有时候就体现在幽默的语言上。因此，在交际中，适当来点幽默，会让你交到更多的朋友！

下篇

人际交往背后的博弈

第 15 章
消除陌生，令人对你相见恨晚

人与人之间的相识都是一个从陌生到熟悉的过程，只是这个过程会有长有短罢了。社交活动中，有些人和别人一见面就能情投意合。相反，也有些人相识多年却依然感到生疏。当今社会，人际交往日益频繁，如果能够掌握“一见如故”的诀窍，定能够在社交活动中独占先机，为自己争取到更多的合作关系。那么，当你与陌生人交流时，如何才能做到“一见如故”呢？相信只要掌握了下面这些方法和技巧，你一样可以成为社交高手。

打破尴尬，和陌生人亲切交谈

交谈是口语交际中的一大难关，处理得好可以一见如故，相见恨晚；处理得不好可能会造成四目相对，局促无言。因而，和一个陌生人谈话，可以称得上交际中一大难关。无论是哪个人，如果能够具备与陌生人一见如故的能力，那么，他将会朋友遍天下，做起事来也会左右逢源。要知道，当今世界人与人之间的交往日益频繁，无论是参观考察、应酬赴宴，大家都会遇到许多陌生的面孔，当然，如果能够打破藩篱，和对方"一见如故"的话，犹如掌握成功的钥匙。

聪明的人懂得，与一个陌生人相处并不可怕，可怕的是你不及时与对方交谈，这会使气氛更加尴尬。如果能够迅速打破这种局面，自然也就可以顺利交谈下去。

张潮有事欲去一趟外地，因为性格比较内向，一路上他也不愿意与他人多交流。刚到目的地，他便打算把住处安定下来，也可放下行李去办事。于是，他便投宿在一家旅店中。由于房源紧张，已经没有单间了，最后只能与他人合住一间房。走进房间一看，房内已住了一位，此时正悠闲地躺在床上欣赏着电视节目。四目相对，两人都没有说什么话，气氛自然有些尴尬。于是，张磊便拿起早已准备好的书看了起来，自然也就放轻松了。

没过多久，又住进来一位，后来者先是麻利地放下旅行包，稍拭风尘，接着便冲了一杯浓茶。等一切收拾停当后，那位后来者便坐下来边品茶边研究着先到的那位。时间没多久，只听后来者便说道："师傅来了多久啦？""没多久，比这位客人先到了一刻。"先来者一边指着张潮，一边回道。"听师傅的口音，好像不是苏南人啊？""噢，山东枣庄人！"两人就这样一问一答道。

一提到枣庄，后来的那位可就来了兴致。"啊，枣庄是个好地方啊，我在读小学的时候就从《铁道游击队》的连环画上知道了。三年前，我也去了一趟枣庄，还颇有兴致地玩了一遭呢。"听到这里，先来者自己来了兴趣。于是，两人也就从枣庄的铁道游击队谈开了，有说有笑的，瞧那股亲热劲，不知道的人还以为他们两人是一同出来的呢。经过一番的交谈后，两人颇感投缘，于是就互赠了名片，然后，又一起出去进餐，让人没有想到的是，临睡觉前双方居然还在各自带来的合同上签了字。

原来，两人都是生意人，先来的山东客人经营煤，而后来的苏南人做风桶生意的。于是，两人在一来二往中，也就谈成了生意，达成了合作。这场面，就连不善言谈的张潮都被打动了。

在这个故事中，不善言谈的张潮出差途中，亲自见到两位陌生人经过一番攀谈后成为朋友，并且向对方成功推销出自己的东西。同住一间房，虽然张潮与山东人先认识，然而两人相处一室却颇感尴尬。苏南人一出场，便迅速地打破这种局面，他巧妙借用“枣庄的铁道游击队”这个共同点，同山东人亲切地交谈起来，两人一见如故，并顺利地签订了合同。由此可见，人际交往中，如果能够快速找到两人的共同点，自然可以引起对方兴趣，进而亲切地交谈起来。

因而，在社交活动中，如果想要与对方“一见如故”的话，必须快速地找到两人的共同点。当然，很多时候，共同点并不是表面的东西，还需要你去认真观察、寻找。然后，在交谈时，用试探的口气表达出来。有时，也可以在社交活动中听别人介绍的情况来猜测。总之，只要你用心去寻找，就一定能够找到双方的共同点。然后，借助这个共同点，可以轻松引起对方的兴趣，消除对方的戒备心理，就可以使陌生的路人变为熟人，最后发展成为自己的朋友。

总之，一个人想要在社交活动中发现双方的共同点并不难，比如，共同的生活环境、共同的任务、共同的习惯等，只要用心，陌生人无话可讲的局面是不难打破的。因而，如果你也想成功突破无话可说的局面的话，从现在起，学着从双方的共同点谈起！

初次见面，用第一句话迅速打动对方

在社交场所、在谈判桌上、在销售圈中、在演讲台前，只要有人的地方就需要交流、需要对话，当然也就需要人们高超的讲话能力和出色的口才。也许，许多朋友会问什么样的语言才能称得上出色的口才，虽然这个问题没有

统一的答案，然而，如果能用见面的第一句话就打动对方内心，则足可以体现出一个人高超的谈话技巧。

在社交活动中，难免会同一些陌生的面孔打交道。当然，无论两人再怎么陌生，也还是要开始交流的，那么，如何表达好这第一句话也是不容忽视的。对于两个原本陌生的人来讲，如果第一句话没有讲好的话，很可能会给以后的交往带来不利的影响。因而，社交活动中，如果想要利用第一句话来打动对方，要把握好这几个关键：亲切、贴心、消除陌生感。相信如果能够做到这几个方面的话，一定会是一个不错的开场白。

一位演说家说："开头的10秒钟是最能吸引观众注意力的时间。"如果每一个人能够巧借着10秒钟来表达自己，就可以在接下来的整个交际场面中形成一种有利于你的形势。那么，社交活动中，你应该如何把握这最初的10秒钟，说好第一句话呢？

第一，通过攀认式的开头，以双方共同点入手，瞬间拉近双方距离。

社交活动中，如果想要迅速消除对方的陌生感，可以从双方的共同点说起。比如，来自同一个省市、毕业于同一所母校、相同的年龄、共同的爱好等，这些都可以激起对方的心理认同。其实，任何两个人之间，都会存在着一些联系。只要能够彼此留意，就不难发现双方都有着这样或那样的"亲""友"的关系。因而，社交活动中，大家可以巧借这些关系与对方"攀"认关系，在得到认证之后，可以使双方关系由陌生变成熟悉。

第二，以一种"仰慕"式开头，展现自己的热情，同时，也可以引起对方兴趣。

社交活动中，我们经常会听到一些"我早就读过你的"或"我早就听说过"之类的开头，可以轻松地表达出你对对方的敬重、仰慕之情，当然这也是热情有礼的一种体现。但是，在使用这种方式开口的时候，一定要掌握分寸、适当地表达，不能使用一些过于夸张的语气。同时，话题的重点要放在对方引以为豪的事情上，才能避免使你的表达过于造作。

第三，可采用礼貌性"问好"式开头，这样更能体现你良好的个人修养。

社交活动中，在使用这种开头时，还要注意不同的人要使用不同的问候，不同的时间问候也会有所不同。比如，当你遇到一位年长者，"老大爷，您好！"显得亲切；遇到一位老教师时"张老师，节日快乐！"等都能很好表达你的敬意，同时也可以轻松展开话题。

良好的开头可以帮助你在社交活动中迅速地吸引对方的注意，得到对方认同，更有利于接下来社交活动的开展。然而，想要顺利地完成社交活动，接下来的谈话也同样重要。因而，每一个人都要多学习一些语言表达技巧，把它变成你社交成功的有利武器！

真挚微笑，交往中成为最友好亲切的人

中国有句古话："人不会笑莫开店。"外国人说得更直接："微笑亲近财富；没有微笑，财富将远离你。"无数实践也证明了，微笑是人与人沟通之间"最短的距离"，也是沟通时最有效的方式。这一点在人际交往中同样适用，尤其是面对陌生人时，一个人的微笑可以传达出你的善意，让对方觉得你是最亲切、最可爱的人。

所谓"微笑"，多是指对事物心领神会后的笑，尽管拥有它不用花钱，可是却永远价值连城。因为，在这令彼此愉快的表情背后，是直通人心的世界语言，是人际交往的润滑剂，是灿烂生活的添加剂。虽然只是短短瞬间的事情，却能留下永恒的回忆。因而一个人想要快速打破人际交往中的陌生感，从现在开始，从微笑做起，一定会有意想不到的收获！

奥丽芙在一家公司做销售工作，目前仍然单身一人，她也不知道自己为什么没有吸引力。前不久，她发现隔壁住着一个寡妇和两个小孩子，生活比较拮据。一天晚上，奥丽芙所在的区域停电了，她只好赶紧点亮了蜡烛。没过多久，听到有敲门声，她心想这么晚了，会是谁呢？带着一丝疑惑，她打开了自家的门。这时，她看到一个小女孩的面孔，原来是隔壁家的女孩，紧张地问道："阿姨，请问你家有蜡烛吗？"听到这里，她心里在盘算着"难道他们家穷到这个地步吗？不会连一根蜡烛都买不起吧？我可不能让她们赖上我。"于是，她面露凶相地吼道："快走，没有！"

于是，她打算关起门来，这时，她忽然看到小女孩露出关爱的微笑说："我就知道您家一定没有！"说完话，小女孩竟然从怀里掏出两根蜡烛递给奥利芙。"我妈妈怕您一个人住又没有蜡烛，所以就让我带两根送给您。"

看着孩子纯真的笑容，奥利芙被感动了，她突然领悟到微笑的力量。从那儿以后，无论是在工作上还是生活上，她的脸上都会时刻保持着真诚的微笑。当然，她的生活也随之发生了改变，不仅她的业绩越来越多，而且同事们也越来越喜欢和她在一起。

在这个案例中，销售员奥利芙的生活环境并不好，业务水平也不高，她并没有意识到问题在哪里。在与邻居家小女孩的交流中，小女孩真诚的微笑和关切的行动让她认识到自己的问题。当她用微笑去面对他人的时候，生活也发生了变化。这个故事是在告诉我们，人际交往中，微笑的力量很大，善于微笑，可以帮助你赢得更多朋友与财富。

也许有些人认为，不就是微笑吗，也太简单了。其实，微笑并不是一件简单的事情，一个人想要拥有迷人的笑容也是有要求的。人际交往中，如果做得不好，微笑反而会使人觉得不适，觉得虚假。因而，人际交往中，如果你想要拥有迷人的微笑，要做到如下几点：真诚、适度、合时宜。

虽然每个人都知道真诚的笑容有杀伤力，然而并不是所有的人都能拥有它。想要拥有真诚的微笑需要训练。只要每天对着镜子练习，时间长了，你的脸上自然就可以形成习惯性的微笑。那么，人际交往中，想要拥有这种微笑，需要掌握哪些技巧？

第一，微笑要发自内心，真诚的微笑才能打动人。

一个人只有内心被快乐、感恩与幸福包围着时，才能流露出自然的微笑。一个人只有内心充满温和、体贴、慈爱等感情时，才会通过眼睛表露出来，给人真诚的感觉。因而，对于社交场上的人来讲，你所表达的微笑，应该是发自内心的，向对方表达的是："我喜欢你，我很高兴见到你，你让我开心。"

第二，善于微笑，时刻保持微笑，才能让你更生动、更迷人。

一个时刻微笑的人，会让人觉得是一个有修养的人。因而，在不同场合、不同的情况下，都要学会微笑，以此来表达你对他人的感情。人际交往中，一个人如果能用微笑来接纳对方，既可以反映出他良好的修养，还可以帮助他打通局面。

微笑的力量非常强大，如果能够拥有它，就掌握了成功社交的强大武器。如果你也想要轻松赢得社交胜利，从现在开始，用微笑来面对你身边的每一个人吧！

善用赞美，让对方与你在情感上靠拢

人际交往中，沟通是双方的互动，如果一方没有这个意愿，那么，必然会导致沟通受阻。因而，让对方打开“话匣子”，是一个人成功沟通的前提条件。当然，想要一个人开口说话的方式有很多，比如向对方求助等。在这所有的方式中，以赞美他人开始交谈是最有成效的一种沟通方式。

生活需要赞美，社交场上也同样需要赞美，曾有人说过：“赞美是畅销全球的通行证。”的确，人际交往的过程中，适当地赞美别人，可以让自己获得好人缘，同时，也可以使双方在心理和情感上靠拢。因而，社交活动中，如果想要快速与对方建立关系，你可以适当地赞美对方。

曾经有一个国王，平日他比较喜欢做诗自娱。一日，国王兴致大发，便做诗一首。可是，左看右看总觉得不是很好。这时，刚好他的元帅来觐见，国王便把这首诗让元帅先看了一遍，然后，国王问道：“爱卿，我觉得这首诗写得不好，你认为如何呢？”此人平时爱奉承人，见国王如此说来，便称赞国王道：“国王真是好眼力，您简直说得太对了，说真的这首诗简直糟糕透了。”国王一听，咧着嘴角笑了笑说：“看来做这个诗的人，一定是个笨蛋，简直笨到极点了。”于是，元帅附和道：“您太英明了，没想到国王的鉴赏能力这么高，真不知道是哪个笨蛋做出如此糟糕的诗，还敢给您看。”

此时，国王的脸已经变了颜色，看元帅发表了意见后，正了正脸色慢慢地说：“噢！谢谢你，其实这个笨蛋就是我。”听到这里，元帅的脸色大变，赶紧红着脸说：“陛下，让我再认真看一下吧，我眼睛不好，刚才可能没看清楚。”

故事中，元帅喜欢拍马屁，因而面对国王的询问，总是一味地称赞国王有眼光、高明，总是附和着国王去说话。其实，他只是想通过称赞国王来表达自己的对国王的尊重，谁成想没有弄清这首作品正是出自国王之手。由此可见，人际交往中，称赞对方也要讲究方式方法，否则会弄巧成拙。

诚然，赞美可以在一定程度上提高对方的优越感，有利于改善双方的关

系，然而，赞美也并不是毫无章法的随口乱赞，否则的话，很可能会适得其反。社交活动中，想要通过赞美来改善人际关系，也是需要掌握一些技巧的。

第一，想要让你的赞美打动对方，真心实意最重要。

人际交往中，真诚地赞美别人，如同人际关系的润滑剂，使你与他人的关系融洽和谐；而那些虚伪的、肉麻的恭维话，却会令人觉得你不怀好意，从而让人心生轻蔑。如果想要让你的赞美之声听起来动人，你称赞的一定是一个无可争议的事实。因而，想要通过赞美来打动他人，就要学会发自内心地赞美别人。

第二，想要让你的赞美更动听，要学会恰到好处地称赞别人。

人际交往中，每一个人都喜欢被取悦，而不是被激怒；喜欢听到褒奖，而不是被对方恶言相向；更乐意被喜爱，而不是被憎恨。因此，当你在赞美别人时，一定要细心观察，了解对方的优点和缺点，才能让赞美更打动人心。否则，不加细想、满口乱赞，很可能会让对方心生厌恶之情，最终也就失去了赞美的意义。当然，想要达到这一点，你在与他人交往之时，要学会发现别人的优点，找到对方引以为豪的东西，只要能够抓住这一点，一定可以一招制胜。

第三，想要让赞美的效果更显著，可以在赞美的方法上下手。

诚然，面对面的赞美可以明确表达你的情感，有利于与他人的沟通与交流，然而，如果使用不当的话，很可能会落入拍马屁的嫌疑中去。如果选用背后称赞对方的方式来表达你的感情，一定会收到意想不到的效果。当然，如果你在背后称赞对方但他却一无所知的话，同样失去了称赞的意义。因而，在使用这种手法时，一定要选择合适的人选，才能把这些话如数地传到对方耳朵中去，自然就可以轻松地达到目的。

恰到好处的赞美可以帮助你建立起良好的沟通局面，顺利地完成社交任务。但是，想要达到这一点，也是需要个人用心观察、学习的。如果你也想与陌生人交际时迅速打开沟通局面，不妨从学习赞美对方开始。

积极热情，真诚的心永远不会孤单

时代在飞速发展，人与人之间的交往也日益密切，每天都要面对许多陌生的面孔。如何迅速地打破沟通僵局，与对方拉近距离，由陌生人发展成为熟人，是许多人都在思考的问题。其实，想要做到这一点并不难，只要能够掌握技巧，相信每一个人都可以轻松做到这一点。都有哪些技巧可以帮助朋友们快速广结朋友呢？

第一，怀抱积极的心态，在人际交往中，主动去结识他人。

每一个人都有自己的圈子，在这个圈子内，可能你是一个精英型的人物，然而，一旦提到交际圈外可能会感到陌生、别扭。因而，也就有很多人一遇到陌生的面孔就显得过分羞涩、窘迫，甚至躲得远远的。要知道，一个人想要拥有良好的人际关系不是坐等而来的，更多时候需要你能够把握住机会。在社交场上放松心情，主动去结识每一个人，这样才能为自己争取到更多的机会，也才可能与对方相熟起来。

第二，社交活动中，要发挥你的热情，才能够给对方留下完美印象。

要知道，能够主动结识朋友，只是你打开成功交际的第一步，如何能够在接下来的时间内感染对方，才是最重要的。这里有一个技巧，就是尽情发挥你的热情，去感染身边的每一个人。其实，热情是一个人发自内心的兴奋，并扩充到整个身体里。人际交往中，一个满腔热情的人，他的兴趣、爱好、为人和性情都能从他的姿势、眼神和活力中体现出来，还可以让周围的人也感受到你对这次见面、谈话发自内心的喜欢。热情还可以感染周围的人，一个充满热情的人，可以让身边的每一个人觉得和她在一起很快乐。因而，如果你想要在社交活动中拥有良好的人缘，就尽情发挥你的热情吧！

第三，人际交往中，想要与他人建立良好的关系，需要用真诚去换得对方信任。

无论何时，每一个人都希望受到他人的真诚相待。要知道，真诚的人往往更容易让人产生信任，同样，在人际交往中，一个真诚的人是值得让人尊重和欣赏的，也更容易博得对方的好感。因而，与他人交往时，不妨把你真诚的一面表现出来。真诚并不是嘴上喊几句口号而已，而是要付诸于具体

的实践中去。在具体的生活中，要如何去体现自己的真诚呢？

首先，与人交流时，要诚实地表达自己的看法。

人与人之间的交流，也是心与心之间的交流。一个人只有真诚地对待别人，才能换来别人的真心相待。因此，与人交谈时，要做到真诚。无论对方的观点对与否，都要表示你的尊重之情，如果你与对方的意见不一致的话，也不要隐瞒和矫饰，当然，也不能为了讨好别人而故意附和别人。只有诚实、客观地表达自己的观点才是正确的做法。

其次，待人真诚，还包括及时给予别人帮助。

一个人要学会真诚待人，不仅要诚实地表达自己的意见，更要能够在危难时刻给予对方亲切的安慰与帮助。聪明的人懂得，与其锦上添花倒不如雪中送炭更能获得别人的信任。因而，做一个真诚的人，就要学会安慰别人、帮助别人。

再次，做一个真诚的人，还要懂得设身处地替别人着想。

人际交往中，要体现你的真诚就要学会替别人考虑。这就要求朋友们在说话办事的时候，能够尽量站在别人的立场上思考一下，才不会有失公平。当然，也只有这样做，你才不会伤害到别人的利益，自然也会得到别人的认同，从而与其成为真正的朋友。

人与人的交往，贵在心与心的交流与沟通。在社交活动中，如果能够通过“主动”“热情”“真诚”三个步骤，相信你一定可以以独特的人格魅力来打动每一个人，从而建立起良好的人际关系。

特别的你，成为陌生人记忆中的焦点

人有千万种，有的性情耿直，有的行事委婉，有的活泼开朗，有的能言善辩，有的机智过人……在不同的表象背后，代表的是每个人不同的性格特征。尽管优秀的人所到之处都能吸引他人的目光。然而，能给人留下深刻印象的，往往是那些具有自己独特个性的人。因此，如果你想给人留下深刻的印象，培养自己的个性最为关键。

个性是一个人的品位与内涵，是一个人魅力的体现，更是一个人鲜活的社会符号。其实，每个人都拥有自己的独特个性，甚至某些良好的个性还可能对他的人际关系起着举足轻重的作用，只要能够巧用自己的个性，你也可以在人际交往中挥洒自如，游刃有余，轻松获得人际交往的成功。

陈霞是一家食用油公司的产品销售员，她活泼开朗，待人热情。在公司里，她的业绩总是遥遥领先，她最重要的秘诀就是坦诚相待，热情大方。

一次，她打算把她推销的一款产品卖给湖南人。可是还没等到走进店里，老板娘就走出来说："跟你说了多少遍了，不要，不要，不要！"一看这态度，陈霞知道今天跟她谈这个效果肯定不好。于是，她不容多想就回答道："老板娘，我来你这里是想买点辣椒的。"说着，她一边伸手自己拽了袋子，一边自己挑起来。老板娘正打算前来帮忙，她赶紧微笑着说："没事，你去忙你的吧，我自己弄就可以。"没过多久，店里来了好几个客人，老板娘一时就有点忙不过来，陈霞赶忙上前帮忙，还有说有笑与客人聊起来，最终，几个客人都满意地走了，直夸她的服务态度好。这下，连老板娘都不得不佩服她的能力了。

过了很长一段时间，陈霞再次到湖南人的店里去，这次，还没等她走到门口，老板娘就认出她来了，两人就热情地聊着，其间，店内人多的时候，陈霞会主动前来帮助挑东西、称东西，这些都令老板娘有些感动。最后，事情进展得很顺利，临走之前，老板娘主动提出要购买她的东西。用她的原话说："像你这么热情大方、真诚的姑娘，哪里能让人忍心拒绝？"

在这个故事中，食用油推销员陈霞打算把产品推销给一位湖南人，可是还没等第一次接触便被对方一口拒绝。面对对方的拒绝，她并没有因此而放弃，而是借机主动与对方攀谈，还帮她热情地招呼客人，给老板娘留下深刻的印象，也正是她热情主动的个性最终打动了老板娘。由此可见，人际交往中，一个人如果能够巧妙地发挥自己的个性优势，一定可以打破尴尬的局面，建立起良好的人际关系。

在社交活动中，使自己脱颖而出、成为对方记忆里的"闪光点"并不是一件很容易的事情。聪明的人懂得，与他人交往时，要通过个性美来表现自己的"与众不同"，来加深对方的记忆。当然，想要做到这一点，首先要学会分析，认准个性中的优劣因素。要知道，只有那些有着积极作用的个性才能让别人记住你。相反，如果不懂得加以区分，很可能会被你的个性所害，还不

自知。

当然，想要在社交活动中给对方留下与众不同的印象，仅仅只是懂得区分个性还不够。为了能够使你的个性显现出效果，还需要运用你的个性来打动对方，让对方发现你的内在美才可以。其实，这个过程也就是朋友们推销自己的过程。如何推销自己，才能让对方尽快地了解你、认识你并记住你，也是需要一定技巧的。中国有句古话："说得好不如做得好。"因此，当你在表达自己的个性美时，最好能够体现在具体的行动中，这样才能更有说服力，更能打动人心。

对于大家来讲，拥有的外貌是天生的，我们自然无法改变什么。然而，一个人的个性气质完全可以通过后天的修身养性而获得。人际交往中，只有那些善于发挥个性优势的人才能更容易赢得别人的肯定。因而，如果你也想用个性来吸引对方目光的话，就赶紧行动起来吧！

贴合人心，从对方感兴趣的话题入手

实践证明，社交活动中，共同的兴趣与爱好可以促进交往的双方相互接近，在心理上诱发出一种特定的吸引力，缩短双方的心理距离，还可以引起交谈双方情感共鸣，有利于人际关系的建立。因而，如果能够把它巧妙地运用到社交活动中去，相信一定可以帮助朋友们快速地建立良好的人际关系。

与陌生人相处时，大家如何才能够快速地找到合适的话题，从而打破僵局，进行良好的沟通呢？这不是一件容易的事情，需要人们能够根据实际对象来决定。那么，如何来根据交谈对象找到对方感兴趣的话题？

第一，根据交流对象的性别来选择话题。

根据经验，生活中，女性一般对服饰、化妆品、美容等话题感兴趣，而男性通常会对一些旅游、军事、体育、政治等方面感兴趣。因而，社交活动中，你可以根据性别来具体选择某一类话题。然而，良好的沟通需要双方都参与进来。所以，当你在选择话题的时候，最好能够选择双方都有所了解的话题进行。

第二，根据对方所处的人际关系圈来判断对方感兴趣的话题。

俗话说：“物以类聚，人以群分。”社交活动中，想要判断一个人感兴趣的话题，可以根据对方所处的圈子来判断。相信只要能够提到对方的长处，每一个人都会有许多有趣的事情要讲，只要你此时能够做好一个听众，一定会让对方有谈下去的欲望。

要知道，“萝卜白菜，各有所爱”。不同的人自然也就会有不同的爱好。因而，找到话题并不能解决所有的问题。如何能在第一时间内准确地推断出对方兴趣所在，继续交流下去，才是最重要的。因而，当你在寻找对方感兴趣的话题时，一定要做到以下几点：

首先，认真观察，寻找线索。

社交活动中，有些人的兴趣爱好很容易就能发现，然而，有些人的并非如此，有些人看来好像什么都不喜欢。因此，这个时候就需要你能够认真观察，肯定能够找到一些线索。当然，必要的时候，你也可以作一些试探性的工作，让对方自己不自觉得说出来。当然，试探的工作最好不要次数太多。

其次，拓展自己的知识面，多培养自己的兴趣爱好。

如果你想要在社交活动中，与对方能够顺利交流，需要广泛地拓展自己的兴趣爱好，只有拓展自己的知识面，积累更多知识，才会在交流时发挥自己的才能，掌握交际的主动权。

兴趣是人与人之间的催化剂。社交活动中，大家如果能够找准对方兴趣所在，然后，顺势地交谈开来，很容易与对方建立起良好的感情。所以，如果你也想要做到这一点，那就多增加你的兴趣爱好吧。

第 16 章

能参善谋，让你成为团队的骨干

职场上，上司是决策者，只有他手中掌握着决策权。员工是下属，对于领导的命令只有执行权、落实权。因而，在领导活动的舞台上，如果你想要获得更多的机会，不仅要能够顺利地办好领导交办的事务，还要起到辅助决策的作用，帮助领导想问题、提建议、出点子，从而出色地完成任务。能参善谋是对职场人士的基本要求。

与上级建立良好关系，得到更多赏识

现实生活中，有些人坚信“天道酬勤”，他们认为只要自己努力了，做出成绩了，自然可以得到的提拔。其实，这种观点并不完全正确。作为领导日理万机，哪里有时间顾得了所有人。所以说，如果想要得到领导的赏识与重用，就必须学会与领导建立起密切联系。

在我们的身边，有许多年轻人生怕自己与领导在私底下碰到。一旦与领导不期而遇，忙低下头怯怯地打声招呼后，便溜走了。有时，领导本想再关心地问几句，无奈只得对着消失的背影怀疑自己是否真的这般可怕。其实，领导也是一个普通人，没必要把他想得过于恐怖。如果你想要拥有更好的前途，就要学会与领导密切联系，抛弃“敬而远之”的心理。

许林是一家电子产品公司的行政助理，刚走向社会，他对一切事物都充满了热情。每天他早早来到办公室，下班又是最后一个走，工作上，他总是严格要求自己。所以，没过多久，他也取得了一些成绩。然而，他的性格内向，平日里看到那些整天围在老板身边的人，他从内心感到不屑。可是，最近发生的一件事情，却让他真正认识到自己的不足。

从进公司起，许林对老板的态度很尊敬，然而，性格的原因却使他有些害怕与老板相处，因而，也就时时地刻意回避着老板。他认为，只要努力做出成绩，一定会受到重视。起初，他的成绩的确得到老板的认同，可是，老板也只是口头上说说而已。一次，上班之前，老板兴冲冲走进办公室，冲着他与张凯说道：“巴西的那个致命一球，实在是太精彩了！你们看了没有？”听到这些，同事张凯忙回道：“确实如此，看得大伙都叫好！”当老板把目光投向许林时，他也只是礼貌性地看了一眼，然后，就把头低下去，继续工作了。其实，许林也想好好发表一下见解，可是，他喜欢足球却没有胆量发表意见。可想而知，最后的讨论也就变成了张凯与老板之间的交流。

从那之后，老板与张凯之间的交情越来越深，两人经常在一起有说有笑的。陈林看着这个比自己晚来几个月的同事，此刻竟然与老板打成一片，心里自然有些不平。可是，他依然我行我素，坚持自己的理论，希望通过成绩来打动老板。可是，没过多久，老板请他去办公室一趟："许林啊，你的能力很强，这一点我是可以肯定的。不过，你的性格稍有一些内向，我觉得你更适合到计划科去，我已经和人事经理打好招呼了，你下午就可以去那里报到去了！希望在新的岗位上，你能继续好好干，发挥自己的才能！"听到这些，许林有些发愣，可是，面对这样的结果，他也没有反对，只得回办公室去收拾东西。可是，回到办公室一看，原来自己的位置上坐着的正是经常与老板沟通的张凯，顿时，许林明白了一切。

在这个故事中，性格内向的许林一向与老板保持着距离，尽管他内心尊敬老板，也做出了成绩，可是却还是被调离。许林会受到如此对待正是因为他不懂得与老板密切联系。由此可见，身处职场，如果你也想得到老板的重用，就要学会与老板密切联系，才能走近老板内心。

身处职场，任何人都想要得到领导的重用。如果只凭借出色的工作能力，而不懂得与领导联系的话，自然也就无法达到与领导的良好沟通，当然也就无法受到领导的信任与重用。由此可见，与领导建立起良好的关系才是获得升职的前提。

选对时机向领导谏言，展现责任感

智者千虑，必有一失；愚者千虑，必有一得。因而，即使再精明的领导，也有考虑问题不够全面、处理事情不周到的时候。遇到这种情况时，下属如果不能够认清形势，只懂得盲目服从，很可能会导致更大的错误出现。因此，当下属与领导相处之时，要学会向领导进忠言，方能达到既定目标。

生活中，有许多下属总想讨领导的欢心，于是事事顺着领导，做起事来也总是看着领导的眼色行事，有时明知领导的决定不对，也抱着少说为佳的态度处置。其实，作为聪明的下属，要懂得不断提醒领导，如果发现领导有不妥的地方，不放任事态的发展，也是下属有事业心责任感的标志。

晏婴，又称晏子，是春秋时期的齐国人。晏婴曾是灵公、庄公、景公三世的齐国名相，也是继管仲之后齐国的名相。齐国历经灵公、庄公时期，已走向没落。到了景公时，政局混乱，景公便想光复先君伟业，让晏婴辅佐治理

齐国，想要重振雄风。

一日，齐景公召晏婴来请教兴国安邦之道。面对着国君的请救，晏婴只是沉思了片刻，便邀请齐景公一起，外出察访民情，出于一股新鲜劲，景公也便应允前往。于是，君臣二人便来到京都临淄的闹市，走近一家鞋店。可是，看到这些精美的鞋子却没有人前来购买，相反，倒是那些卖假脚的地方却是生意火爆。景公不解，便问道原由。对方回答道："当今国君滥施酷刑，动辄处人刖刑，很多人便被砍了脚，如果不买假肢的话，又如何能够劳动与生产呢！"听到这些，景公有些心生烦闷，晏婴知道他一定是受了刺激。于是，向景公说道："恒公之所以能够建立伟业，正是因为他能够爱恤百姓，廉洁奉公，不为满足欲望而多征赋税，更不会为修建宫室而乱役百姓。如今大王却要亲小人，远贤良，百姓敢怒而不敢言，生活苦不堪言。"听到这里，齐景公彻底明白了自己的错误，立誓也要效法先君。

还有一次，景公及群臣到原纪国的土地上去游览，无意中捡到一个精美的金壶。只见壶内刻着"食鱼无反，勿乘驽马"八个大字。景公故作聪明地认为这是告诉大家"避免吃到腥味，吃鱼的时候，尽量避免食用反面。如果想要走很远的路，也不能乘劣马"。听到景公的解释，众人无不赞叹其见解深刻。然而，晏婴却在良久的沉默后说道："这里也包含着治国的道理，前一句是告诫国君不要过分压榨百姓，后一句则是表达不能重用无德无才的人。"景公不服，反驳到："既然纪国拥有这么好的名言，却为何还要遭遇亡国呢？"晏婴回道："正是因为他们把这些刻于壶内，而不是高悬于门上，因为不能时常看到，并在生活中加以对照，才会有如此结局。"景公听后方才有所领悟，便令群臣也要牢记壶内格言。

晏婴面对国君尚且能够抱着这种不卑不亢的态度，面对领导的错误，我们更应该积极地提出自己的看法，敢于向领导进谏忠言。

培根曾说过："过分地恭维别人，等于贱卖自己的人格。"因而，在与领导的相处中，如果一个人总是讨好领导，不懂得进忠言，只会让人瞧不起。相反，如果能够坚持自己的做人原则，面对错误的地方能够坚持自己的主见，即是对上级的真心尊敬，同样也可以得到上级的认可。

当然，作为下级在向上级进言提意见时，也要把握好一个"度"，只有掌握好方法与分寸才更容易被采纳。

为领导排忧解难，机警善谋得认同

无论是在企业或是机关单位，工作中都会遇到一些棘手的问题。这类问题处理起来很复杂，当然也很敏感，稍有不慎，出了力还得受批评。在许多人的眼中，只有决策者需要去面对这些问题。自己一个基层员工，并没必要也没有能力去处理这些事情。其实，这种想法并不正确。作为下属，把这些棘手难题妥善处理好，也是获得领导青睐的重要前提。

作为员工，要知道你的使命是帮助上级来解决问题的。在其位就要谋其政，解决那些棘手的难题也是你的职责。同时，聪明的员工还懂得，能够顺利解决好这些难题，也是证明你才华的方法与途径。因而，当工作中遇到那些棘手难题时，你所要做的就是尽力解决。只有唱好领导难唱的曲，才能获得领导的赏识与认同，从而取得领导的信任与重用。

作为领导的左膀右臂，每一个人都要积极给领导出谋划策。生活中，有许多人会认为这些都是领导的事情，既然领导全权负责肯定应该由他自己去承担。作下属的根本没有必要去承担他的苦难，只要干好自己份内的事、拿到应得的报酬就可以了。其实，这种想法在没有违背原则的情况下，也是无可厚非的。然而，聪明的员工懂得，只有自己主动替上级分忧解难，才能体现出自己与领导的患难与共，才能赢得领导的信任。因此，愈是在危难时刻下属越应该主动帮助领导分担责任，下属只有做到及时分忧解难，才能在领导的心中占有一席之地。

陈强是一所名牌大学的毕业生，刚一毕业，便应聘进了一家农业科学院。凭借着自己过硬的专业知识，没过多久，他便在业界权威杂志上刊登了他的农业科研成果报告。同时，由于他的工作能力也很好，很快被提拔为办公室主任。

前不久，所长带领着大家研讨一个新项目，经过四个小时的激烈讨论，终于出台了一套改革方案。然而，这个项目由于在第一阶段的测量中出现了一些难题，最终导致整个方案都被否定，同时也给研究院带来了巨大的损失。想要改变眼前这个现状，需要时间，这一点谁都知道。然而，现在对于他们农科院来讲，最缺的就是时间，因为，这次的损失已经让上级单位非常

恼火。所以，上级单位派人来彻查此事，追究责任。

于是，调查工作在紧锣密布地进行着，所长也在抓紧时间挽回损失。当务之急是要保住所长，为其提供充分的时间。想到此，面对调查组时，许多农科院的工作人员都选择了推卸责任，只有陈强一个人主动把责任揽了下来，最终他受到处分，被罚写检讨书，念及他的工作能力和认错的态度好，只是从轻处罚。

当然，他这样做无疑给所长争取到了有利时机，最终把损失降为最低。所长把这一切都看在眼里，心中自是对他百般感谢，没过多久，他也已经从“犯错”中走了出来，最终成为所长的心腹。后来，他的职位也不断地得到提升。

在这个故事中，上级派人对事故进行调查，陈强主动揽下责任，为所长争取到宝贵的时间。虽然陈强因此而受罚，却换来了所长的信任，成功地化解了这次危机。这个故事告诉我们，在某些情况下，作为下属，如果能够帮助打好头阵，给领导最后的决策留下缓冲的余地和充裕的时间，也能让自己受到领导的信任与重用。由此可见，在与领导的交往中，员工还要学会主动揽责任。聪明的下属懂得，一味地坚持自己的原则，很可能会让自己陷入困境当中。相反，能够主动把过错揽过来，机智巧妙地替领导“背黑锅”，既可以为领导争取时间，也可以获得领导的重用，为自己带来广阔的空间。

再聪明的领导也可能会遇到一些棘手难题，面对这种情况，聪明的下属懂得积极参与，主动帮助领导解决掉难题，更容易得到领导的信任与重用。如果你也能多替领导分忧，增加与领导的交往，自然离提升的日子不远了。如果你也想要受到领导器重，从现在起学会帮助领导处理这些棘手难题吧。

归功于上级，低调更得领导重视

与领导相处也是一门学问，如果处理得当，可以为你带来事业上的进步。相反，如果稍不留意的话，也可能让你跌落谷底，损失惨重。因此，对于身处职场的人来讲，能够与领导搞好关系是首要任务。当然，想要与领导搞好关系，除了给予对方尊重之外，还应学会低调做人，把荣誉让给领导。否则，即使你的能力再强也会被外露的锋芒所伤害。

张鹏在一家电脑设计公司任职，他是企划部的得力干将。要知道，他能够拥有今天的成绩很不容易。因为在他之前，这个部门已经接连调来好几个人，然而都没能改变企划部的面貌，最终没过多久，又都灰头土脸地离开了。领导才把他提拔到现在这个位置上，没过几个月时间，企划部在他手上复活了。

在他的管理下，这些企划部的员工对工作充满了热情与干劲，没过久，整个部门便赶上了企业整体步伐。一时之间，企划部成为全公司的热门话题，公司上下，无人不知这位重要人物。在大伙的夸奖下，张鹏也开始得意起来，逢人就说自己的能力如何强，如果早一点让自己接手的话，这个部门早就改变这种局面。面对成绩，张鹏一味地陶醉在自己的成就中，根本没有注意到领导的心理变化。

当然，陈鹏所说的话自然也就传到领导的耳中，使得领导心里很郁闷。更让人生气的是，在公司的表彰大会上，当陈鹏上台发言时，他从头到尾都在表达自己的能力如何，眼光又是何等高，正是由于自己的到来才使得企划部摆脱了被合并的命运，最终能够走到公司所有部门的前头来。可以说，在整个发言的过程中，陈鹏都在夸奖自己，根本没意识到他人的努力，当然也没有提到他的领导。

因而，领导此时已心生不悦，只是没有表达出来。表彰会没多久，领导便借以他能力高将其调离到更需要的部门里去。直到此时，陈鹏才明白正是因为自己过于张扬，在荣誉面前，没有把领导放在第一位才造成今天的局面。尽管他想给自己争取到最后的机会，无奈局面已定，他也只能听从命令，去其他部门上任。

在这个故事中，陈鹏力挽狂澜将企划部带出困境，一跃成为公司先进部门。这其中有他的功劳，然而，他并没有意识到要把这些功劳与领导分享，甚至根本无视领导的存在，使得他被调离。无论取得多大成就，都不可能是一个人的所为，尤其是领导的决定起到的才是决定性作用。所以，你所取得的任何成就都有领导的份。如果都像陈鹏一样高调宣扬自己的能力，从而抢走了领导的风光，只会引起领导的不快，最后势必会给自己带来损失。由此可见，作为下属面对成就时保持低调，主动把荣誉让与领导，是获得领导信任的前提。

现实生活中，有许多年轻人一不小心取得一点成就便学会自我宣扬，到处显现自己的能力，甚至认为领导正是依靠自己的努力才能做出成就，因而，面对成就时，总是极力争功，总想显得比领导更能干、更有能力。其实，这是最愚蠢的做法。要知道，身处职场过于高调地突出自己，无形之中就是抢走了领导的风头，使领导显得没有能力，这样做无疑于给自己的成功增添阻碍。聪明的下属懂得，成功之时保持低调，不抢领导的"镜"，才是深得领导信任的做法。

作为下属，你的职责便是协助上司，如果因为一点小小成就便邀功争宠，只会让上司觉得你的存在就是威胁。因而，作一个聪明的下属就要学会保持低调，把成就主动让给上司，成为上司的忠诚追随者。

那么，从现在起，做一个聪明的下属吧，通过让功劳获得上司的信任与重用。

管住自己的嘴巴，防范祸从口出

语言是人与人交流思想的工具，通过它。可以达到心与心的交流。然而，正是因为有了语言，也就有了事非。语言用得多了，有时也就自然成了各种祸端的起因。要知道，一个人说出去的话就像泼出去的水一样，是很难收回的，因而，与人沟通交流要做到慎言。

说话是一门学问，会说话则是艺术。常言道，病从口入，祸从口出。一个人如果不会说话，很可能会因此而带来灾祸。古人曾要求人们要慎言，也就是出于这个原因。当然，这个道理不仅用于日常生活，与领导的相处同样适用这个道理。与领导相处中，说话前要多加考虑，切不可信口开河，管好自己的嘴巴是根本，否则很可能因为一句话而失去重要的东西。

古时候，有一个皇帝认为只有自己的国家才是最强大的，国内的制作技术也是世界一流的，尤其是制作出的绳子更是无可匹敌的。这话传到一群外商耳中，自然引起一番争执，认为比不上他们国家的绳子，最后，他们还到处散播这种言论。听到这些，皇帝自然十分气愤，一怒之下就把这些人给抓了起来，并且判商队头目以绞刑。

自然，商队的头目被押赴刑场，准备用绳子结束他的生命。谁想到，在绞刑的过程中，此人不断挣扎，几经努力，终于挣断了绞刑用的绳子，重重地摔到了到上。在封建社会，如果遇到这种情况，通常都会认为是上天的旨意，那么，犯人也会得到赦免。商队头目自然也知道这一点，所以更加肆无忌惮，冲着围观的人群说道："看看，这就是你们国家制造出来的绳子，连个人都吊不住，连个小小的绳子都不会制造，你们还会制造什么？"听了这些，周围的人都感到气愤，更别提负责监斩的官员。

因此，当监斩官员把绞绳断裂的消息告诉皇帝后，皇帝尽管气愤，可是碍于祖宗定下来的规矩，本想亲题赦免书。继而，听到他说出的那些话后，顿时把赦免书撕个粉碎，决定让事实证明本国的绳子结实。于是，第二天，这个人再次被推上绞刑台，这一次，绳子并没有断，他也就死在绞刑台上。

在这个故事中，商队头目被处以绞刑，幸得绳子断裂才得以留下一条命。原本可以受到意外赦免的，他却并没有见好就收，反而不知深浅地继续揶揄绳子不结实，最后结束了自己的生命。事实上，商队头目之所以结局如此，正是缘于他这张嘴。如果他能够管好自己的嘴巴，也不至于会落得如此。

那么，与领导的相处中，我们要如何管好自己的嘴，防止祸从口出呢？

第一，面对领导的问话，要从多角度思维，避免失言。

无论我们是否愿意，在人际交往中，我们常常会讲错话，由此会带来人际交往中的事非。所以，作为聪明的下属，与领导相处要保持平常心，同时，根据领导的性格特征来改变回答的方式或方法，这样才能使你说出的话中肯而又得体。

第二，说话要讲究实际，不应根据自己的猜测来发表见解。

与领导相处过程中，下属所说的话要做到有理有据，才能保证你的语言有说服力。如果不加选择地信口雌黄，根据自己的经验或感觉"想当然"说话，势必会出现偏见与失真的情况，自然就会影响到你在领导心目中的形象。当然，如果遇到一时难以掌握而又非"表态"不可的情形时，选择一些模糊的语言，效果往往会好一些。

第三，管好自己的嘴巴，注意讲话的内容，也很重要。

说话是一门艺术，同领导说话更是如此。与领导相处时，不仅要注意说话的方式，而且要注意说话的内容。总体上来讲，说话时要学会根据对象与

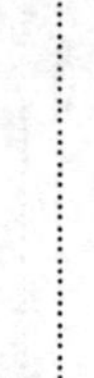

场合说话，这样才能避免引起不必要的麻烦。同时，还要注意说话的内容，一些有损于领导形象与破坏双方关系的话不要说，只有如此才能避免说话带来负面影响。

说话也是一种技巧，然而并非所有的人都能够掌握上述三项技巧。有些人却因为嘴巴而伤了他人，也伤了自己。因而，作一个聪明的下属，从此刻起学会管好自己的嘴巴，避免祸从口出。

抓住展示机会，令上级感到你不负众望

韩愈的《马说》一文中说："世有伯乐，然后有千里马。千里马常有，而伯乐不常有。"对于千里马来讲，能够遇到伯乐是十分幸运的事情。然而，"伯乐"却并不常有，对于那些身怀绝技的人来讲，想让自己被发现，就要学会表现你的才能。

提到表现自己，许多人会认为那是"出风头"和"目中无人"的表现，也是一个人不成熟、不稳重的表现。正是在这种偏见的影响下，让一些原本可以大有作为的人，最终在默默无闻的奉献中埋没了自己的才华，失去了许多成功的机会。因而，作为聪明的下属，要学会表现自己，将自己的才干推销出去。

吴军是一家出版社的职员，前几日，上级决定于进行演讲大赛，每个单位都要求推荐一个人参加。虽然吴军所在部门年轻人很多，然而很多人都不敢报名，更多的是找借口推辞。在这种紧要关头，吴军主动请缨，要求把这个任务交给他，领导很欣赏这种精神，当即应允。这一举动无疑是替领导解决了难题，因而引起了领导的赞赏。

当吴军接受任务之后，为了能够出色地发挥自己的水平，他从选题到编写都花费了很大的功夫。最后，他还专门请教一些前辈来指正自己演讲时存在的问题。"皇天不负有心人"，在他的努力下，他的演讲水平在很短时间内有了突破性提高。

当然，演讲进行得很顺利，他出色的表现为自己赢得了很多掌声。结果

出来了，他取得了大赛的第二名，这下吴军成了全社的焦点人物，当然也得到了领导的关注。在公司选择工会干部时，领导把他作为第一人选。最终，经过他的努力，成功获此职位。

在这个故事中，普通员工吴军因为懂得表现自己，通过演讲比赛获得领导的好评，同时也深受领导的信任与器重，推荐他为工会干部。吴军之所以会成功，就在于他能抓住时机表现自己，被领导所欣赏。这个故事告诉大家，如果你也想做大事，就要学会表现自己。

生活中，每一个人都有自己的长处，也会有自己的短处。当然，想要让上司欣赏自己，就要学会主动把你的优点与长处显露出来，让对方了解。因而，如果你也想成为上司所欣赏的人，就要懂得在重要时刻展现出你的优点和长处。一个人善于表现，可以吸引上司的注意力，使才华更容易被发现，然而，聪明的下属在表现自己时，要注意以下几点：

第一，表现自己的才能，要落实在实际行动上。

一个人无论有多大能力，如果总是在口头上夸大其辞，做起事来拖拖拉拉，上司交办的任务催办多次也完成不了，这些行为都会降低对方对你的评价。因而，做一个上司赏识的人，从此刻起办事要干净利落，多用行动来表现自己的能力，更容易得到赏识。

第二，向上司表现自己的才能时，要注意说话有度。

生活中，有些人为了表现自己，总喜欢向他人吹嘘自己的本领，这样的行为只会失信于人，即使暂时得到上司的认同，也最终会在现实面前露出马脚，到头来，只会让自己失去领导的信任。

第三，向他人表现才能时，保持低调，更有利于行事。

即使你的才华再好，如果不懂得低调，总喜欢显露自己的才能，也会被人误认为是自大狂妄之人，不利于树立良好形象。要知道一个恃才傲物、盛气凌人的人，是无论如何也不会受上司重用的。因而，想被上司欣赏，就要学会低调来对待自己的才华与能力。

无数实践证明，一个人如果能够巧妙地表现自己的才华与能力，有助于被上司发现，并委以重任。然而，前提是要学会表现的技巧。相信通过上面的学习，你也可以学会在上司面前正确地表现自己。如果能够做到这些，相信不久的将来，你也可以成为被上司欣赏的那个人。

第 17 章 以和为贵，学会与同事和谐共处

工作中，搞好与同事的关系很重要。如果你对同事冷漠，同事同样也会对你冷漠，那么“受冻”的是自己。在工作中与同事搞好关系的第一步是做好本职工作，这样同事才会认为你是一个本分、务实的人，才会放心与你交往。但是在展露自己才华的时候要注意不要和同事“抢功劳”，要以和为贵，处理好同事间的矛盾，化干戈为玉帛，和谐相处。要做到公私分明，即使你讨厌对方也要尊重对方。有事情要大家一起商议，切忌搞小团体。如果公司出现了小团体，要远离。总之，要以和为贵，与同事和平共处，良好的人际关系能让工作更舒心，也更容易获得成功。

对同事冷漠，自己将举步维艰

与同事相处并进行良好的沟通，这样才会有融洽的人际关系，才能使你的工作充满动力。如果你因为一些自己的事不开心，又不愿意与别人说，对人一直冷淡，那么同事会认为你对其有什么意见，这样你就会逐渐被疏远。如果你真的对某个同事有意见而故意对其冷淡，同样同事也会因此而对你冷淡，那么最终“受冻”的还是自己。所以，如果有意见可以和同事进行恰当的沟通，这样才能化解误会，增进感情，获得良好的人际关系。

小珍是一家公司的新人，刚从大学毕业的她满怀热情和雄心地来到这家生产数码设备的公司，本想通过自己的努力大干一番，但是没有想到刚一到公司就遭遇了人际关系问题的困扰。

公司的同事总是很忙碌，这倒没有什么，但是同事们在忙碌时对她的态度很冷淡。在面对面走过时总是装着没看见，从来不会与她打招呼，她主动打招呼，同事的反应也总是冷冰冰的，甚至有几次对方都没有反应。小珍发现自己自讨没趣，于是之后也装着没看见，但是这让在大学时总是与人热情相处的小珍感到非常不适。在激烈的思想斗争中，她失去了方向，久而久之，小珍感觉身心疲惫，工作上也渐渐没有了当初的激情。后来，小珍和朋友倾诉了自己的苦恼，并得到了朋友的指点，于是小珍开始逐步改善与同事间的关系。

小珍经常买些吃的和同事们一起分享，有什么不明白的问题就虚心请教，别人需要帮助时就主动上前伸出援手。渐渐地，人们在与小珍接触时脸上的冰冷不见了，而是洋溢着温暖的微笑。人际关系问题解决了，小珍的工作变得顺利了许多，而且取得了不错的成绩。

小珍的人际公关行动是成功的，她最终成功地和同事们打成一片，使得工作也得到了促进。也许是工作的压力太大了，也许是小珍当初的沟通不够，但是无论怎样，小珍同事在面对新人的做法都是欠妥的，要知道我们每个人在遇到类似小珍所经历的情况时都会像小珍一样苦恼，所以我们不应该对自己的同事冷漠。当你对同事冷淡时，同事就会做同样的事来对你，这样你的人际关系就会僵化，最终影响你的工作。

小超和小丽在同一个办公室，小超刚从学校毕业来到公司，小丽则已经工作了五年之久。起初，两人关系还不错，还一起去买折叠床放在办公室里，中午休息用，经常一起去食堂吃饭等。后来，小超和办公室其他几个女孩子搬到楼下一个空闲的办公室午休，但是小超一时疏忽没有叫小丽一起搬下去。后来，小超发现主任对小丽的态度不太好，可能是因为她工作了六年不怎么出色的缘故。主任对小超的态度很好，经常鼓励她，觉得她刚毕业，是可塑之材。但是小超没有什么谄媚之举，只是对本职工作认真负责，不懂就问。可从此，小丽却对小超的态度越来越冷淡，从无话不谈变为几乎形同陌路，工作上两个人经常出现不合拍的现象，极大影响了工作效率。直到后来小超主动找小丽谈，才化解了彼此之间的误会。

也许是小丽得不到赏识，内心有些许的挫败感，但是她对小超的冷漠让两个人的关系无缘无故地从好变坏，影响了工作，这都是得不偿失的。我们要像小超一样，有问题主动沟通，不要耽搁，因为时间一长，误会就会加深，就真的变成了矛盾，俗话说“夜长梦多，迟则生变”。

在交流中，自己要调整好心态，不要总是看谁不顺眼就对谁冷淡。即使知道对方对自己有意见，也要若无其事地和其交往，然后多观察，争取慢慢地去了解他，主动地和他交谈，从而化解彼此间的矛盾。对一个人冷淡会让对方感到敌意，同时自己总把事情憋在心里也是很难受的，所以不妨和对你有意见的人或自己对其很有意见的人去个轻松的场所，打开天窗说亮话。冷淡同事，受冻的将是你自己，把埋在心里的话都说出来，有利于彼此间消除误会和矛盾，加深感情，促进工作的顺利开展。

做好本职工作，尽其职但不越俎代庖

作为一名公司的员工，也许你学识渊博，也许你才华横溢，但是最重要的还是做好自己的本职工作。有些人很喜欢炫耀自己，或者经常会放着自己手中的事情不做或者在完成自己工作的情况下去做他人的事情。这类人中有的是想借此炫耀自己的能力。有的则是过于热情，想通过帮助他人搞

好人际关系。想炫耀自己的人当然会招来别人的反感，因为此类人在炫耀自己的同时，忘记了他人正在受到无形的贬低；而极度热情的人在完成他人的工作时，往往也剥夺了他人展现自己能力的机会。

在中国的历史传说中，有一位杰出的领袖叫尧。在尧的领导下，人民安居乐业。可是尧很谦虚，当他听说隐士许由很有才能的时候，就想把领导权让给许由。尧对许由说："日月出来之后还不熄灭烛火，它和日月比起光亮来，不是太没有意义了吗？及时雨普降之后还去灌溉，对于润泽禾苗不是徒劳吗？您如果担任领袖，一定会把天下治理得更好，我占着这个位置还有什么意思呢？我觉得很惭愧，请允许我把天下交给您来治理。"许由说："您治理天下，已经治理得很好了。我如果再来代替你，不是沽名钓誉吗？我现在自食其力，要那些虚名干什么？鹪鹩在森林里筑巢，也不过占一棵树枝；鼹鼠喝黄河里的水，不过喝饱自己的肚皮。天下对我又有什么用呢？算了吧，厨师就是不做祭祀用的饭菜，管祭祀的人也不能越位来代替他下厨房做菜。"

尧很谦虚，想将天下的管理权交给贤人许由。许由也很识趣，表示既然尧已经治理得很好了，自己并不属于管理者一类的人，何必越俎代庖。这个传说很鲜明地告诫我们要做好自己的本职工作、不要越俎代庖的道理。在日常工作中，要认真做好自己的本职工作，如果你由于精力过于充足而去做同事的工作，那么做得好，同事不会说什么，最多是客气地向你表示感谢，并委婉地暗示下次不要这样做了，但是做坏了，不仅会帮倒忙，给同事带来麻烦，而且要背上"多管闲事"的罪名。

工作中的机会不是常有的，而人们需要借这些机会获得成功，证明自己。所以，要在机会出现的时候，让应该得到机会的人好好地把握，不要出于热心或者其他目的去干预或者争抢机会，让人们自己去应付，竞争需要公平。在同事需要帮助并请你帮助时再动手，否则就用善意的语言作为鼓励的形式，这样不但能博得同事的好感，而且你的好意同事也会心领神会，对你心存感激。所以，工作中要各司其职，做好自己的本职工作，不要随便做同事的工作。

适度展露才华，但切忌争功

工作中，一个人要想有好的发展就要使人们知道你有真本领。展露才华是好事，因为管理者可以对你有一个全新的了解，可以让你获得更多的机会以施展你的本领。但是，在展露才华的时候要注意方式，可以将自己取得的成绩展示给领导，但是不要和同事抢功。和同事争功不但会使人际关系被破坏，而且会使领导对你的人品产生怀疑，甚至导致成果付诸东流，带来不必要的损失。

小青和小梅是公司里的得力干将，小青签字的材料要交给老板，在交之前，需要同事小梅查看一下，结果小梅把小青签字的材料重新打印一次，签上自己的字，然后交给老板。老板在签字的时候看到小梅的签字，就会觉得是她做的报告。小青发现以后，就让小梅查看自己的材料以后再交还给自己，然后直接拿给老板。另外，小青在报告里输入数据后，小梅核对说数据不符，结果一看果真不符。小青心里纳闷："当初我输入的时候怎么就是相符的呢?"后来发现原来小梅修改了数据的一部分，让其最终结果不相符。小梅平时也是总喜欢抢小青的工作，而小青的解决办法就是比她快。别人发给他们的邮件，小青总能比小梅回得快，回得全。最后小梅没有了办法，只得放弃。

从这个例子中，我们看出小梅非常爱抢别人的工作成果，喜欢据别人的功劳为己有，这样做显然是失当的。自己辛辛苦苦的劳动瞬间就化为了别人的成果，换成谁都会感到不平衡，所以在平时的工作中，我们要展现属于自己的功劳，而不要去抢同事的功劳。在这里要特别推荐小青的工作方法，她在面对同事争抢自己功劳的时候，不但没有向对方发火，而且运用的方法非常智慧。这使得她的态度一直非常积极，工作按部就班，不断取得新的成绩。

郑军和一个女同事是同一年进入一家公司的，郑军那个女同事非常积极，什么工作都是揽到自己那里做，包括本属于郑军的工作。本来他们共同负责一个项目，可这个女同事几乎没有留给郑军什么可以做的工作。在向领导汇报时，女同事自然口若悬河，根本不给郑军任何表现的机会。郑军性

格比较内向，女同事则比较外向，和周围的其他人接触多一些，关系比较好一些，所以，郑军拿她没有办法。最后郑军不得不听取了朋友的意见，到经理那诉苦。

郑军并没有说谁抢他的工作，自己没有事情做，而是以正面的形式说某某工作非常积极，非常享受这份工作，所以在做工作的时候，总是争取做更多。这个积极的精神真的很好，不过自己的工作量就变得很少，空闲的时间就会变多，所以请经理考虑一下给自己新的工作。因为自己和某某一样，也非常希望能为公司做更多的事情，学习更多的知识，积累更多的经验。最后经理查出了事情的原因，使得那个女同事有了很大的收敛。

郑军遇到的女同事很强势，不但自己的工作完成得迅速，而且毫不客气地将郑军的工作拿过来自己做，功劳也都往自己身上揽。面对这样的同事，郑军的内心肯定是复杂的，当然最后处理的方式还是很成功的。在日常的工作中，为了不给同事增添烦恼，也不给自己找麻烦，我们还是不要抢同事的工作为妙。

在同事取得成绩的时候，要怀着一颗积极的心态祝福同事，即使你很羡慕这些成绩，也不要嫉妒，更不要去抢，正确的做法应该是自己加倍努力，把同事当成自己努力的目标，从而使自己获得更大的成绩。这样做，不但不会让同事因为你的成功而对你感到不悦，而且会赢得他人的尊重和敬佩。你在别人取得成绩时大度地祝福，事后自己努力取得的傲人成绩，不但会使你的能力得到广泛认可，而且也由于大家的积极努力营造了一种你追我赶、公平竞争的良好氛围，有助于整个团体的快速发展与进步。所以，切记要显露才华，但不要和同事抢功劳。

巧妙化解矛盾，与他人和谐相处

人与人之间出现矛盾很正常，同事之间出现矛盾更是正常，但是矛盾之所以会阻碍顺畅人际关系的建立，是因为人们经常不能理性地面对矛盾，往往把注意力放到怎么才能保住自己的面子，怎么才能证明自己是对的、对方是错的。这样一来，人们就不会想到怎么去解决矛盾，而是为了一些没有意义的问题争论不休。矛盾在争论中只会继续加剧，最终影响人们之间的关系。所以，当矛盾产生时，不要急于去争吵，要理性地分析，巧妙地化解，不使矛盾成为彼此之间交往的障碍。同事之间要以和为贵，处理好彼此间的矛盾可以打造和谐的人际关系，可以营造良好的工作氛围，无论对于个人还是公司都是有益的。

一位50多岁的女士在为一家出版公司工作了10年之后失业。她的位置被一位年轻的同事取代，而后者对此表现得十分冷酷，缺乏同情心。这位女士十分痛苦，所幸多年的好友和熟人都慷慨地为她出谋划策。几个月后，她得到了一份相当好的工作，在一家虽然小却实力很强的出版公司任总编。又过了两年，她先前所在的那家公司倒闭了，碰巧的是，曾经顶替她位置的那位年轻人如今到了她手下干活。带着满腔怒火，这位女士明确表示她和那个先得意后失意的人誓不两立。她要那个年轻人也尝尝痛苦的滋味，于是她不让他提出的任何一个选题通过，甚至在大厅里相遇时也不忘对他嘲笑一番。

这名女士先是遭遇了人生的低谷，在低谷中，顶替自己的新人不但没有同情自己，反而非常冷酷，让这名女士本就失落的心更加悲凉，痛苦是可想而知的。人生就是充满着戏剧性，在这位女士摆脱了过去的阴影重新开始后，昔日的顶替者成为了今日自己的手下，复仇心理驱使着这名女士要残酷地让其痛苦一番。俗话说“冤冤相报何时了”，你伤害我，我报复你，这样的恶性循环是没有止境的，最终的结果就是两败俱伤。如果当初那名顶替者没有那般冷酷，或者这名女士不计前嫌，那么结果会大不相同。所以，平时要以和为贵，用一颗真诚善良的心对待同事。在遇到矛盾时，不管是哪一方让一步，用一颗宽容的心去感化对方，也让自己释然，双方自然而然就会化解矛盾，最终获得和谐的人际关系。

小陈和小王是同一家保险公司的客户经理，两个人的业务水平都很高，工作态度也都非常端正。但是小陈的业绩总是比小王高出一大截，这让小王很是不快，逐渐地小王开始在心里把小陈作为敌人，时间长了，这种敌意开始外露。小王会抓住小陈的各种失误来借机讽刺小陈，或者经常莫名其妙地给小陈出难题。小陈逐渐发觉了小王的敌意，于是主动约小王一起吃饭。通过与小陈的接触，小王了解到他家境很差，这不但让小王的心里有了些许同情，而且在面对小陈的鼓励时，小王彻底释然了，他们重归于好，矛盾

被化解了。

可以看出小陈是一个宽容大度的人，他主动化解由于误会产生的矛盾，使同事之间的关系变得融洽，这是值得人们学习和借鉴的。平时在遇到别人的误解时，一定要和其进行良好的沟通，这样才能化解彼此间的矛盾。如果你碍于面子而与其较劲，那么你们之间的误会会加深，矛盾也会加深，这样不但会影响你们的关系，也会影响工作。所以，不妨像小陈一样，用真心融化矛盾，与同事和谐相处。

矛盾产生的原因有很多，或者是误会或者是一些其他的原因，但是矛盾解决的方法也有许多，只要你用心去寻找，那么矛盾终将被化解。当矛盾产生时，首先要理性地分析矛盾产生的原因。在发现问题的症结所在后，就要主动采取化解矛盾的行动，可以采取直接的，也可以用间接的，总之要达到沟通化解矛盾的目的。这样一来，同事间的感情就会加深，关系自然就会融洽，工作也会充满激情。所以，工作中，要以和为贵，处理好同事间的矛盾，营造融洽的工作氛围。

顾全大局，尊重你的同事

人们在对待自己喜欢的人时会非常自然，很愿意与其接近，并用微笑去与其交流。在对待自己讨厌的人时，会敬而远之，总是想办法避开，或者对其态度非常恶劣，充分表现自己的厌烦之情。在工作中，对待你讨厌的同事时，不要将你的厌烦摆到明面上，不要什么都不顾地尽情发泄自己的不满，要顾全大局，照顾人们的情绪，公私分明，尊重你讨厌的同事。

杨帆本来在公司的执行部工作得一直很好，直到碰上了一个让她反感的同事。客户部的陈圆圆，名牌大学毕业，一进公司就张扬得不得了。不过，老板很看好她，没过多久，陈圆圆就成了客户部的经理，是杨帆要经常合作的同事。小姑娘自从当上了经理就更加目中无人。在工作过程中，她总会找出各种理由来给扬帆的工作挑毛病，或者说一句轻飘飘的“我知道了”，这让杨帆觉得自己费了那么大的精力做出来的成绩，到了她那里，根本就没什么了不起。但如果是执行部有什么事情处理不当的时候，她就四处宣扬，把事情搞得全公司都知道才善罢甘休。为此，杨帆经常去总监那投诉，抱怨陈圆圆的为人，但是总监并没有理会杨帆的抗议，而是建议杨帆和她建立友谊，并说："她也许为人张扬，但是人品和工作是两码事，她的工作能力也是很不错的，也有你可学习之处。"听了总监的话，杨帆渐渐地开始对陈圆圆变得友善了，甚至主动提出和她共进午餐。慢慢地陈圆圆不再去给杨帆挑刺，而是经常去提醒杨帆各种需要注意的事项。遇到大的项目两个部门还会坐下来平心静气地商量。虽然不可能是很好的朋友，但是杨帆明白，最起码大家不会再产生什么重大的"交火"事件了。

杨帆与陈圆圆的冲突由刚开始的一触即发到后来的心意相通，离不开二人的互相谅解。杨帆不喜欢陈圆圆，但是工作和私情毕竟要分开，况且陈圆圆的工作能力是得到公司广泛认可的，所以杨帆顾全大局，主动改善与陈圆圆的关系，这样的做法是正确的。在工作中，人们不能选择自己的同事，所以谁都不能保证同事说的话和做的事是自己喜欢的。当你的同事让你讨厌时，要像杨帆一样保持克制，可以与他一起喝喝茶，聊一聊各自心里的感受。沟通不是万能的，但作用绝对是明显的。你的容忍和礼让会让对方觉得你识大体，很有气量，从而被你感染，行为自然会有所收敛。所以，不要和你讨厌的同事像仇人一样，见面就眼红。不必成为朋友，但是一个可以沟通的良好关系还是需要努力去建立的。

郑爽是一家公司的职员，她为人正派，表里如一，所以对公司的一名总是笑里藏刀的同事很是厌烦。开始时郑爽非常想当面斥责这名当面一套背后一套的家伙，但是她的想法被自己的一个朋友制止了，朋友帮郑爽分析了各种利弊，最后郑爽决定对于这个笑里藏刀的同事，在工作中维持正常的关系，私下里则加倍防范。

郑爽开始的做法显得有些冲动，幸好在朋友的劝阻下没有施行，如果郑爽当面对其斥责，那么不但不会达到让其改变成为自己理想中的人的目的，而且很可能会使她同事在暗地里对郑爽非常不满，寻找机会报复。所以，对待自己不喜欢的同事一定要尊重，因为他与你是工作关系，私下里不会影响你的个人生活，所以为了整个公司这个大的团体的发展，要抛弃对一些人的成见。大家以和为贵，和睦相处，才能营造一个团结奋进的大环境。

当你遇到让自己感到厌烦的同事时，不要一开始就妄下定论，毫不客气地上前给对方提意见只会让对方察觉到你的反感，不利于以后工作的开展。

要保持一个相对较低的姿态，无声无息地细心观察，发现对方的优点，然后针对优点进行沟通。这样一来，对方会发现你很有风度，懂得欣赏别人，从而对你产生好感。不但避免了冲突，还能获得别人的赞赏。私下里我们可以随便喜欢或者讨厌一个人，但工作时就要抛开私人情感，把重点放在工作上。所以，即使你讨厌你的同事，也要对其给予足够的尊重。

有事需摆明，不搞小团体

在职场，经常会出现几个有着共同利益的人结成我们常说的“小团体”。这些人在小团体内部谋划着各种策略来维护自己，争取更多的利益。他们对小团体外的人员态度有所区别，如果有人反对他们，那么他们就会把这个人设定为敌对目标，会采取各种有针对性的手段去刁难这个目标。小团体在公司中是比较不正常的现象，这些人有时只顾局部利益，不顾全局利益，这使得人们不能团结一心，处于分裂状态。这样的团体存在，公司怎么能快速向前发展？所以，有事要摆明，大家一起商量，不要搞小团体，发现小团体，就要远离小团体。

经过几年职场奋斗，王琳跳槽到广州一家美资化妆品公司当市场部副经理。本以为凭借着这几年的丰富工作经验和专业水平能在新公司里有一番大作为，可是没过三个月，她便发觉事情没有她想得那么简单。部门里同事间关系复杂而微妙，不少人结成小团体，而首脑就是她的搭档、市场部的另一名副经理，这让她感到很为难。

王琳做事喜欢就事论事。在工作中并没有偏袒任何人，也因此而得罪了那位副经理的小团体，同事们常常在决策时偏向另一名副经理。最近，王琳在一项重大发展计划方案的竞争中败下阵来，公司采用了那名副经理的计划，原因在于部门的大多数人都投票支持那名副经理。

对于这个结果，王琳既惊讶又愤怒，她自己一直认为那个方案非她莫属。无论学历、资历、业绩，王琳都占优，更重要的是她的计划方案确实比那名副经理更加可行。

王琳以前一直觉得外企是块净土，不需要搞关系，只要干出成绩就可以得到同事的认同与上司的赏识，没有想到一不小心就陷入尴尬境地。刚坐上新的管理位置，该做的事情本来就千头万绪，偏偏遇上这个“小团体”问题，想要大展身手更是难上加难。

从王琳的例子中我们不难看出，小团体对于一个公司的危害有多大。王琳因为“小团体”的阻碍，不能得到重用，这是对人才的浪费。在设计方案上，因为“小团体”作祟，好的方案反而被拉下马，不得不叫人无奈。雄心勃勃的王琳刚跳槽就遭遇了小团体，事业上遭遇了挫折，让人惋惜。在工作中，在发现“小团体”时，要注意仔细观察，把“小团体”的构成和一些具体情况摸清，结合公司的大环境做理性的分析，然后制定一套属于自己的方案，使自己既不被“小团体”影响，又能保持独立性，促进工作的开展。总之，要想避免麻烦，就远离“小团体”。

王凯是企业里的新人，他深知老员工或老同僚难免会心存几分排斥。于是，他到公司的作风就是少说话、多做事。看到部门里存在“小团体”，他更是学会了绕行。既不得罪别人，又使自己努力工作的机会得到了落实，没过几个月，王凯就升迁了。

王凯是精明的，他知道哪些是该做的，哪些是该远离的，这也是他不受“小团体”影响、较快升迁的主要原因，很值得人们学习和借鉴。

一般“小团体”的后果都不会很好，比如新人在加入“小团体”后会得不到领导和资历较老的同事的信任。因为领导和资历很老的同事都希望新人能很快地融入公司这个大的团队，与所有的同事打成一片，而加入“小团体”后则会不服从领导，个人主义上升，对公司的发展危害颇深。“小团体”发展到一定的程度，必将引起管理者的注意和重视，那么管理者就会采取手段瓦解“小团体”，比如辞退一些人，对某些人进行降职、罚薪等处罚。

在公司工作态度要端正，为人不要过于张扬，向资历比自己老的人虚心请教，这样不仅能建立良好的人际关系，而且能避免“小团体”的迫害。一个公司的“小团体”往往会找那些锋芒毕露的人开刀，而你在保持低调时，相对于“小团体”就是弱势，就不会引起太多的注意，也不会成为攻击的对象。这种“小团体”会影响个人的长远发展，而对于组织来说，则是因小益而失大利，最终影响了大的团结，所以要远离“小团体”。

第 18 章

善用策略，让下属服从你的管理

作为上司或者领导，很多人喜欢端着架子，以显示自己的威信。但是这样做，往往会疏远下属，使得下属不敢轻易接近，结果给工作的交流造成了障碍。作为一个领导要敢于承担责任，与下属荣辱与共、同舟共济，这样才能赢得下属的爱戴。俗话说“强将手下无弱兵”，只要领导有方，下属一般都会有出色的表现，为组织贡献力量。领导要信任下属，因为这是在无形中对下属最有力的支持。在和谐中营造竞争氛围，让公司中形成一种你追我赶、积极向上的良好风气。在与下属共同奋斗时，也要控制好“临界距离”，树立领导威信。对工作努力的人给予奖励，对态度消极者给予处罚，赏罚分明，用好奖赏这根“胡萝卜”。

表现你的敢作敢当，与下属同舟共济

作为领导，要有强烈的责任意识，要敢于承担责任，这样才能为下属树立榜样，发挥榜样的作用。很多领导喜欢宣传责任意识，但是真正需要自己承担责任的时候就会寻找替罪羊，这样的领导是不得人心的。要想让下属心服口服就必须拿出点与下属荣辱与共、同舟共济的架势，在应该自己承担的责任面前毫不退缩，勇于承担。在承担责任的态度上要注意本着改正错误、做到更好的想法，而不是我错了就错了，没人敢把我怎么样的想法。

小胡是公司的一名新人，在工作中总是遇到一些难题，有些是要向上级领导汇报之后才能做的。于是，小胡就去找自己的领导，可这个领导遇到棘手的问题总是模棱两可、模模糊糊，这让小胡很难处理。后来，这名领导居然在一件很重要的事情上推卸责任，这让小胡忍无可忍了，终于和领导起了正面冲突。

事情发展到让小胡忍无可忍并与领导起冲突的程度，这是谁都不愿意看到的，错误明显在于这名领导。领导的作用就是指挥、带领、引导和鼓励部下为实现目标而努力，就是在下属遇到问题时能给其一个明确的答复，指给其一个行动的方向，让下属朝着这个方向发现解决问题的办法。而小胡的领导在面对棘手的问题时，不但没有给小胡一个有效的指导，而且用模棱两可的回答来敷衍，在遇到应该自己承担的责任时，不主动承担而是推卸责任，这怎能不激起下属的愤怒？

领导是组织的核心，勇于承担责任的领导是好领导，他能与下属同舟共济、共同奋斗，这样的领导带出的团队是斗志昂扬、百战不殆的。不承担责任的领导不是好领导，他所带出的是松散无效率的团队。领导就像海港的灯塔，引领着下属，他的一举一动、所作所为都会深深地刻在下属的心里，成为下属模仿的对象。对领导不承担责任行为的效仿，使得整个团队都学会推卸责任，变得只顾自己。没有团队精神的团队是不能昂首阔步向前进的。作为一个合格的领导必须以身作则，主动承担自己应该承担的责任，与下属荣辱与共。

一个集团公司组织了一次歌咏比赛，各子公司以及集团公司都参加。张永负责组成集团公司代表队参加，为求效果良好，决定统一服装。这个事情由工会组织，为了统一服装，工会副主席找过张永与副主任商量是否统一服装。两人同意歌咏队要统一服装，工会就按照惯例采购了服装，参加比赛的人员每人一件。集团领导为了达到与员工同乐的目的，自然都会参加歌咏队，因为他们很忙，自然只是充充数，但也一块站队排练。

在歌咏队与领导最后一次合练时，董事长发现了问题。看到队员都有统一着装，就问是谁决定发衣服的。张永不明白为什么领导突然问这个问题，于是没有站出来说是自己做的决定，副主任也没有站出来，工会副主席也不说话。结果，领导将三个人叫到办公室痛批了一顿。原来领导多次在办公会上强调一个观点，要按照市场经济规律办事，不要搞非激励性的机制。而通过搞活动发服装这是一种非激励性的机制，作为企业要打破这种机制，而对三人的批评不是因为谁做这个决策要批评，而是批评作为领导干部居然没有承担责任的意识与勇气。

从这个例子中我们不难看出，这个企业的董事长很强调公司发展的方针路线，但是相比之下，他更注重公司领导的责任意识与承担责任的勇气。作为领导，勇于承担责任是一个非常重要的品质。有勇气承担责任能够使领导更具风范和魅力，而且这类领导往往能力很强，能担任较为重要的角色，出色完成各种事关公司命运的重大任务。

与下属荣辱与共的领导会赢得下属的尊重，同时也会赢得人们的信任。一个勇于承担责任的领导在人们心目中的形象是充满正义感的，下属往往会更加忠诚，工作上以领导为榜样。领导的良好作风能营造一个让人信心满满、充满希望的大环境，这对一个企业的发展是意义非凡的。

以身作则，才能强将手下无弱兵

一支部队在遭遇败仗后更换将领，结果无坚不摧、所向披靡；一支球队在输掉很多比赛后更换主教练，结果屡克强队、连战连捷；一个团队在错失良机、举步维艰后更换领导，结果一往无前、成就辉煌。这些都说明了一个

道理：强将手下无弱兵。只有无能的将军，没有无用的兵。领导是一个团队的核心，如果把这个团队看成一个人，那么领导就是大脑，下属就是四肢，四肢只有在大脑发出正确信号的情况下才能做出完美的动作。

美国南北战争初期，北军屡战屡败，士气低下，就在即将陷入绝望时，格兰特将军让人们看到了希望。1863 年，格兰特将军已经控制了整个密西西比河流域，将南方分割成东西两个部分，战略格局也从此改变。后来，格兰特将军和南军李将军率部交锋，经过一番空前激烈的血战后，南军一败涂地，溃不成军，李将军还被送到爱浦麦特城受审，签订降约。格兰特将军立了大功后，很谦恭地说："李将军是一位值得我们敬佩的人物。他虽然战败被擒，但态度仍旧镇定自若。他仍是穿着全新的、完整的军服，腰间佩着政府奖赐他的名贵宝剑，而我却只穿了一套普通士兵穿的服装，只是衣服上比士兵多了一条代表中将官衔的条纹罢了。"

战争初期，北军屡战屡败，但是同样的军队在由格兰特将军带领后却所向无敌，这足以说明将领的重要性。格兰特将军的军事能力很强，他的为人却如此谦虚，这都是一个将领能力的体现，也是其打动士兵的地方。正是由于格兰特的个人魅力，使得士兵忠诚地追随他。格兰特也没有辜负士兵们的期望，带给他们一个接一个的胜利，在士气的鼓舞下，他们获得了最终的胜利。同样的道理，在一个团队中，领导的作用是非常重要的。领导是一个团队中的领袖，他用自己的权力来对团队进行整合，为团队的行动制定计划。如果领导的能力不足，那么这个团队很可能就会陷入困境；如果领导的能力很强，那么这个团队一定是一个有序、有力、很强大的团队。领导的品格、才能、知识、情感等因素都能成为其成败的关键，只要懂得运用、善于运用，就会产生良好的效果，取得辉煌的成绩。

神木一郎是一家日本公司的员工，他工作非常努力，与同事们的关系也非常融洽。按常理来说，他离成功的距离应该很近了，但是结果却是他们部门连续出现亏损。后来，人们发现他们的部门经理因为挪用公款被查处。神木一郎凭借自己的出色表现接替了前部门经理的职位，在他的带领下，部门上下团结一心，不但扭亏为盈，而且盈利连年翻倍，不久神木一郎再次升迁。

同样的员工，领导一换，面貌全变。神木一郎不但使部门扭亏为盈，而且盈利连年翻倍，他的领导能力可谓技高一筹。由此可见，一个领导的素质往往可以决定一个公司的命运。

一个领导要从思想素质、道德素质、文化素质、业务素质和心理素质等方面进行加强。一个领导的思想素质和道德素质要过硬。作为一个领导，必须清楚自己的任务是什么，要有为了集体可以做些自我牺牲的精神。在文化素质上一般要超过普通员工，因为这是体现一个领导卓越素质的必要组成部分。在业务素质和心理素质上一定要过硬，这样才能为员工做出表率，员工不会佩服一个业务不如自己的领导。在员工慌乱的时候，领导用自己临危不乱的风范，让员工吃下“定心丸”，做好手中的事。领导的管理能力要强，没有管理，公司会乱成一团，高超的管理技巧可以使公司运营有条不紊，化腐朽为神奇。

领导者要通过实践不断地锻炼自己的能力，因为一个团队的竞争力、应变力、创造力等都是和领导者的能力直接挂钩的。领导者表现出色，那么团队表现一定不会逊色，所以作为领导者要加快自己前进的步伐，打造自己强有力的团队才是王道。

不吝惜肯定，用信任支持下属

在上司与下属之间，信任的作用不容忽视。信任就像一颗定心丸沁人心脾，让人能放开手脚，大干一场；就像宽阔结实的手臂，可以给人最有力的支持；就像一块精致的奖牌，给人以无声却有力的肯定，鼓励人们继续努力下去。当一个下属在得不到上司的信任时，他的心就像断了线的风筝，飘忽不定。这时，他会觉得工作没有计划，缺乏动力，看不到希望，逐渐地出现两个极端。要么因为落寞变得堕落，最终一事无成；要么对同事充满仇恨，敌意无穷，成为公司的不稳定因素。而当一个下属得到上司的信任后，则会加倍努力工作，不但忠诚，而且能为公司作出贡献，推动公司的快速发展。所以，要信任下属，信任是对下属最有力的支持。

陈良是一家公司的员工，他工作非常努力，工作完成得近乎完美，这让同事们都非常佩服。陈良为公司作出的贡献十分突出，但是有一个问题一直困扰着勤劳的陈良，那就是公司的老板总是不信任他。在公司有重要的

任务时，老板总是绕过陈良而把工作派给别人。在了解公司情况时，老板也总是找一些自己信任的人，很少和陈良交流。老板的这些举动让陈良十分苦恼。渐渐地，陈良失去了以前的激情，一有工作就感觉头疼，不是推给别人就是消极回避，最后无奈的陈良选择了跳槽。

陈良得不到领导的信任，心灰意冷地选择了离开。他的离开是公司的损失。如果他能受到老板的重用，结果一定是截然相反的。个人努力，公司发展，皆大欢喜，这是公司里每一个人都愿意看到的，所以不要让自己的下属感到得不到信任，用信任支持下属，往往能事半功倍。

在工作中，下属是需要信任和鼓励的。当其取得成绩时，发现自己并没有引起领导的注意或者重视，也没有得到领导的认可，相反感受到了领导对自己的不信任，那么此时的心情一定是低落的，是倍感受挫的。长此以往，一个人的信心就会逐渐被消磨，工作的激情就会逐渐消退，最终郁郁不得志，变得碌碌无为。

在很久以前的一个部落，有一个传统，那里的青年人想结婚，先要学会捕捉牛的技术。捉了足够的牛，作为聘礼，送给女方，才可以成家立室。最少的聘礼是一头牛，最高是九头牛。这个部落酋长有两个女儿。有一天，一个青年走到酋长的面前，说爱上他的大女儿，愿意以九头牛作为聘礼迎娶她。酋长听了之后，大吃一惊，忙说："九头牛的价值太高了，大女儿不值，不如改娶小女儿吧，小女儿值九头牛。"可是这位青年坚持要娶酋长的大女儿，酋长终于答应了他，这件事轰动了整个部落。一年后的一天，酋长经过这位青年的家，看见他家正举行晚会，一大群人围成圆圈，正欣赏一位美丽的女郎载歌载舞。酋长十分奇怪，去问那位青年这个女郎是什么人，怎么自己会不认识。年青人回答："她就是酋长您的大女儿啊！"

酋长的大女儿之所以会有脱胎换骨的表现，以至于酋长自己都认不出来了，是因为她得到了自己丈夫的信任。那个当初用九头牛迎娶酋长大女儿的年轻人坚信酋长的大女儿够得上九头牛的价值，这一举动使得酋长的大女儿信心大增，通过不懈的努力展现了完美的自己，就像破茧而出的蝴蝶，让人赞叹不已。

工作中，要对自己的下属充分信任，这样对下属和自己都有好处。下属会因为你的信任而变得非常忠心，对你的指令完全执行。另外，下属会非常自信，非常具有责任感，工作中也会充满激情。下属的积极行为会感染身边的人,会把整个公司的工作氛围调动起来,大家齐心合力共同进步,公司想不蒸蒸日上都难。所以,不要随便猜疑自己的下属,不要怀疑他们的能力,更不要捕风捉影,以避免出现人心惶惶、人人自危的尴尬局面。要用信任对下属进行有力的支持,让其大胆放手去干,充分发挥其主动性和创造性,才能赢得人才的忠心,换来团队的团结,带来企业的快速发展。

给予压力,适时制造竞争关系

人在过于安逸的环境下会放松思想,时间长了会不思进取。例如,公司中同事间的关系非常融洽,彼此间心意相通,在遇到矛盾时,总是自己先承认错误,获得荣誉时都表现得非常谦虚,遇到功劳也不会去争抢,看起来非常和谐。但是长此以往,你会发现大家的进取心在被一点一点地磨灭,因为大家意识到彼此之间不存在竞争,从而安于现状。但是这种无事一身轻的心态会逐渐转变为一种懒惰心态,使人工作效率降低,不利于公司的长远发展。所以,在公司中要适当地制造竞争关系,让和谐的关系更紧凑,更有弹性。

莫先生自本科毕业分配到某大型国有企业工作已 14 年了,工作和专业很对口。刚开始工作时,莫先生干劲十足,可渐渐地,他发现同事间没有利益冲突,工作并不需要多努力。单位里人多事少,而且同事间的关系非常好,所以莫先生工作时间常和同事聊天。就这样,他轻轻松松地过了十几年。直到后来,因为企业效益不佳,莫先生下岗了。这时,他才意识到自己的饭碗丢了,而且看看以往的同学,不是担任了大公司的中高层管理人员,就是自主创业已成为成功人士了,自己简直没有脸面再见他们了。

从这个例子里我们可以看出,当初莫先生的工作很舒适,企业里的员工间没有竞争,人们都很安逸,结果企业的效益得不到保障,莫先生也因此而下岗。所以,作为领导者要注意不但要协调好员工间的关系,而且要注意制造一些竞争关系,这样人们才有干劲,才能为企业带来效益。关系和谐固然重要,但是竞争中创造效益更为重要。

长时间在一个充满着熟悉的人和熟悉的事物的环境中,会让人关注的

内容也越发有限。由同事间过于“团结”而带来的舒适和安逸是工作的大敌，没有压力的工作不会让一个人的能力继续提升。所以，作为领导一定要学会使用竞争来刺激下属，让下属感受到压力。只有这样，下属才会有目标，才会有动力。

张丽参加工作一年了，她毕业于名牌大学一个强势专业，所以就业很轻松，几乎都没有什么曲折就进了一家央企。张丽的工作地点在一个小城市，和当地人几乎没有接触，因为单位都有自己的小区，有自己的商店、体育娱乐设施以及上下班的通勤班车。公寓免费，体育文化设施齐全，单位经常组织旅游和休假，人文关怀很不错。另外，在这个企业工作的人工资都很高，而且各方面的福利都很好，所以公司同事间的关系也非常融洽。几个同事没事就在一起聚餐、打牌、闲聊。如此舒适的工作和生活是让人羡慕的，但是张丽却越发发现自己的价值在缩水，经常感觉这个舒适的工作让自己的能力无处发挥。逐渐地，她变得消沉，工作上有气无力，无精打采。后来，张丽跳槽到另一家公司，虽然挣得工资没有之前多，但是由于竞争激烈，她干得非常起劲，而且取得了不错的成绩。

张丽在舒适的工作中迷失了自我，而在跳槽后，激烈的竞争唤醒了沉睡的潜能，真正实现了自己的价值。由此可见，在公司中，同事间的良好关系会让人安逸，作为领导则不能让下属感觉不到压力，尤其是年轻的下属，因为他们的能力会随着舒适时间的延长而消退，最终变成一个平庸的人。而在压力和竞争的刺激下，他们会不断地让自己升级，这样一来，不但使工作效率提高了，工作质量也有了保障，自我价值也得到了实现，公司的发展也会随之加快。

要适时地制造竞争关系，这样才能激起员工的工作激情，让员工充满斗志。另外，在下属间制造竞争关系能使下属间的利益出现差别，这样一来，下属会为了争取利益更加服从自己，从而使工作更加顺利地开展。所以，不要让下属沉湎于没有竞争的和谐之中，要适当制造竞争，推动公司发展。

树立威严，控制上级与下属间的距离

作为一个领导，不能太疏远下属，也不能没有威信，这就需要控制好“临界距离”，树立领导威信。当一个领导与下属打成一片时，大家会觉得他很有人情味，是一个平易近人的人。但是与下属没有距离的领导会让下属产生许多侥幸心理，开始想入非非，工作上就会出现不积极的情况，对于领导的一些要求会置若罔闻，领导的作用就会被严重削弱，秩序上也会出现混乱。领导不能没有威信，领导的过程既需要职务权力，也需要个人的威信，所以一定要维护好威信，才能发挥好领导的作用。领导的威信需要通过职权的作用和个人的影响力来建立，这个过程离不开与下属保持适当的距离。

唐小姐和她的领导张女士非常合得来，不光在工作上珠联璧合，就是爱好也惊人地相似。比如，她们喜欢用同一牌子的化妆品，喜欢酒吧，喜欢看某著名导演的电影等，为此两个人在一起的时间也就多一些。有一次，两人不约而同地穿了一件不同款式却绝对风情万种的春衫，她们在更衣室相遇，嬉笑着互骂彼此是妖精，于是唐小姐私下里就称张女士“老妖精”，张女士也乐着回一句“小妖精”。办公室本是多事之地，她们的亲密自然招致了别人的非议。张女士从此留了心，她想慢慢疏远唐小姐，可是唐小姐却没有意识到这点。一天，张女士在自己的办公室里接待一位客户，唐小姐敲门后进来，以为没有别人就冲着她问：“嗨，老妖精，今天晚上去看电影怎么样？我搞到了两张票。”张女士的脸色立刻变得很难看，只说了一句：“你风风火火的像什么样子？这是在办公室。”唐小姐这才发现在那张宽大的黑色沙发里坐着一个穿黑风衣的瘦小老头。不久，唐小姐被调到市场部做统计，离开了这份自己十分喜欢的人事工作。

张女士与下属唐小姐兴趣相投，于是在一起交流的时间就比较长，两人的距离自然而然地被拉近了。两个距离很近的人说话自然会非常随意，唐小姐就是因为一句随意的话让领导在客户面前颜面尽失，也导致自己的工作受到影响。如果张女士平时就注意与下属保持适当的距离，那么唐小姐就会有所收敛，在进门的那一刻不会如此随意，也就不会出现尴尬的局面。所以，作为领导一定要注意控制与下属间的“临界距离”，不要让下属产生自

己是其保护伞的想法，因为这样往往会给自己带来不必要的麻烦和负面的影响，于人于己都没有好处。

领导者依靠与下属保持距离来抬高自己的身份，保持自己的威信，但是距离要适宜，太近不好，太远也起不到效果。

森林之王老虎每日处理着森林王国大大小小的事务，他所走过的每一个地方，王国中的动物成员们对他都是毕恭毕敬，有的动物甚至看到他到来就远远地走开了。每天晚上，他独自回到自己的住所听着外面各种动物在月光下载歌载舞，经常偷偷地落泪。他多想与其他动物们一样能够在月光下跳舞、狂欢。在一个月圆之夜，老虎走出家门向森林中的那片空地走去，那里正在举办一个盛大的舞会，庆祝小羊安莉的生日。大家跳着、唱着、笑着，每一个动物的脸上都带着开心的笑容。鼓手小马首先发现了老虎的到来，鼓声嘎然而停，所有的音乐都跟着停下来了。所有的动物都呆呆地看着老虎，有些胆小的动物早已偷偷地躲到了树的后面。老虎本来想加入到狂欢的队伍中，可走到大家跟前却开不了口，停顿了好一会儿才说："你们玩儿，我出来散散步。"说完便转身向自己的住所走去。等老虎回到自己的住所，外面狂欢的声音再次传来。老虎非常困惑自己为什么不能像其他动物一样，享受与朋友相处的快乐。失望的老虎漫无目的地走着，在一条清澈的小河边，一头老牛在喝水。老牛看到老虎走过来，一点也不惊慌，还在悠闲地喝着水。看到老牛，老虎决定把自己的遭遇跟老牛说说。于是，老虎把自己的所有烦恼都和老牛说了。老牛听了，憨厚地一笑，说："你和大家太远了！"

从森林国王老虎的遭遇我们不难看出，一个领导通过与下属保持距离来树立威信是可行的，但是距离太远了，威信就变成威慑了。人人见到领导都会感到紧张以至于想转身逃走，或者变成当面一套背后一套，这样也是不利于工作开展的。所以，一定要控制好这个距离，不要太近也不要太远，通过"临界距离"树立自身威信。

善用奖惩，激励与鞭策下属努力奋进

领导对于下属取得的成绩给予肯定和奖励，这对于下属意味着巨大的鼓励。得到奖励的下属会更加努力地工作，这对于一个团队的发展是具有积极作用的。所以，作为领导要用好"奖赏"这根胡萝卜，这对激发下属的工作激情，培养下属与自己的感情，协调彼此间的关系是非常重要的。

领导者要赏罚分明，该鼓励的高高兴兴地给予奖赏，该惩罚的也不要拘于某些因素犹豫不决。赏罚分明的领导会给人一身正气的感觉，什么事都按规定来办，不讲私情，会让下属对其的敬佩感油然而生。这样一来，领导者能使下属更加服从自己，更好地贯彻自己的意志，推动工作顺利开展。

一家小有名气的国有大型企业的出口产品因设计不合理出现了重大质量问题，虽然采取了很多补救措施，但对后续合同的执行仍造成了很大影响。事后，该企业和其主管部门仅仅是在要认真汲取经验教训、努力改进工作、想方设法弥补此次重大质量问题造成的损失等方面下了不少工夫，而对问题的根源在何处、如何追究责任、如何处理相关人员等实质性问题上却闭口不谈，对此员工议论纷纷。

从这个案例中，我们看到了企业在积极地弥补过失，但是在惩罚责任人方面没有做出有效的行动，这样的做法是难以服众的。员工对此议论纷纷的情况对于公司的稳定发展是有一定影响的。无论事故责任人是出于何种原因，如果过于顾及一些因素而不对相关的责任人进行处罚，那么事故责任人会出于侥幸心理从而导致类似的事情再次上演或者被他人效仿，给企业造成损失。所以，要把这种影响引导到积极方面，就要正视这个问题，对相关责任人给予相应的处罚。这样一来，不但使企业上下受到了此次事件的警醒，使每个人都在心里告诫自己不要在今后的工作中犯类似的错误，而且会让员工们看在眼里、记在心上，对领导者的为人和能力给予肯定，有利于企业大环境的改善。

齐威王召见即墨大夫，对他说："自从你到即墨任官，每天都有指责你的话传来。然而，我派人去即墨察看，却是田土开辟整治，百姓丰足，官府无事，东方因而十分安定。于是，我知道这是你不巴结我的左右内臣谋求内援

的缘故。”便封赐即墨大夫享用一万户的俸禄。齐威王又召见阿地大夫，对他说：“自从你到阿地镇守，每天都有称赞你的好话传来，但我派人前去察看阿地，只见田地荒芜，百姓贫困饥饿。当初赵国攻打鄄地，你不救；卫国夺取薛陵，你不知道；于是我知道你用重金来买通我的左右近臣以求替你说好话！”当天，齐威王下令烹死阿地大夫及替他说好话的左右近臣。于是，臣僚们不敢再弄虚假，都尽力做实事。齐国因此大治，成为天下最强盛的国家。

齐威王明察秋毫，对于即墨大夫的正派为人和高质量的工作给予了充分的肯定，并且封赐即墨大夫享用一万户的俸禄，这样的奖赏不仅是对即墨大夫的肯定和鼓励，也是对榜样力量的运用，其他的官员看到齐威王奖赏忠实肯干的人，自己也都争取成为那样的人，从而获得奖赏。齐威王对阿地大夫惩罚，让人们看到了弄虚作假的严重后果，臣僚们被这样的惩罚吓得毛骨悚然，都尽力地做事。可见，赏罚分明、善用奖赏的效果是非常明显的。作为领导者就要像齐威王一样，对于好的就要给予肯定和奖赏；对于不好的，就要进行否定和惩罚，这样才能恩威并重。

在公司中，遇到那些值得肯定和提倡的行为，要善于用奖赏来对其进行肯定，从而放大这些好的例子的积极影响，感染周围的人，让公司上下都来学习这些对团队的发展十分有益的行为。而在发现那些不值得提倡、给公司的发展带来阻碍或者损失的行为时，则要注意进行惩罚，如果这样的行为逃过了惩罚，那么会有更多类似的行为出现，从而严重阻碍公司的发展。所以，作为领导者一定要赏罚分明，用好“奖赏”这根胡萝卜。

第 19 章

理解客户，让他接连与你成交

在社交中，想通过自己打拼拥有一席之地是非常困难的，这需要你具备很多方面的才能和足够的机智。如果你已经建立起自己的名声和信誉，那么很多时候别人会慕名来与你相识。作为一个有影响力的人，你的受欢迎程度、结交朋友的速度和交际圈的范围都会大大超过常人。那么，怎样使自己尽快获得好的名声，并使之为你的社交服务呢？

用感恩回馈客户，才会赢得更多

时下，社会竞争异常激烈。面对琳琅满目的产品，消费者可以选择的余地很多。最终消费者选择了谁，谁就有可能在最终竞争中获胜。对于企业或产品来说，客户就是企业或产品的衣食父母，正是因为有了消费者的支持，他们才能最终在激烈的竞争中免于被淘汰的厄运。正是他们的支持成就了我们，因此我们要学会感谢他们的支持。

古人云："施人慎勿念，受施慎勿记。"对于那些成功的企业或单位来讲，正是由于客户的鼎力相助，才能使企业从竞争中脱颖而出。面对客户的选择与支持，我们能不心存感激地满足他们的要求吗？作为销售人员，我们要常怀感恩之心。

李红是一家保险公司的营销员，入行已经十多个年头了，然而，她并没有因此而厌倦这种生活，相反，却是越来越热爱工作。因为，这份工作教会了她许多东西。现如今，依靠着客户，她已经在行业内小有名气。其实，刚入行时的她也是走了很多弯路的。

最初的一年多里，她也遇到许多困难。谁都知道做保险难，每天都要遭遇许多拒绝的声音，甚至有些人还会露出不屑的眼神，这些都让她难以接受。有时，她也会抱怨，会向客户发牢骚，情绪不是很好。因而，最初的半年多里，她根本没有做成一单生意。后来，还是一位同行的前辈告诉她个中秘密。那就是，用感恩的心去对待每一位客户，起初她并没理解其中的含义，后来，一次偶然的事件让她改变了看法。

经过一段时间的努力，她终于做成了一单生意，小小的成绩让她很感激眼前的"恩人"，于是热情地给对方服务。离开前，客户竟然一味地夸奖她服务态度好，这也让她的心理得到极大的满足。没过多久，这位客户竟然给她介绍了一位客户来。这让她明白了用感恩的心对待客户，客户会回报给你更多的东西。

从那以后，李红便开始严格要求自己，用真诚与感激面对每一位潜在的客户。经过努力，她的客户资源也越来越多，当然，她的收入也越来越多。

尽管现如今她已从保险行业中收获了很多，可是她还是依然会感谢那些曾经给予她支持的人，用实际行动去回馈那些与她合作的每一个客户。

在这个案例中，保险营销员李红最初因为不懂得如何与客户相处，让自己的客户越来越少，根本没有一单生意。在前辈的指点下，她学会用感恩的心去面对每一位客户，为自己争取到客户资源。这告诉大家，与客户的沟通中常怀感恩之心，更有利于实现双方合作，达到最终的目的。

现实生活中，有许多的企业或单位在达到一定的规模之后便抛弃了当初的服务理念。面对客户时，服务人员往往态度很生硬，毫无热情，就更别提用感恩的心态对待客户了。其实，这种做法非常不正确。一个企业、单位或个人想要把事情做大，就必须拥有一定的人脉资源，客户也便成了衣食父母。如果得罪了客户，那么，到头来受损失的还是自己。因而，无论对于企业、单位或是个人，常怀感恩之心对待每一个客户才是生存发展的硬道理。

也许，有人会问如何感恩客户？感恩是什么？其实，感恩很简单，它不用花一分钱就可以办到，然而却是一项重大的投资，也是一种美德与社会公德，更是一种人生的态度。当然，感恩也许只是一瞬间的事情，它可以是无助时一个鼓励的眼神，也可以是一个无言的微笑，也可能是跌倒时一把默默的扶持。总之，这些都可以让客户的内心感到温暖，只要你愿意付出，总能给你的客户带来感动。

如果你也想促成销售，那么，从沟通开始，用一颗感恩的心对待每一个客户吧！

运用心理战，激发客户达成交易

陈江生在一家百货连锁店上班，他负责销售的产品主要是一个知名品牌的小家电。最近，该公司面向大众推出一种新型的饮水机，这款饮水机不仅款式新颖，而且使用起来也是很方便。可是，作为一个新产品上市，它的价格也确实有些高。之所以有这么高的价格，原因在于这款机型内部采用的一个净水装置可以提高饮用水的安全性。

然而，这种机型要比同类产品价格高一些，如何能够成功地说服消费者

购买这个产品呢？商场内部也经过几次讨论，最终也没能定下方案来，因为要兼顾到净水器的成本问题，价格自然也就不会再低。正在这时，李江生想到一个主意，那就是把净水器拿出来单卖，这样就可以使饮水机价格相对便宜很多，几乎是其他饮水机价格的一半。相信，到时候只要稍微做一些文章，不愁顾客不会主动掏腰包购买。

于是，推销活动当天，饮水机的现场挤满消费者，因为大伙都是冲着它款式新颖、价格便宜而来的。在大家的关切声中，李江生进行现场讲解、现场示范后，当场就有许多消费者掏钱购买。正当这些消费者付完钱离去时，卖场经理站出来说道："这种饮水机可以把自来水烧开，可是，如果能够有一个净水器的话，所饮用的水会更卫生、更安全，非常有利于人体健康。"这一席话，让那些购买饮水机的消费者立刻止住了脚步，开始询问起净水器的事情来。卖场经理顺势答道："这种净水器都是配套生产的，目前只有我们超市一家经营。"

不少消费者便心动起来，开始打听净水器的价格。然而，听到它与饮水机价格相差无几时，心里也有些接受不了。可是，一想到它能确保饮用水的质量，出于健康考虑，即使心有不舍，也不得不再次掏钱购买了净水器。

在这个案例中，李江生推销的这款饮水机不同之处在于它拥有净水器，当然价格也比同类产品高一些。为了打动消费者，他采用欲擒故纵的手法，先用价格相当便宜的饮水机吸引消费者纷纷购买，然后再推销净水器，最终让客户完整地买下整个产品，这就是所谓的"欲擒故纵"营销之术。利用一些小甜头让客户上钩，最后再转入实际，引导客户做出决定。

欲擒故纵法就是为促成和客户的交易，故意放慢速度或先冷淡对方片刻然后再激起对方的兴趣，从而促成销售的方法。俗话说："舍不得孩子套不住狼。"这种"欲擒故纵"的营销术其实就是一种心理战术。只要能够抓住消费者的心理，然后及时给予他"好处"，那么也就抓住了成交的机会。

美国心理学者布雷姆在"心理抗拒理论"中指出，每个人都会在某一期间内有一套可供自己选择的行为，也被称为"自由行为"。这种自由行为是每个人都需要的，一旦这种行为受到威胁时，个体便会体验到"心理抗拒"。当然，想要避免客户"心理抗拒"的产生，"欲擒故纵"是一个非常好的技巧。通过客户暂时的获利或暂时的对其冷漠，解除他们的反感和警惕心，更容易推销出自己的产品，达到"擒"住客户的目的。

在产品销售的过程中，销售人员可以采用的“欲擒故纵”手法如下：

第一，用试用产品来吸引消费者注意，提高产品知名度。

每一种产品在试用时，很多准客户都会踊跃报名参加的。通过试用，可以让客户了解产品的功能与特性，让更多客户了解和认识产品。试用结束后，如果客户喜欢的话自然会主动掏钱购买的。

第二，用限量销售诱惑客户购买产品。

在销售过程中，这种做法可以有效激起客户的好奇心理，产生购买的欲望，利用这种控制日销量或产品总量的方法达到诱惑消费者的目的，从而提高产品的知名度与受欢迎的程度。

当然，现实销售中，利用“欲擒故纵”营销术的方法还有很多，比如利用赠品与打折的方法来抓住消费者占便宜的心理，也可以刺激消费的欲望，从而促成双方的交易。总之，“欲擒故纵”营销术重点在于“擒”住客户，促成交易的顺利完成。如果你也想在销售中说服对方，不妨多用用这种方法吧。

从容不迫，用专业打消客户疑虑

销售是一种以结果导向的活动，如果没有最终的成交，即使销售过程再完美也只能是零。然而，想要成交并不是易事。尤其是双方第一次合作时，客户往往会心存顾虑。对于销售人员来讲，销售之前打消客户的所有顾虑最为关键。

在销售的过程中，销售人员只有准确地找到对方的顾虑所在，及时给予一个定心丸，就可能顺利打开客户心中的结，实现成交，否则，即使你有铁齿铜牙也未必能够成功地说服对方改变主意。

李海明是某家用电器公司的推销员，这次，他们公司打算在附迈几个社区推销一款新型的洗衣机。于是，公司给他们分了任务，各管一片，挨家挨户地上门推销。最后，经过抽签，他与江敏一组，专门负责城北一带。说干就干，两人立马行动起来。

李海明刚走过一户人家时，就看到一位太太正在使用洗衣机洗衣服呢，听声音就知道它有几个年头了，他知道机会来了。于是，李海明上前搭讪

道:“唉啊,这台洗衣机这么旧了还在用啊,用它洗衣服的话也太浪费时间了。太太,该换新的啦。现在我们公司推出许多新的型号,不妨看看最新推出的这一款吧!”

可想而知,没等李海明说完,这位太太连说带推地把他赶了出来:“说什么呢,我这台洗衣机好着呢,虽然是旧了点,可是直到现在都没有出现过任何故障。你那再新的也未必有这结实,不见得能好到哪儿去!”

看着李海明被灰头土脸地赶出来,江敏只怪他做事太鲁莽。她决定明天一早,亲自去拜访那位太太。第二天,江敏又去那位太太家拜访。看到那台破旧的洗衣机,她珍惜地说道:“这是多么令人怀念的旧洗衣机啊,现在市场上已经很少能找到这个品牌了。因为很耐用,我想对太太有很大的帮助吧?”

听了江敏的话,太太夸奖道:“是啊,这倒是真的,不过我家这台洗衣机确实已经用了很久了,太旧了点,我这段时间正琢磨着换台新的洗衣机呢!”

江敏趁机说道:“也是,现在想要找到质量这么好的洗衣机确实有些难,不过,只要用心还是能找到的。眼下,我们公司正在推出的这一种款式,无论是价格、型号还是质量,都很适合你的选择。我公司还规定,凡使用这个牌子的洗衣机,均增加一年的保修期。我们坚信依靠优质的服务一定可以带给你更多的帮助。”

听到江敏的话,这位太太有些心动了,当场要求看宣传小册子。最终,经过一番思量,这位太太选定了江敏推荐的这一款产品。

在这个案例中,面对同一家客户,李海江一上来便遭到客户的强烈拒绝,因为他不懂得把握客户的心理。而江敏先用称赞法获得客户的心理认同,用自己产品的质量打消了客户顾虑。这无疑给客户吃了一颗定心丸,促使客户能够做出决定。在销售过程中,销售人员如果能够从顾客的角度出发,寻找到客户的顾虑,然后给予充足的保证,便可以轻松打消客户的顾虑。

现实生活中,客户不仅仅会在购买前存在顾虑,成交之后,同样会存在诸多顾虑。销售人员所要做的就是:使用有说服力的例证来给予客户足够的信心。这样一来,可以打消顾客的怀疑和摇摆不定,加快做出积极的决定。通常情况下,销售人员列举大量真实性的案例来证明自己的产品或服务价值是成功销售的重要策略。

当然,在实际销售工作中,销售人员还可能会遇到许多意想不到的问题。要知道,每个问题的背后其实都表明了客户内心存在的顾虑。此时,销售人员只有耐心细致地应对每一个问题,针对客户的顾虑提出解决方案,这样才能促使双方达成交易。如果你也面临这些难题,也想拥有好的成交量,从现在起,从解决客户的顾虑做起,让客户放心,双方终会达成一致的。

巧妙"威胁",反令客户急于成交

二战期间,一个美国画商看中了一个印度老太太的三幅画,经过几番讨价还价,最后,印度老太太要求对方支付250美元,然而对于这个价格,美国画商觉得还是贵了一点。他有些犹豫不决,想让对方把价钱降低一些。然而,事情并没有像画商想的那样,只见这位印度老太太站起身来,找到一块火石,当着画商的面烧掉了其中一幅。见此情形,画商心痛万分,这么好的画又都是他想要收藏的。看到仅剩下的两幅画,画商万分珍视,于是,他便问老太太剩下的两幅画卖多少钱?

可是,老太太依然坚持要250美元。要知道原来三幅要250美元,画商都觉得价钱太贵,现在剩了两幅,他更觉得价钱贵了,于是,他再次拒绝。

只见老太太再次起身,又烧掉了剩下两幅中的一幅。

眼见这么好的作品又被毁了,情急之下,画商只好乞求千万别烧掉这最后一幅画了。

于是,老太太坚持要求对方支付250美元的现金。画商疑惑地问:"难道一幅画与三幅画能卖一样的价钱吗?"

看到眼前的年轻人还想讨价还价,老太太便威胁对方道:"现在250美元,你要还是不要,如果不要的话,我现在就要涨价了,500美元,不然,我就烧了它。"于是老太太边说边动身。这下可把画商给逼急了,生怕老太太将最后一幅画也烧掉,便一手按着画,一边说:"500美元,我买了!"

最后,老太太成功地以500美元的价格卖出了自己的画。相比较起来,这要比最初三幅画250美元的价格贵得多,可是,画商还是买下了它。后来,也有人问印度老太太,为什么要当着画商的面烧掉两幅画?老太太说:"物以稀为贵嘛!知道他喜欢这些画,那他就不会轻易放弃的,如果不逼他做决

定的话，他又怎么能舍得花高价钱买下这幅画呢？所以，我当场烧掉两幅画，留下一幅就是为了逼迫他出高价啊！”

在这个故事中，画商支付500美元以求得这幅画。原本三幅画要250美元，画商都觉得贵，眼看着两幅画都被烧掉，令他心痛万分，于是，抓住最后的机会以双倍价格购得最后一幅画。由此可见，在销售过程中，面对顾客的举棋不定，销售人员如果能够适度地“威胁”客户，让他明白这是最后的机会，通常会逼迫客户下决心购买。

现实生活中，有许多的商家都是利用这种手段来推销的，比如：“最后一周，清仓大甩卖”“最后三天，跳楼大减价”“两小时限购”等，都是利用这种“最后”效应。在这种“被威胁”的心理下，许多人都会变得冲动起来，缺乏理智地思考，原本那些犹豫也被清除地一干二净了。

人们往往都会拥有这种心理：一件商品或服务一旦优惠时，就会想到可能还有这样的机会，甚至可以比这个更实惠。于是，很多人内心都会犹豫不定，便会抱着一种观望的态度静待事情发展。人们之所以会这样，多半是“还有”的意识在作怪。在客户内心想着：还有时间，还有一次，还有更好的等，正是这些想法阻碍了客户快速做出决定。

对销售人员来讲，如果放任客户犹豫不决或等待时机，一方面会浪费自己的时间，另一方面，可能会夜长梦多，增加风险。要知道，在客户等待的过程中，随时都可能发生变故，无论是客户最终选择其他产品还是放弃交易的愿望，都将是一种损失。因此在这个时候，销售员所要做的就是打消客户的这种“还有”意识，适度地“威胁”客户。在这种心理驱使下，绝大多数客户都会马上购买所需要的物品。

如果你也想成功销售，在销售过程中，不妨多运用一些“最后”战术，相信你会大有收获的！

用心聆听，走入客户的心里

销售发生于言语，而购买却发生于无声。作为销售人员，如何能把这种有声与无声结合起来从而最终实现成交，并非一件简单的事情。要知道，在销售双方的沟通过程中，销售人员如何打动消费者的心，促使其做出购买的决定，才是实现成交的必要前提。无数实践证明，那些优秀的销售人员，并不是像大家想象得那样，一个个能言善辩、巧舌如簧，反而很多都是些沉默寡言、善于倾听的人。因而，对于销售人员来讲，有效地倾听客户的话语往往比说话更重要。

销售的过程也是心与心沟通的过程。销售人员如何让客户感受到你的诚意呢？如果你总是夸夸其谈，只会给人一种华而不实的感觉。有时，你越是慷慨激昂，越是令对方退避三舍。表面看来，销售人员在这次讨论中胜出了，可最终却输了交易。究其原因在于，你只懂得发表自己的观点与看法，从来没有想到客户真正想要的是什么。如果此刻你能够静下心来，细心聆听客户的需求与心声，可能更容易找到关键问题所在。因而，想要成为一个优秀的推销员，就要先学会聆听客户的心声。

销售在本质上是一种沟通，是销售者与客户的双向交流，通过双方的交流、讨价还价成交。在这个过程中，双方都在重复一个动作，那就是“对话”。在这场对话中，销售人员如何了解客户的真正需要是销售成功的前提。想要实现这个目标的话，需要你用心去聆听。对于客户而言，你的聆听给他带来的不仅仅是一种礼貌，更是一种尊重。通过你，他可以把内心的不满发泄出来，从而建立起对你的信任。

那么，销售人员攻客户之心，需要倾听什么？又有哪些倾听技巧呢？

第一，销售人员与客户沟通时，要倾听以下几点：

1. 听清客户的需求。

一次成功的销售在于你所推销的产品或服务可以帮助客户解决问题。因而，如果想要成功地推销出你的产品，就要认真倾听，找到问题所在，而且是最核心、最令客户头疼的问题，然后，针对此问题向他推出你的产品。

2. 找到客户最感兴趣的地方，以此入手。

一个典型的销售流程就是先让客户思考他所面临的问题的严重性，然后，再展望一下难题解决后的愉悦心理，而你所销售的产品正是解决客户难题的最佳途径。因而，在销售对话中，销售人员要找到最能使客户愉悦的地方，然后，以此为立足点来打动客户。当然，想要找到这些，销售人员需要注意一些表示情绪的字眼如“太好了”“真棒”“怎么”“可能”等，这些都可以表达消费者的深层看法。

在销售对话中，除了注意以上这些方面，还可以通过客户的肢体语言来判断。当然，倾听的过程并不是指销售人员单单听问题，而是需要运用多重感官的综合行为。它需要眼、手共同配合。因而，掌握良好的倾听技巧也可以促进销售成功。

第二，有效的倾听技巧有以下几种：

1. 集中精神，全神贯注，才能抓住细节。

集中精力专心倾听是有效倾听的基础，也是实现良好沟通的关键。因而，销售人员与客户沟通时要保持充沛的精力，认真地聆听每一个细节之处。

2. 不打断客户，正确引导对方谈下去。

在与客户的沟通中，销售人员如果随意地打断客户谈话会打击客户的说话热情与积极性。当然，也不能在整个过程中一言不发。恰当的做法是，面对客户的谈话时，销售人员可以给予必要、简单的回应，如"噢""对""好的"等，以引导对方继续谈下去。

3. 谨慎地反驳客户的观点，让客户保持谈话热情。

可能在与客户的沟通时，对方的观点有失偏颇，也可能不符合你的口味，但是作为销售人员不能随意反驳。因为销售人员的直接反驳很可能会让对方情绪不佳，失去交谈兴趣。正确的做法是，面对客户的观点做到积极反应。当然，也可以采用提问方式改变谈话重点。

通过以上几个方面的努力，销售人员已经可以掌握到足够多的有利信息，只要经过总结与归纳，一定可以有效地找到解决问题的办法。因而，如果你也想在沟通中说服对方，从现在起试着多倾听客户的心声吧。

让老客户满意，客户的忠诚是最大的财富

作为销售人员，把产品成功地卖给客户其实只是销售的开始。一个优秀的销售人员，不仅可以保持卖出产品而没有退货，而且还可以让客户再次购买你的产品或服务。也就是说，销售人员把客户发展为"回头客"，即拥有

忠诚的客户，这才是真正体现销售人员能力的标准。

销售大师杰弗里·吉特默说过："客户的满意没有价值，客户的忠诚才是无价之宝。"客户的忠诚是指客户高度承诺在未来时间内一贯地重复购买偏好的产品或服务，并因此产生对同一品牌或同一品牌系列产品或服务的重复购买行为。通常情况下，客户的行为不会因为市场态势的变化和竞争性产品营销努力的吸引而发生转移。对于企业或单位来讲，客户的忠诚是企业取得成功的支柱，也是企业在竞争中取得优势的源泉。因而，如何培养客户的忠诚是许多销售人员在销售过程中必须注意的。

对于销售人员来讲，如果没有一定的忠诚客户，那么，他的事业也终将面临困境。尽管每一位销售人员都想拥有自己的忠诚客户，然而，总还有那么一些销售人员无法做到这一点。因而，销售人员想要赢得客户持久的忠诚也是需要技巧的。

那么，销售人员要如何做才能将新客户变成自己的忠诚客户呢?

第一，以实际行动为企业或单位宣传，言出必行，赢得客户的满意与信任。

对于一个企业或单位来讲，如果不能够信守承诺，即使其他方面条件再好，也不可能赢得客户的信赖。现实生活中，有许多销售人员只注重于设法保持客户，反而忽略了产品或服务的要求，最终失去更多的客户。因而，这就要求销售人员在与客户沟通中，既要注意产品或服务的质量，又要做到信守承诺，一旦答应的事情就要说到做到。树立良好的形象是销售人员赢得客户忠诚的首要前提。

第二，主动出击，把每一个客户都当成忠诚客户对待。

生活中，许多销售人员通常会坐等忠诚客户的出现，然后再以友好的态度来对待。其实，这种想法是错误的。任何事物的发展都必须遵循一定的规律。给予客户热情、满意的服务才能得到客户的好评，才能赢得客户忠诚。因而，销售人员要学会对每一个人都以忠诚客户的身份来对待他，才能为自己争取到更多忠诚客户。

第三，随时随地，严格要求自己，给予对方超出想象的产品与服务，以赢得好评。

要知道，想要把一个客户发展成为忠诚客户，最基本的要求就是满足客户的需要。在此基础上，还要在产品与服务上多下工夫，只有设法努力做到

超过客户的期望值，才能让客户更加信赖你的产品与服务。因而，销售人员要先建立起一个好的基准，然后把目标定得更高一些，以此获得客户的支持与信赖。

第四，时刻关注客户的需要，并做出有效回应。

一个成功的销售人员，不仅仅把目光放在收入的增长上，更要时刻关注新老客户的需要与爱好。当然，销售人员了解客户的途径有很多，如事先调查、真诚询问、后期回访等多种途径。无论采用哪种方式，其最重要的目的就是要准确把握客户的心理动态，在最短的时间内做出回应。让客户满意，才是销售人员争取忠诚客户的重要因素。

第五，与客户建立一种真诚互利的伙伴关系，更有利于培养忠诚客户。

一位营销学专家曾经说过："客户会轻易离开一个不太熟悉的推销员，但不会轻易抛弃一个亲密的合作伙伴。"对于销售人员来讲，让客户信任你是拥有客户忠诚的前提和关键。如果双方之间不能够继续保持联系，那么，这种忠诚也就不能够得到及时的巩固和提高。即使再牢固的关系也很可能会因为没有及时联系而功亏一篑。想要牢牢地抓住客户，销售人员就必须与客户经常联系，只有双方发展成亲密的合作伙伴关系，才能保持客户持久的忠诚。

使客户保持对产品或服务的忠诚，是成为一名优秀销售人员的有力保证。要真正做到这一点并不容易。相信通过上面的学习，你也掌握了培养忠诚客户的技巧，那就从此刻开始吧，用心打造忠诚客户，相信你也能很快成为一名优秀的销售人员。

第 20 章
宽容大度，聪明地与对手相处

俗话说："忍一时风平浪静，退一步海阔天空。"宽容是一种胸怀。一个人想要成大事，就一定要有这种胸怀。宽容可以化解人与人之间的不安和尴尬，可以消除彼此的隔阂，可以把对手变成朋友。宽容是一门艺术，学会在交际中宽容待人、化敌为友，可以让你的朋友更多、人脉更广。懂得宽容的人生是美丽的，让我们试着用宽容来处理人际关系吧！

善待对手，用包容让对手变成永远的朋友

在职场中，很多人为了自己的一点私利而争权夺利，打得不可开交。朋友之间、亲人之间反目成仇，到后来身边没有一个朋友。为什么不换一种思维方式呢？在江西武宁佛香山弥陀寺里有一尊弥勒佛，他坦露着肚皮，笑脸相迎大家，在他两旁有一副对联，写的是："开口便笑，笑古笑今，凡事付之一笑；大肚能容，容天容地，于人何所不容。"我们为何不用这样的思维面对那些曾经被你视为敌人的人，看过了职场上的明争暗斗，到头来你会发现其实那些所谓的敌人只是对手并不是真正的敌人，对手也是你的朋友。

小王和小李是公司的骨干，公司能运转到现在这两位的功劳是功不可没的。经理非常喜欢他们，但是小王和小李却很不合，总是在背后互相指责对方，两个人水火不容，互相视对方为敌人。

一天，小王的电脑打不开了，里面有很重要的东西，他一边焦急地摆弄着电脑一边说："完了，这下完了，下午就要交设计稿了，如果打不开的话那下午的设计研讨会上我就死定了。"这话让小李听到了，小李想：虽然小王这个人平时总是跟我对着干，但我也有错，今天下午的设计稿很重要，小王的设计很好，平时的设计都能为公司增光，何况今天是多家公司一起参展设计，少了小王是不行的，小王的设计能被选上的话对我也有帮助，再说了，这也是可以化解我们之间矛盾的机会，我们都是为一个公司效力的，都是为公司着想，想要在这个公司长久干下去的话，还得要有好的人缘，而小王也并不是真正的敌人，他可以成为朋友。于是，小李朝着小王走了过去："我来看看吧，如果你相信我，就交给我好了。"

小王看到小李今天那么热情还有点摸不着头脑，他正在想是怎么回事，这时小李把电脑修好了，然后说："好了，你可以用了。"小王感激地连说谢谢，小李笑了笑说："朋友，好好干。"之后，小王和小李关系一直很好，小李向小王学习做设计，小王跟小李学电脑的相关知识。

小李以他的宽容大度化解了两个人的恩怨，最终两人成为了朋友，互相取长补短，互相学习。“君子贤而能容罢，知而能容愚，博而能容浅，粹而能容杂”，这是荀子的一句经典话语。君子之所以为君子，那是因为他们都有一颗能够宽容的心！

有人常说，没有真正的敌人也没有永远的朋友，因为人们的关系可以为了某些利益而转化，其实不管是在利益上讲还是无利益上说，每个人都是你的朋友。职业生涯中我们会遇到不同的人，有时候会因为一些利益发生冲突，但是我们可以有忍让之心，让那些纠纷尽量减少，让那些所谓的敌人成为自己的朋友。有句话这样说：“朋友多了路好走。”我们何不将那些干戈化为玉帛呢？让敌人成为我们的朋友。善待每个人，对每个人和蔼，懂得回报和放下。忍让是一种智慧，是一个人成熟的表现。用热忱的心去对待身边的每一个人，人与人之间多些关怀、多些体谅、多些协作，我们才能在人生的道路上走得更远，从而和每个人成为朋友，这样不仅可以达到双赢的结果，还能为自己增添一位合作伙伴、增添一位新朋友。

凡事让人三分，有理也要会饶人

人与人之间难免会发生一些争执，一旦有了纷争，谁都认为自己是对的，有的人常常得理不饶人，抓住别人的小辫子不放，指责对方的错误，以显出自己是占了上风。古人说：“得饶人处且饶人。”对别人宽容、大度是一种高尚的美德。得理要饶人、给对方一个台阶下，是一种智慧；让人三分，得人生十足。

王茜前几天从品牌服装店里买了一件自己喜欢的衣服，但穿了几天却不想穿了，想退回去，便到洗衣店把衣服洗了下。第二天来到那家品牌店，看见售货员小李便说：“我要退货。”小李接过衣服一看，衣服是洗过的，但是店里规定如果有顾客退货的话得是新的才可以。小李是个负责的人，于是为了给顾客一个台阶下就没有当众揭穿王茜，而是换了个方式对王茜说：“王小姐，是不是您家人不小心把这衣服送洗衣店里洗了啊，我之前也犯过类似的情况，我前几天加班也没时间洗衣服，我男朋友在家，他那天也闲着没事干，不知道怎么了，稀里糊涂地把一大堆衣服抱到洗衣店，这情况不是

和您一样吗？您看，这件衣服上面也明显看到有洗过的痕迹。”王茜听了无话可说，但却对小李产生了感激之情。

店员小李懂得给对方一个台阶下，得到的是别人对她的尊重和感激之情，懂得给对方一个台阶下也是一种变通的表现。

“人非圣贤，孰能无过？”善待别人也是善待自己，给别人一条路的同时也是给自己一条路。只要对人对事都有宽宏大量之心，生活中便能减少一些不愉快的事情发生。明智的人知道在能抓住理的同时给对方一个台阶下，即使对方是你的敌人，那么他们也会对你心存感激之情的。给别人一个台阶，就是给自己留条后路，只有胸怀坦荡、为别人着想的人才会懂得如何给人一个台阶。给人一个台阶便能赢得友谊，得到他人对你的信赖；给别人一个台阶下，往往是给自己的人生道路上增添了一位朋友。

人际交往上是有很多技巧的，得理饶人也是其中之一。生活当中往往有些人觉得自己很有道理，看到别人没理的时候便揪住别人的缺点进行狂追猛打，对方知道自己错了，有的人还要对他“置于死地”。想必大家都看过《还珠格格》吧，里面的皇后一直想要陷害紫薇，有一次紫薇因为他们的陷害入狱了，里面有个非常让人愤恨的画面：容嬷嬷用针来刺伤紫薇。经过一段时间，皇上终于查清楚了真相，明白是皇后所为，于是要惩治皇后，但是紫薇却没有在皇上面前说皇后的坏话，而是为皇后求情。这里面的紫薇就十分善良，懂得得理也要饶人，这样的做法就是大智，知道给对方台阶下，才能避免以后的灾难发生。

当有人想要陷害你时，你揪住了他的小辫子，你因为一时气愤而去当面指责对方，这是不明智的选择。智者是懂得得理饶人的，是知道给对方留台阶下也是为了给自己留条后路。得饶人处且饶人，这样会让自己的道路变得宽广、顺畅。

顾左右而言他，避开对手的攻击

现实生活中，我们会接触到各种各样的人，有些人喜欢你、愿意和你亲近；有些人讨厌你，经常在背后对你说三道四，甚至中伤你。面对这些不友好的人你是正面予以反击，还是采取避之的态度呢？当然，聪明人肯定会选择后者。在社交场上，懂得装傻、不正面抵触敌人的流言蜚语才能躲过敌人的正面进攻，才能让自己在交际圈中更容易立足。

在职场上，你常能遇到这样的事情：有能力的人常常遭到别人的嫉妒，那些年轻貌美的人往往成为被攻击对象。有些人时常在人前人后搬弄是非，有时候想引发一些“内战”，如果你正面接受他的攻击必然会引起一些纠纷，这样便进入了他的圈套。不妨我们换个方式，选择沉默，将他们视为空气，不正面与他们针锋相对，而是换一种方式来面对敌人的正面进攻，与敌人不正面交锋是养兵蓄锐的表现，是待力量成熟时做出一鸣惊人的举动。不正面攻击敌人，而采用迂回、厚积薄发的战术，装聋作哑是与人交际时智者常采取的一项交际手段。职场中，当面对敌人的进攻，我们可采取绕道而行、敬而远之的态度，不与敌人的进攻做正面接触，那么如何做到呢？

第一，采取装傻的计策。

“大智若愚”“难得糊涂”一直都是那些聪明人的处世之道。在古代，那些恃才自傲的人，还有那些喜欢与人针锋相对、不知道饶人的人常会遭到杀身之祸，而在现在社会中，与领导交往最重要的技巧就是适时“装傻”，不正面抵触领导。例如，在与领导的交往中，你发现领导有些事做错了，这时你直言不讳地为领导指出错误，难免会让领导感到尴尬，继而对你生出不满的情绪。每个人无论做什么事情都希望得到别人的理解和支持，领导也一样，你直言否定，领导表面上会采纳，但是之后呢？还有切忌在领导面前显露出自己的高明。

第二，采取答非所问的计策。

当遇到敌人的正面进攻时，答非所问这个计策不失是一个有效办法。当敌人问你的时候，说话时可以有意偏离逻辑，不直接回答对方提出的问题，只是敷衍对方，这样有意的错位往往造就一些幽默感。答非所问的计策并不是让自己的思维混乱，而是通过巧妙的假错有效地表达自己的意图。

一次，一些发达国家和一些比较落后的国家在一起开会，其中一个发达国家的外交官看到一个落后国家外交官便想羞辱一下，于是问道：“贵国的死亡率一定不低吧？”而那位外交官却不动声色地答道：“跟贵国一样，每人死一次。”

外交官的问话代表着整个国家，那个发达国家的外交使者明显是对落

后国家进行挑衅，但是那位外交官却不正面抵触挑衅自己国家的人，而是匠心独运巧妙地回答对方，故意将死亡率针对于每个人，表现出别样的幽默效果，也维护了自己国家的尊严。

第三，装作不知道，转移话题击败对方。

在办公室里，小袁是最胖的一个，所以大家都叫他“大冬瓜”。有时候同事经常拿他开玩笑，天天“冬瓜”长“冬瓜”短地叫，有什么事也让小袁做。

有一天，同事又拿小袁开玩笑，说要卖“冬瓜”，小袁面对同事的嘲讽很生气，想要制止，但是这样直接跟他们说便是承认自己是有生理“缺陷”的，那怎么办呢？此时，小袁按耐不住心中的怒火，于是缓缓地走到那位同事面前，拍着他的肩膀：“王强，我听同事说你有1.7米高，是吗？我看是没有吧。”然后又接着说：“今天早上你吃饭了没有？”

那个同事听得迷迷糊糊，一下子没反应过来，但过了一会儿，在场的同事便哈哈大笑，那个同事也反应过来自己被愚弄了，以后再也没有叫小袁“冬瓜”。

避免对方对你的攻击，就要采取避实就虚的方式。它的特点是：避其锋芒，用转移的说话方式让其进入窘迫局面，从而化干戈为玉帛，让敌人不战而屈。在人际交往中，这种方式适用于很多场合。

装聋作哑，不正面回应敌人的进攻是一个人智慧的表现，并不是逃避对方，人与人交往是非常复杂的，而做到装聋作哑，不正面回应敌人，采用另一种迂回的战术对待对手是明智人在职场中生存的重要法则。

逆境出人才，感激为你制造困难的人

俗话说“逆境出人才”，人生的道路并不是一帆风顺的，它需要承受各种折磨和苦难。成功的道路往往是曲折的，上面布满了荆棘，踩上去虽然会很疼，但是过一段时间后就会发现你走路的速度是越来越快，那是因为你已经适应了这样的道路，你的脚底已经长出了厚厚的茧子，足以保护你的脚不被荆棘刺破，因而即使走在荆棘丛生的路上你也能够像在平地时走路一样快。一个人的成功离不开自己的努力、亲人的支持、朋友的帮助，但是我们也不能忘记，我们的强大却是因为痛苦和磨难的折磨，因为有了苦难，我们才生出了战胜苦难的本领和意志，我们才成为了今天的我们。所以，要感谢折磨你的人，要感谢敌人，因为是他们给了我们前进的动力。

小王前几天找了份工作，刚来公司他工作很努力，接到上级的命令马上行动，也因此得到了领导的表扬，但是这些出色的表现让其他同事非常嫉妒。

有一天，小王来到公司发现自己办公的地方乱七八糟的，可自己明明记得昨天走的时候都是整齐的。后来，小王打听到这件事是另一个同事所为，不过小王并没往心里去，也没有计较。小王依旧每天做着自己应该做的事。经理还想提拔小王做主管，但是主管的位置已经有人了，这件事就暂时放下了。主管知道经理有意要提拔小王感到非常气愤，于是就想整治小王。他经常让小王做工作以外的事情，甚至是自己应该做的也要小王做，还经常在背后说小王的坏话，然而小王并没有被他打倒，反而是认识到了自己的不足，更加努力地工作。

小王坚持每天做很多事情，不仅工作上积极，也不忘提升自己的专业素质。一年后，终于有一个机会让小王大放光彩。那天，经理要为企业做宣传，需要征集每个人的意见，小王也参与了。经过一次一次的筛选，经理最终采纳了小王的意见。那天，公司把广告发出去后引来了不少顾客，也为公司带来了高额的回报，经理很高兴。此后，经理更加信任小王了。

小王的成功是必然的，虽然一开始同事对自己不满，连主管怕他威胁到自己的位置也是处处为难他，但是他并没有因此而一蹶不振或者做出冲动的行为，因为小王知道：当时自己的力量不够，只有化悲痛为力量，更加努力，让他人的折磨转化为前进的动力才能更快地取得成功，而最终他也确实等到了这个让自己大显身手的机会，从此扬眉吐气。

动物学家对羚羊做了一些调查后发现：处于非洲奥兰治河东岸的羚羊总是比西岸的羚羊长得强壮，原因是东岸的羚羊有一群并不友好的邻居——狼。狼是羚羊的天敌，狼群每天的袭击使得羚羊感受到了极大的恐惧和折磨。羚羊为了生存不得不时刻提高警惕，并且使自己变得更强大，也正是因为这样，东岸的羚羊才得以生存壮大。

在职场上，难免会遇到为难你的人，有的人在背后说你的坏话，有的人经常搬弄是非、造你的谣。面对这些的确很让人气愤，然而换一个角度想

想，这些人虽然给我们前进的道路造成了阻碍，给我们增添了挫折和折磨，但也是上天给我们的礼物，正是这些苦难和痛苦磨练了我们的身心，使我们变得更强大。罗曼·罗丹曾说："只有把抱怨别人和环境的心情化为前进的力量，才是成功的保证。"的确，应该感谢那些曾经给你带来折磨的人，是他们让你更快成长，是他们让你在困难的道路上勇敢地走下去。不惧折磨的人，才能更快地成长。

人生在世，总要经受各种折磨，也要承受各种苦难。其实，我们不妨换一种眼光来看待这些折磨，这些折磨对你而言并不是消极的，它也能促进你的成长，这对你的意义绝对是正面的。

生命是一次次蜕变的过程，就像毛虫破茧而出才能化身美丽的蝴蝶。人唯有经历各种各样的折磨，人生才能更精彩。当你成功时回想一下，你会感谢曾经给你带来折磨的人。

感谢那些曾经折磨过你的人，是他们让你得到成长。不管他们的折磨是善意的还是恶意的都要感谢他们，要知道他们在折磨你的同时，也在成全你，使你变得强大，使你成熟并且更快成功！

绕开雷区禁地，切莫伤人伤己

现在的社会日益发展，竞争非常激烈。商场如同战场，职场中时常存在着一些雷区，作为一个刚入职场的年轻人，如果不了解到这些雷区，那么，稍不留神你就会踩到。

一次，新来的同事小美早上来到公司看见其他人正三五成群地讲话，声音特别小，出于好奇，小美便凑了过去。原来大家正在谈论经理昨天出手打女朋友的事，小美听到后连忙说："是的，是的，我昨天晚上下班后也看到了，就在后面的那个停车场。"话音刚落，经理就走了进来，然后对小美说："你看到什么了？你再说一遍？"本来经理很欣赏小美，但是她却在办公室里公然议论起经理的感情，这让经理大为失望。

刚到公司的小美没有避开雷区还踩到雷区，这严重破坏了她在经理心中的形象，使经理把她划入到爱传闲话、随意谈论上司感情的"八卦员工"的行列。当然，恐怕从今以后，有什么好事都不会落到小美的头上了，毕竟一个大嘴巴的人是不值得领导信任的。

其实，像这样的办公室雷区还有很多，办公室里的人际关系本来就很复杂。要让自己在办公室里安安全全，就要时刻提高警惕，严守办公室规则，做一个勤奋、嘴巴严紧的老实员工。以下有几点建议可以有效避免踩到雷区。

第一，为人要谦虚，不做炫耀的人。

王伟每天早上来到公司时都对大家笑脸相迎，他来公司两年了，业绩一向都还不错，这也得到了经理的赏识。一天，王伟跟客户谈下了一笔十万元的单子，然后高兴地回到公司对大家说："我今天又签了一笔大单子，我又可以得到奖金了。"王伟的业绩遭到了很多同事的嫉妒，每次拿到了奖金也跟大家炫耀一番以显示他的才华，以至于他的人际关系越来越差，王伟也一直很苦恼。

谦虚是中华民族的传统美德，有了一点点业绩和成就就大肆炫耀会让他人不齿。俗话说"要低调做人高调做事"，只有懂得收敛和谦卑的人才能够赢得大家的尊重和喜欢。对于初到公司的新人来说，这一点很重要，这也是避免踩到雷区的一个好方法。新同事与老同事之间，上级与下级之间存在着一些相处的潜规则，纵使你有才华和能力也不要在大家面前太刻意地表现自己，不然就会很容易成为大家的攻击对象。我们提倡要展现自己的才华和能力，但不是炫耀自己。"山外有山，人外有人"，还是谦虚点好。现在身怀绝技的人很多，你过多地炫耀只会给自己带来不必要的麻烦，还遭到同事的记恨。

第二，做好自己的事。

职场中有很多需要避讳的东西，如果你不知道，就很容易戳到别人的痛处或者揭开他人的伤疤，那么，你在职场中就很难得到大家喜欢。在公司里，每个人都有自己的工作，也各有各的职责，你要清楚哪些事是应该做的、哪些事是不该做的。现实工作中，有时候上级派给你的任务你已经出色地完成了，却忍不住去管其他人的工作，也许是好心，但是往往别人未必想接受你的好意。上级既然给每个人分配工作，就是希望每个人都出色完成，你却帮上了忙，帮好了还行，帮不好还遭到别人的怨恨，还被认为是抢功。

第三，避免争辩。

人和人是不同的，个性不同，喜好和志趣也不同，所以对一些事情的看

法也是不一样的。在工作当中，往往自己的看法和见解遭到一些人的质疑和反感，那么当发生分歧时说话的口气一定要注意，有些观点说到就好，没必要非争个高下。同在一家公司上班，抬头不见低头见的也没有必要逞一时的口快，说一些伤人不利己的话，很多人都是因为这个使得自己的人际关系变得很差。

第四，不在背后谈论别人。

有的人招人喜欢，有的人惹人讨厌，当然，每个人都不是十全十美的。别人有缺点你可以指正，但是在背后谈论别人的过失就不好了。办公室里也常能看到一些人三五成群地聚在一起谈论别人的是非，还经常把别人的笑柄拿来当餐后甜点，你加入了这样的小圈子，必然也会有"大嘴巴"的时候，但是你有没有想过，当你在背后谈论别人的时候，他们又是怎么想你的呢？很多时候有些事情知道就好，没有必要全部说出来，让别人尊重你的前提就是先去尊重他人。即使在工作的时候对同事、老板有看法也不要在办公室里去谈论，俗话说"隔墙有耳"也就是这样。要有效地避免雷区就要管住自己的嘴巴，加强自身的修养和保持良好的道德品质，才能让更多的人欣赏你，才能让你赢得良好的人际关系。

化干戈为玉帛，小妙招轻松赢取对手心

人与人之间的个性是大不相同的，在人际交往当中难免会遇到和自己不和的人，有的人是因为个性，有的人是因为利益。古语有句话是"冤家宜解不宜结"，人与人之间没有解不开的结，只是缺少了解决问题的方法，那么，我们为什么不试着将干戈化为玉帛，让敌人成为自己的朋友呢？

敌和友本是对立的，两者似乎是水火不相融的，然而实际上呢？俗话说"没有永远的敌人，也没有永远的朋友，只有永远的利益"，我们不是要探讨究竟有没有永远的朋友，而是要让大家知道，无论是朋友还是敌人，都和利益是分不开的。想要化敌为友，势必要找到你们之间的利益关联，或自己退一步，或开诚布公地谈一谈，或者主动帮助对方，给对方一些实惠，总之，如

果你愿意，人与人之间就没有解不开的结。人与人之间的矛盾都是人为所致，敌人和朋友也是可以相互转化的，人们都喜欢多一个朋友而少一个敌人，所以就要想办法将那些所谓的敌人变成我们的朋友，那么，怎样将敌人巧妙地转化为自己的朋友呢？

第一，帮助对手解决问题。

赵东和王凯都是领导的得力助手，但是他们只是表面上看着很和谐，其实背地里闹得不可开交。

一天，赵东开车去上班，路上车水马龙，堵了个水泄不通，赵东焦急地等着，好不容易可以走了，但是车子又坏了。赵东一下子很生气地说："这什么破车？关键的时候就不好使了！"这时王凯看到了，他想：是帮他呢还是……

赵东在一旁修车，这时王凯开着他的摩托车过来了："怎么了，兄弟，车坏了啊？要不你坐我的车吧，虽然我的车没你的高级，但至少今天去公司也不会迟到。我有个哥们在附近开了家汽车修理铺，这车我可以让他帮你来修。"赵东一听很不好意思地说："谢谢你，以前的事别放在心上啊。"王凯说："哎，那事不早就过去了嘛。"事后，两个人关系一直不错。

上面的小故事可以看出王凯还是个大度的人，虽然两个人以前有矛盾，但是在对手有难的时候还是能伸出援助之手，这也是个巧妙化敌为友的方法。无论是在工作当中还是与人交往上，主动帮助别人是促进两人关系和谐的最佳方式。面对曾经的敌人，首先放下自己内心对他的厌恶，送上你无微不至的关怀，那么你就可以不费吹灰之力化解你们之间的敌意，说不定你们还能因此成为要好的朋友，不是有句话说"不打不相识"吗？

第二，退一步就是胜。

大家都听过这样的故事：清朝的大学士张廷玉和邻居都要建造房屋，但是因为两家离得太近，就因为地的原因争执起来。张夫人便写信告诉张大学士，想要大学士治治他们，没几天张大学士就派人给他夫人一封信，信上这样说："千里家书只为墙，再让三尺又何妨？万里长城今犹在，不见当年秦始皇。"张夫人也是个明白事理的人，于是把墙主动让了三尺，那位邻居看见了觉得自己也应该大度些，于是也让后三尺。就这样，两家之间的宽度是六尺，于是便有了"六尺巷"之说，从此两家和睦相处。张丞相虽然失去的是地，但是得到的却是千古流芳的美名。

退一步便让敌人变为朋友。生活中人与人之间交往难免会有各种各样

的摩擦，如果我们事事计较，总是针锋相对，那么周围就会遍布敌人，而如果我们大度一些，懂得退一步和忍让，那么别人也同样会对我们做出让步，而周围也就会多出很多的朋友。是敌是友，有时候就是看你如何行这一步，进一步是敌，退一步为友，聪明人都应该知道怎么做吧？

第三，承认自己的缺点。

与人交往发生争执时，不妨首先做一个自我检讨，承认自己的缺点。有的人总是觉得自己做的事都是正确的，于是就想抨击自己看不惯的人，却不能意识到是自身存在着问题。知道自己的不足，说出来，让对方知道，以求得对方的谅解，这也不失为一个化解双方感情危机的好方法。承认自己错了，对方觉得你是个诚恳、谦卑的人，那别人也会理解你、原谅你，接下来你也便可以将敌人变为自己的朋友了。

第 21 章

得到贵人指点，拓展关系一点就透

人的成长离不开自身的努力，但是很多时候只靠自己是很难成功的，因为社会是由人组成的，这就要求人们要和他人打交道，因此要想获得成功，除了自身的努力外，还离不开一些人的帮助，我们习惯将这些能助自己一臂之力的人称为“贵人”。还没有获得成功，很多时候不是因为你没有才华，只是还没找到你的贵人。为了不使自己被埋没，就要转被动为主动，毛遂自荐，让贵人发现你，从而进一步拓展人脉、结交贵人。

不是“跑不快”，是还没遇见伯乐

很多人才华横溢，但是没有被人发现，那么他的才华便无处施展，结果被人们认为是没有才华的人。一个还没有机会施展自身才华的人不要妄自菲薄，因为自己不是没有才华，只是没找到识“货”的人，就像那匹宝马还没有遇到伯乐。所以，要让自己的才华得以展现，让人们对自己有正确的认识，就要充满耐心与毅力，找到能识出自己的贵人。

人们都知道袁隆平，因为杂交水稻之父的事迹世人皆知。这位对中国作出历史性贡献的杰出科技人物，离不开一位伯乐的大力举荐和鼎力支持，这个人就是严谷良。1981年至1988年，严谷良时任国家计委科技局建设处处长，是他尽力促成70年代末国家投资五百万给当时受排挤的农科员袁隆平，使其独立创办杂交水稻研究所，从而让中国一半稻田种上杂交水稻。从这里我们不难看出，袁隆平当时不是没有才能，而是因为受到排挤和压制，没有遇到贵人，没有发挥的机会。但是袁隆平没有气馁，直至遇到了严谷良。严谷良的一双慧眼一下子就发现了袁隆平，并使其获得了巨大的发展，造福了全国人民，造福了全人类。

在这个世界上，有一种东西叫“成功”，人人都想得到它。可是现实是残酷的，只有努力为之拼搏，发现自己的贵人，才能达到自己追求的目标。在这个过程中，每个人都必须要相信自己的才华。古人有天时地利人和之说，现在也有机遇之谈，也就是说一个人要想成功，除了有才华之外，还要有机遇，有贵人发现自己。

一天，一匹黑马对众马说：“我要去寻找伯乐，你们去吗？”其他马听了说：“我们如果是千里马，为什么要去寻找伯乐？你不是千里马，又何必去寻找伯乐？你找到了伯乐也不会成为千里马！”众马的话不是没有道理，但黑马还是决定去寻找伯乐。黑马翻山越岭，风餐露宿。一天又一天，一年又一年，虽然辛苦，但是它并没有消瘦，反而因为长久的奔跑变得更加强壮，腿脚也更有力了。黑马跑了许多路，但还是没有找到伯乐，于是它开始往回跑。黑马回到了原来的地方，众马围了过来，幸灾乐祸地问它：“你找到伯乐了吗?”黑马说:“没有找到伯乐,但是我的收获却很大!”众马便问:“你没有找到伯乐,能有什么收获?”黑马说:“经过这些年月的奔跑,我成了千里马,更重要的是,我发现了自己就是自己的伯乐。”众马听得似懂非懂,便问道:“自己的伯乐?”黑马说:“作为一匹马,不能等伯乐来发现自己,要自己发现自己,自己成就自己!”这回,众马懂了。就在黑马回来后不久,伯乐就来了,伯乐是特地来找黑马的。

千里马常有,伯乐不常有,这是很多人的感叹。在工作和生活中,一些人经常以此为理由在埋怨,自己工作那么努力,也取得了不错的成绩,为什么就没有得到领导的肯定与赞扬。于是就自怨自艾,自暴自弃,认为努力都是白费的,自己的才能是不足的。其实这样做是错误的,寻找伯乐是一个过程,也许这个过程有些漫长,甚至充满艰辛,但是在这个过程中不要否定自己,要给自己信心,确信自己的能力。就像那匹黑马,首先要自己肯定自己,自己做自己的伯乐。在寻找伯乐的过程中,黑马锻炼成了千里马,并最终被伯乐选走。所以不要因为一直没有成功就否定自己,不是我们没有才能,是还没有遇到能发现自己的贵人。

“天生我才必有用”,不要整天抱怨,不要时刻苦闷,要执着,要努力寻找自己的贵人。大仲马年轻时没有什么值得人们注意的才华,但是就在被一个编辑发现他字写得非常好时,提携他当了作者,然后就开始了让自己声名远扬的的创作生涯。很多时候没人认为你是千里马的原因是因为你没有跑出千里马的威风,如果想早点遇到伯乐,那就使劲跑出来,让普通人也能看出你是千里马。要相信自己是一匹千里马,只不过还没有遇到伯乐。

结交贵人,抄成功的近路

对于任何人来讲,想获取成功,自身的努力是必不可少的,但是有时我们会发现一些人一天到晚忙得不可开交,但是总是收效甚微,与成功的距离总是那么远,于是非常苦恼。其实,成功是可以抄近路的,一个人的成功除了自己的努力外,还可以靠“天时”,可以借“地利”,更可以得到“人和”。“天时”和“地利”不是我们能掌握的,但是“人和”是可以自己利用条件创造

的。多结交贵人，能为自己争取更多的机会，把握住这些难得的机会，你就会离成功更近一步。

结交贵人能助你走向成功，贵人相助能够缩短奋斗的时间。贵人能帮助你开阔视野，启迪心智，让你不再鼠目寸光，不再一叶障目；贵人能够指点迷津，发掘捷径，让你少走弯路；贵人还可以为你提供更多的机会，使你有施展才华的舞台。结交贵人能使你的事业一帆风顺，能够给自己创造更多的可能，他会不断地激励你，使你获得足够的勇气，力争上游，奋发向上。

贵人还能给你积极的影响。克林顿在17岁的时候遇到肯尼迪总统，后来决定竞选总统。可是克林顿在见到肯尼迪总统之前，他是读音乐系的，自从遇到肯尼迪总统后，克林顿开始决心从政。如果他当初遇到的是猫王，可能永远也当不了总统。也就是说，一个人的成功与一个人的交际环境相关联。对普通人来说，之所以消沉和失意，是因为他们处在一个消极的人际环境中，他们与失败者为伍。

结交贵人固然重要，但是要讲究方法。

一名北大的学生，毕业后给一家大公司的老总写了几封信，剖析了该公司在东南亚市场的发展利弊，明确自己能够给公司带去什么。老总非常赞同他的观点，将这名大学生招入了旗下，并且很快得到了晋升。同样，很多大学毕业生模仿这名大学生给这个公司的老总写信，信中不乏热情洋溢的辞藻，但结果都是杳无音信。

后来，人们发现这其中的区别就在于第一个给那家公司老总写信的大学生清晰地知道自己要干什么，也深知结交贵人之道。

要知道每天会有很多少人给那个公司的老总写信，他的秘书又会把其中的几封转给他阅读，可见能被老总阅读的已经是凤毛麟角。这些写信的人中，可以说有想法的很多，实际做到的也不少，但真正能做成的少之又少。关键还是一点，你能给公司什么，说得直白点，你有什么样的价值。

所以，在结交贵人时，最好要对其有比较透彻的了解，能很好地对其进行较为详细准确的分析，这样一来，不但自己心里有底，能比较有针对性地进行交流，而且能起到吸引注意力的作用。最重要的一点，那就是要把自己的才能展现出来，让人们认识到你的价值，这样才能让贵人相应地提供给你施展才能的舞台。所以，在结识贵人时不要遮遮掩掩，这样贵人不会对你有充分的了解，自然也就失去了兴趣。机会在于创造，更在于把握，结交贵人，把握住机会，会使自己离成功更近一步。

另外，在结交贵人时，要有足够的耐心和坚定的信念，指望一次就如愿以偿，是很不现实的。要做好持久战的心理准备。很多人在第一次尝试失败后就顿足捶胸，恨天怨地，并发誓再也不去追寻那个“自命不凡”的贵人，结果与成功失之交臂。在遭遇挫折时不要气馁，要越挫越勇，跌倒后就马上爬起来，这样才能赢得人们的尊重，获得赏识，结交贵人的机会也会更大。

曾经一份报告结论指出：一个人赚的钱，12.5%来自知识，87.5%来自人脉；一个人事业的成功，80%归因于与别人相处，20%才是来自于自己的心灵。所以，如果你想要成就一番事业，那就不能忽视构建能够支撑你梦想的人际关系网络。发现你的贵人，结交你的贵人，让贵人发挥作用，这对于你的成功是必不可少的。

一个人成熟的表现很大程度上在于是否已经开始收获自己的人脉，结识属于自己的贵人。一个人的知识和经验是逐步积累的，一个人的精力是有限的，创造成功的人生，仅有个人的勤奋与努力是不够的，贵人的帮助非常重要。

擦亮眼睛，莫要与贵人擦肩而过

贵人对一个人成功的重要性不言而喻，所以一定要努力寻找。当发现贵人时要努力地与其结交，好好把握，不要因为一些疏忽或者失误而与贵人擦肩而过。因为当发现贵人在还没有被你把握住的时候就已经离你远去，或者当贵人已经离开你才后知后觉时，你都会感到后悔莫及。不要给自己留下遗憾，认真仔细地对待，发现贵人，把握贵人，抓住那些不能轻易得到的机会，成就自己的事业。

《放牛班的春天》是一部非常感人的电影，这部电影使很多失落的心灵得到了安抚。片中的助教克莱门特是一位才华横溢的音乐家，但是他刚来到学校时，面对的是一群问题少年。克莱门特没有因此而放弃努力，他用自己独特而巧妙的方式打开了学生们封闭已久的心灵。这些孩子中，皮埃特的性格最为怪异，让人非常头疼，但是克莱门特用自己的真诚和爱心感化了

这只迷失已久的“小羔羊”。皮埃特本就拥有一张天使般的面孔和亮丽的歌喉，在克莱门特的循循善诱之下，皮埃特的音乐天赋被充分地发掘，可以说克莱门特是皮埃特音乐道路上的一位伯乐。

可以看出克莱门特这位贵人对于皮埃特的重要性，如果没有克莱门特，恐怕皮埃特会继续迷失下去，找不到人生的方向。现实生活中，很多人都希望自己也能像影片中的皮埃特一样幸运，遇上一位懂得赏识自己的伯乐，以实现自己的梦想。

在工作和生活中，要想获得一定的成就，往往需要高人指点，因为这些人能点石成金，而拥有这一本领的人就是我们常说的贵人。谁都希望能找到自己的贵人，所以当贵人出现在自己身边时，千万不要轻易放过，睁大你的眼睛，把握你的机会，不要让贵人与你擦肩而过。

一位叫做亚伦·桑德斯的先生对卡耐基说：“我今天之所以小有成就，一切都要感谢我的老师保罗·布兰德威尔先生，我在他的课堂上学到了人生最有价值的一课。”他告诉卡耐基：“那时候我才十几岁，但却经常忧愁，为各种事情担忧。我常常为自己犯过的错误而自责。交上考卷，我常常夜里睡不着觉，不停地咬我的指甲，心里想着要是不及格了我该怎么办。对于那些我做过的事情或说过的话，我会经常想，要是当初我没做该多好，或者那些话当初我没说该多好。”

一次生理卫生课上，保罗·布兰德威尔老师将一瓶牛奶放在办公桌边。正当大家望着那瓶牛奶发呆时，他却突然站起来，将好端端一瓶牛奶击碎在水槽中。然后，保罗·布兰德威尔老师大声说道：“不必为已经打翻的牛奶哭泣。”然后，他让全班学生都到水槽边看那打碎的牛奶。他对大家说：“你们好好看一看，我就是要你们永远记得这一课。现在当然看得出来，这瓶牛奶已经漏光了，它已经没有了，不管你再怎么可惜、心疼、抱怨，都没办法再救回一滴。现在我们要做的，就是动动脑子，想想以后怎样预防此类事情的发生，尽力寻找保住牛奶的办法。但是现在不行，一切都太迟了，这瓶奶已经确定没有了。我们能做到的就是努力忘掉这件事，开始关注下一件事。”

亚伦·桑德斯对保罗·布兰德威尔老师这些举动和这一番话记忆深刻。因为它对桑德斯的教诲作用，实际上要远远超过他同时期学到的其他知识。这使他明白了这样一个道理：尽最大可能不去打翻牛奶，万一不小心打翻了以至于牛奶漏光了，就该彻底把这件事情忘掉。

老师对一个人的成长尤为重要，尤其是对孩子们来说，遇到良师益友要比捡到金子还重要，因为这会对其整个一生产生深远的影响。正如李嘉诚所说："良好的品德是成大事的根基，成大事的机遇是靠遇到贵人。"

我们事业的成功，除了需要良好的个人素质之外，还需要贵人的帮助。好莱坞就流行一句话："你的成功与否不在于你是谁，而在于你认识谁。"我国自古以来也有"贵人相扶如天助"的说法。中西方文化差异不言而喻，但在贵人这一点上有如此近似的理念，可见贵人对于人们的成功至关重要，功不可没。大家要擦亮自己的双眼，学会成功抓住、结识贵人的机会，让自己在通往成功的道路上多一些平坦、少一些坎坷。

毛遂自荐，令贵人发现你

是金子总会发光不假，但是现如今社会飞速发展，人才济济，金子太多了，所以要想让别人看到自己的光芒就得主动去展示。不张扬、沉稳处世当然会显得有深度，但是在接触机会本就非常少的情况下，不主动展示自己的才能是很难让人们认识自己的。转变自己的传统思维，主动展示自己的才能并不是傲慢和炫耀，而是为自己争取被贵人认识的机会。毛遂自荐，主动推销自己，让贵人一眼就看到你。

世界男高音帕瓦罗蒂到北京音乐学院参观访问，很多家长都想让这位"歌王"听听自己子女唱歌，目的就是想拜他为师。帕瓦罗蒂出于礼节，只得耐着性子听，一直没有表态。

黑海涛是农民的儿子，凭着自己的刻苦努力考入这所著名的音乐学院，他也想得到帕瓦罗蒂的指点，但他知道自己没有背景。难道白白浪费这么好的机会吗？黑海涛不甘心，灵机一动，就在窗外引吭高歌世界名曲《今夜无人入睡》。一直茫然的帕瓦罗蒂立即有了反应："这个年轻人的声音像我！他叫什么名字？愿意做我的学生吗？"黑海涛就这样幸运地成为这位世界男高音的学生。1998 年，意大利举行世界声乐大赛，黑海涛取得了第二名的优异成绩，由此成为奥地利皇家剧院的首席歌唱家，名扬世界。

如果黑海涛拘于一些类似自己是农民的孩子，没有背景不敢高攀的想

法，那么他就不会鼓起勇气引吭高歌，帕瓦罗蒂也就不会发现他，千载难逢的机会也就被白白地浪费了。在日常生活中，让贵人了解自己的最好办法就是像黑海涛一样，主动去展现自己。所以，当我们遇见贵人的时候，不要因为某些原因或者一些想法而影响自己的决定，畏缩不前，要大胆地毛遂自荐，展现自己，让贵人"一见倾心"。

阿强去应聘一家广告公司的策划主管，由于该职位待遇非常丰厚，接待大厅被应聘者挤得水泄不通。此时，阿强灵机一动，走到入口处高声喊道："请大家自觉遵守秩序，前来应聘的人排成三排！"应聘者看到阿强与公司的工作人员站在一起，以为他也是考官，便很快排好了队。阿强又把大家的简历收在一起，并把自己的简历放在最上面，这样阿强便得到了第一个面试的机会。之前考官已将阿强的行为看在眼里，看了他的简历和作品后，便说："你被录用了。"

不难看出阿强是一个聪明人，他很懂得利用环境以及用什么样的方式来展现自己。毛遂自荐的方式不拘一格，所以每个人都要选择适合自己和最能展现自己的方式来自我推销。就像阿强，他的自我推销可谓极具创意，虽然一些行为有"犯规"嫌疑，但是他在面试前的行为被考官看在眼里，为自己加分不少。所以，在进行自我推销时不妨注意利用一下周围的环境。

自荐需要自信，因为你要在人们面前表现出一种强势，让人们知道你是强者。这样才能让人们知道你是有能力的，能够胜任工作。如果你畏畏缩缩，连半句话都不敢说，说话的声音小，那么人们会认为你是一个无法承担重任的人。所以，当你自我推荐时，要充满自信。

在展现自己时要突出重点，即让别人知道你的竞争优势。你的优势会让你非常出彩，会给人们留下深刻的印象，更重要的是这是你自我推荐的真正资本。

此外，一定要注意自信的尺度，不要过了头，否则就会变成傲慢。没有人喜欢一个目中无人的人，你的傲慢只会让人们更加疏远你，这无异于自己给自己掏红牌。强中自有强中手，高人背后有高人，一定抱着一种学习的心态，拥有一颗谦虚的心。有实力，不张狂，这样的人才是我们俗称的"强人"，这样的人往往能得到人们的欣赏，因为他们是招聘者心中的得力干将。

不卑不亢，谦虚自信，在自我推销的过程中充分展现自己，让贵人识出你的真品质，获得贵人的欣赏和成功的好机会。

少利用，多与贵人真情相处

大家都知道被利用的感觉是很不舒服的，会有一种类似“被骗”的感觉。通过贵人的指点或者提携能使自己的事业更上一层楼，贵人的作用就很明显地表现出来，那么在你感受成功喜悦的同时，贵人则会感觉到你在利用他的能力使自己成功。这时就需要一些情感回馈行动，以消除其“被利用”的心理。在自己受到贵人的帮助时，要记得用真情来感染他，在相处的过程中，不要总是想方设法从贵人那里搜刮到什么好处，而应该以一颗真诚感恩的心来面对你的贵人，少一些利用，多一些真情。

曾经有一个人非常自私，为了实现目标不择手段，甚至有心狠手辣的一面。处于事业起步阶段的他为了能在公司有更好的发展，很注重用各种方法来引起领导的注意，赢得上司的赏识。在自己不懈的努力下，他获得了经理的认可，并在很短的时间内晋升为部门主管。此时，经理的想法是发掘到了人才，拉年轻人一把，让他有更好的发展，让自己也有一个得力助手。但是这个自私的人却只把经理当做一个台阶，踩着向上走。后来，他通过在董事面前的抢眼表现，再次升迁，已经属于当初提升自己的经理无法驾驭的人物，结果他竟然对经理视而不见，根本不把其放在眼里，不能不叫人心寒。最后，他因为一个重大的失误给公司造成了巨大的损失，而被公司开除，然而这个决定本可以由当初的经理求情而避免的。

这个年轻人为了理想奋斗没有任何错误，但是把每个人都只当成自己脚下的台阶，而踩着向上走就不对了，这也是造成其最后在面临被公司开除时，而没有人去帮助的原因。一个人要懂得感恩，特别是对自己有过帮助的贵人。人不能只为了利益而活，如果人与人之间只是利用关系，那么这个社会就会变得很可怕，因为没有真情的社会是冷漠的，人是冷血的。只知道利用贵人让自己飞黄腾达的人，他的下场会像那个自私的人，不会好到哪里，因为这样的人不近人情，不懂感恩，只懂得谋私利。所以，在与贵人相处时不要太多的利用，多一些真情，你们之间的关系不但会更加融洽，也会使贵人感觉帮助你是非常值得的，从而心甘情愿地做你的贵人，这样有利于你的

长远发展。

没有人喜欢被人利用，贵人帮助你，从心底是希望你能饮水思源，对其充满感激之情的。有了贵人的提携，你的事业突飞猛进，而你要知恩图报，一定要珍惜贵人的滴水之恩。假如你从头到尾都只想着利用别人，早晚都会被识破。你的贵人可能是一位身居高位的领导，也可能是你想模仿的对象，更有可能是你的下属，这些人在经验、专长、知识、技能等方面肯定有比你略胜一筹的地方，值得你学习的地方。但不管你的贵人是你的上司、你的同事还是你的朋友，都要多用一些真情去相处，少一些利用。

一般情况下，贵人会出于几个原因帮助你。例如，你是人才，一般人都有爱才心理，所以为了不使人才被埋没，会出手帮你。另外，贵人多少会觉得在帮助你飞黄腾达后会对自己有好处，但是又有怕你的成功超越了他自己从而不把他放在眼里的担忧。所以，贵人对你往往是爱恨交织，既期待成功，又怕受伤害。李嘉诚曾说："一个人的富贵是内心的富贵。贵，是从一个人的行为而来。"作为被贵人所帮助的你，一定要减少对贵人的伤害，让他们感觉自己的付出都是值得的。

"先不要问别人能为我做什么，要先问自己能为别人做什么。"这是畅销书《别独自用餐》的作者启斯·法拉利摸索得出的最重要的结识贵人之道。启斯·法拉利从一个劳工家庭出身的球场杆弟一路成为顶尖企业的领导人，凭借的就是这个方法。同样的道理，不要总是想着利用贵人能为自己谋到什么好处，要多想一想自己能为贵人做些什么。我们应少一些借助贵人以达到某种目的想法，不要天天惦记着用手段使贵人为自己服务，多一些真情，让贵人感受到你的真诚。与贵人相处，少一点利用，多一点真情，让你们之间的关系更加融洽。

第 22 章
远离陷阱，聪明地与人博弈

生活中要警惕小人，远离陷阱。人们都喜欢听好话，但是要警惕“高帽子”。一些别有用心的人，会为了一些目的用尽全力往高里捧你，但是一旦他达到了目的就会“撤掉云梯”，让你摔得很惨。要警惕“小喇叭”，因为稍有不慎就会使自己名声不好。

警惕"高帽子"，捧得越高摔得越惨

生活中、事业上，都要警惕"马屁精"。这种人对你的称赞和夸奖往往不是发自内心的，而是带着某种不可告人的秘密。为了达到目的，他会给你戴"高帽子"，把你捧得很高，但是一旦达到目的，他会马上撤掉梯子，让你从风光无限的高处跌落，摔得很惨。"高帽子"会增加人们的虚荣心，让人们失去理性思考，使正常的人际关系扭曲，也会给人们带来难以忘怀的伤痛。

从前有个小官吏，最擅长阿谀奉承。几任顶头上司都因为上了他的当，弄得丢官卸职，栽了跟头。这次新来的一位上司，吸取了他前几任的教训，一到任所，就把小官吏叫起，劈头盖脸地一顿臭骂，然后严正地警告："告诉你，我可不吃你这一套！不信，你就试试吧！"小官吏吓得瑟瑟发抖，先是淌泪抹眼，继而竟然哽咽地哭出声来。新上司把眼一瞪："哭什么！委屈你啦？""不，不，"小官吏边哭边摇头，"我恨，我恨哪！""恨什么？"新上司的眼珠子瞪得更大了。小官吏装出一副痛心的样子："我恨我遇到您这样的洞察秋毫、铁面无私、推心置腹、赤诚相见的上司太晚了。我要是能早在您手下亲聆教诲，我这些见不得人的肮脏毛病岂不早就……呜呜！"说到这里放声号哭起来，哭声凄切，令人耳不忍闻。新上司虽然还在横眉竖眼、背手挺胸地踱方步，但一肚子的嫉恶如仇、必欲挞伐的浩然正气却早已烟消云散了。他不由无限感慨地想："前几任世兄怕也太治下无方了。人非圣贤，孰能无过？看你会不会驾驭罢了。"小官吏看透了新上司的矜持之意，心中不仅悄然骂道："看你吃不吃这一套！"

新上任的上司表现出一副大义凌然、明察秋毫的气势，严厉地训斥善于拍马的小官吏，但是最后还是被小官吏的"迷魂阵"给迷惑了。可见，小官吏的拍马屁水平实在高明，同时也可以发现拍马屁之所以可以让小官吏横行，原因还在于有人喜欢被拍。在实际的生活中，要想不被各种各样的拍马屁手段迷惑，就要彻底杜绝拍马屁者，要时刻给予自己心理暗示，当其发现你根本不为所动时，自然而然就会收手了，这样才能避免被小人陷害。

很早以前，有个专会拍马屁的人，上自皇帝、宰相，下至州官、县令，都被他拍得飘飘然。阎王爷得之这一情况后，大骂马屁精是人间败类。于是，命牛头马面将马屁精捉来，准备割舌下狱。马屁精被捉来之后，一见阎王爷，急忙双膝跪倒、磕头祷告：“请阎王爷息怒，在人世并非我愿意拍马屁，而是世人多爱听奉承之言，喜欢拍马屁之人。如他们都能像您这样铁面无私、严肃公正，我自然就不会拍了。”阎王爷听后怒气全消，高兴之余，命二鬼把马屁精送回人间。

这个笑话不得不让人感叹拍马屁之人的高超技巧，连阎王爷都能在几句话之间摆平。生活中，有些人听不得坏话，一旦听到别人批评自己就感觉浑身不自在，满面阴沉，但是一听别人夸赞自己就立刻满面春风，笑得合不拢嘴。

拍马屁者善于阿谀奉承，这类人往往一身媚骨，嘴上涂蜜，睁着眼也能顺口编瞎话，把臭的说成香的，把丑的说成美的。还有的拍马屁者善于心领神会，知道领导的孩子喜欢看球赛，就不惜用高价购得球票两张，还装作随意的样子说是朋友送的。

有些人拍马屁并无害人之心，但不免有利己之意。他们为了一己私利，常常不从实际出发，专挑你爱听的话滔滔不绝，选你喜欢的东西送上门来。他们在你被拍得忘乎所以之时，求你为其谋求利益，致使你身败名裂。拍马屁者往往不露声色，“杀”人于无形，所以一定要远离，以免惹祸上身。

防备“小喇叭”，维护自己的名声

工作中，有些人喜欢在暗中向领导打“小报告”，尤其是一些开领导玩笑的人都被列入这张“小报告”，从而影响领导对一个人的印象，以及一些问题的决策。这类人通过所谓的“检举揭发”使领导能够获取平时难以了解但并不完全真实的信息。时间长了领导会认为这是一个可以作为心腹的人，而将其重用。但实际上这类人的行为严重影响了单位的正常运转，使一些人蒙受不白之冤。这类爱打小报告的人往往被称为“小喇叭”。他们也非常乐于在同事间散播一些关于某人的负面消息，使其名声在无形中被败坏。所以，对于这种人一定要警惕。

小李是某企业内刊的一名编辑，由于办公室里都是同龄人，因此平时大家说话都口无遮拦的。可最近一次偶然事件，让他在办公室遭遇了“白色恐怖”。在一次公司聚会上，总编酒后吐真言，我发现有人一直在背后打我的小报告。事后经调查分析，确定这个打小报告的人就是新来的同事小孔。后来，同事们在办公室里不敢多说半句话，心里对那个打小报告的人恨得牙痒痒。

小孔成了办公室里的“监听器”，他动辄向领导汇报的作风使得本来非常融洽的办公室气氛变得死气沉沉。编辑工作本就需要大家交流、共同商议最好的方案，而且轻松的工作氛围也能提升工作的效率和质量。但是小孔的小喇叭让交流停滞，让气氛凝固。自古以来，人们对各色人物打的小报告，很少经过冷静思考辨认出真假，这常使打小报告者屡试不爽，春风得意，而那些“被告者”却不得不蒙受天大的冤枉。

某些人为了自己私利，打着提意见的幌子向管理者反映问题，此时反映的问题往往是他人的失误和错误。他们的主要目的是为了让管理者意识到自己的努力和重要性，以此来谋求利益或者巩固自己已有的地位。此类现象不在少数，对组织的危害较大，管理者要善于识穿它。

曹操小时候很调皮，每次犯事被他叔父知道后，叔父就会把他犯的错误告诉他父亲，因此曹操就一直怀恨在心。有一天，他在院子里玩耍的时候看到叔父走过来，刚走到他面前，他突然往地上一倒，而且还口吐白沫。其叔父见状大惊，马上就去告诉曹操的父亲。等叔父带着他的父亲过来的时候，曹操早就站起来了，还在拍身上的尘土。他父亲问刚才是怎么回事，为什么会口吐白沫。曹操说：“我哪有口吐白沫，分明是叔父总是喜欢在父亲您面前说我的坏话。”曹操的父亲一看曹操确实是没什么事也就没说什么，曹操的叔父刚想解释就被他的父亲拒绝。从此之后，曹操的叔父不管在曹操父亲那里说什么坏话，他父亲都不再理会了。

对待“小喇叭”可以有多种方法，除了像曹操一样采用计谋，还可以尝试与对方进行沟通。可以问其是不是对自己有意见，不妨在一起把话讲明。如果对方不配合，可以对其进行适当的警告，如告知对方今后有什么意见可以直接找自己，以免产生误会。通过话语让其知道你不会面对他的行为无动于衷，而是会采取相应的行动，请其自重。

在工作中，让自己的行为尽量不要出错，如果出错了，一定要勇于承担责任。另外，尽量不要诋毁说你坏话的人，不管他出于什么原因这么做，你一定要装作没有听到他说过什么。如果领导直接问到你的眼前了，那么就一定要针对事情据理力争，但是不要说那个人的不是。如果是同事传过来的话，一定要微笑着听完，而且一定要听完了就过去了，并且不要加任何评论，只要用“是吗”、“哦”等回应一下就可以了。总之，要警惕“小喇叭”，因为稍有不慎就会让你名声不好。

小心满腹牢骚之人，莫让怨声磨灭激情

很多人在工作不顺心的时候会抱怨，这并不是一种不能接受的行为，适当的抱怨能舒缓内心的压力，在别人的适当开导下会逐步调整好自己的状态，精力充沛地回到工作岗位。但是，一些人抱怨从一开始就没有停止过，就像精神上出了问题的祥林嫂，整日唠叨个不停。开始出于同情想伸出援助之手的人们会随着其不厌其烦的唠叨而感到精神疲惫，逐渐地被这些唠叨的内容所影响。“谎话说上一千遍就会变成真理”，这是反复进行心理干预的结果。同样的道理，一个人唠叨的时间长了，他唠叨的内容就会使听者受到潜移默化的影响，认为工作的确像唠叨者所说的一样没有希望，逐渐对工作失去了激情。其实，这都是不必要的，只看到消极的一面当然会变得消极，所以在生活和工作中一定要留心身边的“祥林嫂”，因为唠叨会磨灭你的激情。

小张刚毕业，对工作充满了热情和信心，她一心想在工作岗位上做出点成绩。然而，周围的同事中，有好几个阿姨在事业单位混了一辈子，临近退休。她们整天无所事事，一心就是聊天。当时，新来的小张自然成为她们最感兴趣的对象。一开始，小张牢记父母的教诲，在工作中千万不能跟任何人产生冲突，不能跟同事顶嘴，更不要去得罪同事。因为她深知得罪她们的下场会是轻则被孤立，重则会谣言满天飞。于是，刚开始时，阿姨们闲聊的时候，小张偶尔也会参与。然而过了一段时间，小张发现这样对自己的工作非常危险，有时候甚至产生职业倦怠心理，觉得自己可以看到三十年后的样

子，浑浑噩噩地开始混日子。于是，小张开始调整自己的心态，并借各种冠冕堂皇的理由逐步疏远阿姨们。她跟领导另外申请了一份超出自己工作范畴的事情，给自己一个忙碌的借口。那之后，虽然小张每天仍然笑脸相迎，但是终于跳出了是非圈。

小张的做法是正确的，如果她整日和阿姨们闲聊，虽然会感到工作轻松，但是自己会一无所获，长久之后会失去工作的热情和动力，浪费了青春和生命，对自己的整个人生发展非常不利。小张的做法非常得当，如果小张大发雷霆，恐怕会让自己陷入极为不利的境地。所以，小张很理性地运用智慧寻找正当的理由，既消除了人们的怀疑之心，又使自己跳出了是非圈，让自己的能力得到了锻炼。

对于唠叨的同事，我们既然无法阻止他们，就不要强求他们不去唠叨，因为这往往是无效的行为。这时必须从自己身上下手，寻找办法阻止自己被他们同化。尤其是年轻人，正处于事业的起步阶段，美好的未来正在向你招手。如果就这样被喜欢唠叨的同事们感染变成“八卦”而又无聊的人，那么领导会看不起你，更不会取得工作成就。多年以后回首往事，只会发现自己一事无成，悔之晚矣。

小刘是一家美容店的员工，这家店的环境很好，而且在业界比较知名，还处于学徒期间的小刘工作非常努力，可以说她的前途一片光明。但是让小刘很无奈的是有一个很爱唠叨的女同事。这个同事不但喜欢用一种尖酸刻薄的语言数落他人，而且对一些鸡毛蒜皮的事情也能大做文章，更要命的是这个女同事有在同事之间散布谣言，在领导面前打“小报告”的习惯。一次，小刘一句无心的话得罪了她，结果没过几天就听到大家在议论自己什么，后来才知道是那个女同事为自己量身打造的谣言。小刘感到工作没有了感觉，失去了激情，无奈之下离开了这家店，换了一个工作单位。

小刘的做法就属于眼不见为净，既然不能当这个同事不存在，就自己重新换个地方。因为对于此类人，我们无力去改变他们，只能改变自己。在工作中，对于那些爱唠叨的人一定要给予高度注意，不要被同化。

懂得自保，躲开城府深的“老油条”

有一些人随着阅历的丰富会变得世故、油滑，不厚道、不诚实。在一个单位工作久了，会钻空子，嘴上说得条条是道，但是工作不用心、不负责任、经常应付。很多时候爱摆老资格，尤其是在年轻员工面前。在有工作时，消极应付，能躲就躲，要不就是对年轻人指手划脚，自己只说不做。在责任来临时，总是躲在最后面，能推就推，公司的变革威胁到自己的利益时，会千方百计地阻挠和破坏。在荣誉和好处来临时，总是冲在最前面。在奉承领导方面很有心得，用不正当关系维护自身的利益。这样的人，我们称之为“老油条”，这类人城府极深，与其相处要提高警惕，避免栽跟头。

业务员麦克曾是A公司的负责某个州的区域经理，每次出差回公司他都表现得如谦谦君子，特别是对高层领导毕恭毕敬，经常跑到领导的办公室里主动汇报工作，有意无意地对他管辖的区域粉饰太平。高层领导一度对他很有好感，下面的其他业务员也误以为高层领导对麦克偏心、偏爱。但年底销售任务达成率揭晓时，麦克的辖区是公司唯一一位销售出现滑坡、负增长的区域。他随即被调离其管辖区域，降职处分。在把麦克调离他的管辖区域后，A公司重新派遣了两名认真负责的区域经理，麦克的“狐狸尾巴”终于藏不住了。他曾多次胁迫自己管辖区域的经销商在他到后给他开房住宿，不开房的就不给好脸色或压根不去。麦克用这种方式大肆骗取公司的出差补助。他还包庇自己区域做得差的经销商，不予整改和撤店处理。只要能伺候好麦克，做得差的经销商就可以相安无事。麦克还主动让部分经销商不给公司下单，把订货单下到他指定的其他厂家，以此来中饱私囊，麦克最后被公司予以开除处理。

麦克是一名经验丰富并对公司非常了解的业务员，但是他没有把他的经验用到努力提升业绩等正当的地方，而是上面哄好自己的领导，下面压榨所辖区域内的经销商，就这样利用自己的权力欺上瞒下，赚取利益。麦克属于典型的“老油条”，他处世圆滑，做事不是为了完成上面下达的任务，而是以自己的利益为中心，想尽一切办法“巧取豪夺”。他并不着眼于公司的长远发展，而只是想在最短的时间内满足自己最大的利益。他对待工作消极

怠工，对待利益争先恐后，但是纸包不住火，他被公司开除的下场在情理之中。

一个企业需要一个强大的团队，而“老油条”则是这个团队里的害群之马，是必须铲除的毒瘤，否则他们将腐蚀整个团队，最后使团队瓦解。

小杜是一家公司的新人，由于工作非常努力，博得了领导和同事的好评。一次公司要设计一个晚会，小杜的主管意识到这是一次立功表现自己的机会，于是将这个任务揽了下来。由于这个任务非常烦琐，所以他将任务交给了小杜，并鼓励小杜说这是一次难得的展现能力的机会，如果成功，公司领导会有嘉奖，年轻气盛的小杜听完欣然接受了。后来晚会在进行过程中出现了小的差错，公司领导在问及此事时，小杜的主管说这个任务是由新人小杜全权负责的，由于是新人，难免会有疏漏。公司领导听后将功劳记在了小杜的主管身上，而小杜则替主管背了黑锅。后来，这个利益熏心的主管居然想借此辞退小杜，同事们不断为小杜求情，才让小杜避免被辞退。

在这个案例里，职员小杜的遭遇是悲惨的，他被城府极深的主管利用了，不但没有通过努力的工作得到嘉奖，反而被主管陷害，成了晚会漏洞的制造者。由此可见，“老油条”的手段是花样百出的，也是让受伤者刻骨铭心的。所以，在工作中，对待城府极深的“老油条”，一定要与之谨慎相处，或者干脆远离，因为他们动辄利用他人，让其成为自己的替罪羊。另外，在企业不能及时发现和处理这些“老油条”时，团队中的其他人会感觉心态失衡，无路可退时会主动去效仿，这样的后果是不堪设想的，会给企业带来灾难。所以，企业务必要及时发现和查处“老油条”。作为企业的一员除了自保，别栽在“老油条”的城府下外，也有义务提醒同事和领导者，从而使企业正常地运转、健康地发展。

要与有些人保持一定的距离

古人对君子的定义是：“君子者，权重者不媚之，势盛者不附之，倾城者不奉之，貌恶者不讳之，强者不畏之，弱者不欺之，从善者友之，好恶者弃之，长则尊之，幼则庇之。为民者安其居，为官者司其职，穷不失义，达不离道，此君子行事之准。”孟子对君子的评价是“穷则独善其身，达则兼济天下”。小人是君子的反义词，指搬弄是非的人。

如果你在无意中伤害了一个君子，那么会在当面的沟通中化解，一了百了，但是不小心得罪了一个小人，不但事端不会被轻松化解，而且会招来许多不必要的麻烦。因为君子坦荡荡，小人则会铭记于心，寻找时机痛快地报复。

小郑是公司里的一名普通职员，但是他很强的办事能力和端正的工作态度博得了同事的夸赞和领导的好评。小玲是比小郑大一届的员工，可以说是小郑的师姐，在小郑进公司后一直很照顾他。平常有工作，小玲经常带他一起做，让他积累经验并教他许多应付难缠客人的技巧。有一次，小郑和小玲共同筹办一个美国客户的新品发布会，因为事前对客户提供的新品资料做了详尽分析，小郑提出的方案最后得到客户的赞赏并被采纳。虽然隐隐感觉到小玲的尴尬与不悦，但他仍安慰自己：“公平竞争，各凭本事，师姐应该能够理解。”当晚，就计划书的细节问题两人又和客户谈了很久。小郑在发现自己手机没电并四处找电话通知家里时，小玲又恢复了当初大姐姐的姿态，主动说：“快去和客户谈吧，你家里我来搞定。”小郑听后着实感动了一番，直到看见自己老婆黑着脸、气急败坏地冲进酒店将自己大骂一通时，他才明白那笑容背后的含义。

看样子，小郑的师姐是个爱争风吃醋的人，喜欢在工作上争功，如果争功不成就会采取手段报复。小郑虽然在工作上很顺利，但是却后院起火，让他措手不及。这一切都离不开因为没能获得客户认可的小玲，她假装善意地答应小郑帮其搞定家里的事，实际上是利用这个机会报复小郑，用心险恶。对于此类人，不要去招惹，要懂得运用怀柔之术进行安抚。工作中，要在自己能力所及的范围内善待所有的人，但是避免过分亲昵，要有一个安全距离，避免被暗箭中伤。

小陈和小赵差不多是同时进入同一个单位的，但两个人并不怎么熟悉。小陈特别开朗，每个同事和他关系都很好，而小赵比较内向，他每天都皱着眉头，不知道在烦什么事情。因为小陈的工作表现和平时良好的人际关系，领导准备提升他。正好公司办公室主任准备退下来，领导找小陈谈话，让他接这个位子。单位有一条规定，人事提拔要在单位里公布一段时间，征求大家的意见，但一般只是走走形式而已。可是过了一个星期，上级领导来找小

陈谈话了，而且很严肃的样子。领导说单位收到了匿名信，说小陈生活作风有问题，还煞有介事地写到“某年某月某日有某个女人进了他的家”。听了这样的罪状，小陈差点晕过去，因为这都是子虚乌有的事。后来通过一些渠道才了解到是小赵所为。

显然是小赵的嫉妒心在作祟，看到和自己在同一时期进入公司的小陈升职，自己的心里自然不好受，但是捏造罪名陷害他人就显得有些过分了。在工作中，对于小赵这类人，我们最好不要在其面前炫耀，以免招来嫉妒，进而遭到莫名其妙的攻击。如果嫉妒者喋喋不休，但是无关大局，听听就算了。

职场里什么样的人都有，所以低调为人处世并不是件坏事，起码可以保证自己的安全。如果想有所成就，就要搞好人际关系，建立良好的人际关系是成功的基石。所以，在平时要和同事和谐相处，要抱着一颗谦虚的心请教不懂的问题，让别人在给你解答时获得成就感，从而产生对你的好感。在平时收起自己的锋芒，不到必要之时不轻易展露，这样人们会减少对你的嫉妒。最后不要招惹小人，对小人要保持一定的距离，懂得怀柔之术。

参考文献

[1] 宿春礼,熊永鑫.性格决定命运全集[M].哈尔滨:黑龙江科学技术出版社,2007.

[2] 吴维库. 阳光心态[M].北京:机械工业出版社,2006.

[3] 李欣频.十四堂人生创意课[M].北京:电子工业出版社,2008.

[4] 李开复.做最好的自己[M].北京:人民出版社,2005.